La politique culturelle française et la diplomatie de la langue

L'Alliance Française (1883-1940)

Collection « Inter-National »

dirigée par Denis Rolland avec
Joëlle Chassin, Françoise Dekowski et Marc Le Dorh.

Cette collection a pour vocation de présenter les études les plus récentes sur les institutions, les politiques publiques et les forces politiques et culturelles à l'œuvre aujourd'hui. Au croisement des disciplines juridiques, des sciences politiques, des relations internationales, de l'histoire et de l'anthropologie, elle se propose, dans une perspective pluridisciplinaire, d'éclairer les enjeux de la scène mondiale et européenne.

Série générale (déjà parus) :

A.-A. Jeandel, *Andrée Viollis : une femme grand reporter. Une écriture de l'événement. 1927-1939.*
D. Rolland, M. Ridenti, E. Rugai Bastos (coord.), *L'Intellectuel, l'État et la Nation. Brésil – Amérique latine – Europe.*
M. Le Dorh, *Djibouti, Érythrée, Éthiopie. Pour un renforcement de la présence française dans la Corne de l'Afrique.*
M. Hecker, *La défense des intérêts de l'Etat d'Israël en France.*
E, Anduze, *La franc-maçonnerie au Moyen-Orient et au Maghreb. Fin XIXe-début XXe.*
E. Anduze, *La franc-maçonnerie de la Turquie ottomane.*
E. Mourlon-Druol : *La stratégie nord-américaine après 11-septembre.*
S. Tessier (sous la dir.), *L'enfant des rues* (rééd.).
L. Bonnaud (Sous la dir.), *France-Angleterre, un siècle d'entente cordiale*
A. Chneguir, *La politique extérieure de la Tunisie 1956-1987*
C. Erbin, M. Guillamot, É. Sierakowski, *L'Inde et la Chine : deux marchés très différents ?*
B. Kasbarian-Bricout, *Les Amérindiens du Québec*
P. Pérez, *Les Indiens Hopi d'Arizona.*
D. Rolland (dir.), *Histoire culturelle des relations internationales.*
D. Rolland (dir.), *Political Regime and Foreign Relations.*
D. Rousseau (dir.), *Le Conseil Constitutionnel en questions.*

Pour tout contact :
Denis Rolland, denisrolland@freesurf.fr
Françoise Dekowski, fdekowski@freesurf.fr
Marc Le Dorh, marcledorh@yahoo.fr

François Chaubet

La politique culturelle française et la diplomatie de la langue

L'Alliance Française (1883-1940)

Préface de Jean-François Sirinelli

L'Harmattan
5-7, rue de l'École-Polytechnique ; 75005 Paris
FRANCE

L'Harmattan Hongrie
Könyvesbolt
Kossuth L. u. 14-16
1053 Budapest

Espace L'Harmattan Kinshasa
Fac..des Sc. Sociales, Pol. et Adm. ;
BP243, KIN XI
Université de Kinshasa – RDC

L'Harmattan Italia
Via Degli Artisti, 15
10124 Torino
ITALIE

L'Harmattan Burkina Faso
1200 logements villa 96
12B2260
Ouagadougou 12

http://www.librairieharmattan.com
diffusion.harmattan@wanadoo.fr
harmattan1@wanadoo.fr

ISBN : 2-296-00651-5
EAN : 9782296006515

SOMMAIRE

PRÉFACE

L'histoire culturelle connaît, depuis quelques lustres, une réelle montée en puissance au sein de l'école historique française. Outre sa fécondité propre, l'une des raisons principales de sa percée actuelle réside dans le fait que, tout autant qu'un domaine, elle est un regard, susceptible d'enrichir d'autres branches de la discipline historique. Et, s'il fallait une preuve supplémentaire d'une telle vertu duale, on la trouverait à coup sûr dans le beau livre de François Chaubet.

Observons d'abord que cet ouvrage relève pleinement de cette histoire culturelle. Il s'inscrit parfaitement, en effet, dans deux des axes principaux qui en sous-tendent le développement actuel. Celui-ci, depuis une quinzaine d'années, s'est en premier lieu arc-bouté sur l'étude des politiques et institutions culturelles. Non seulement les unes et les autres ont, par essence, sécrété beaucoup d'archives qui sont autant de sources possibles pour l'historien mais, en outre, dans un pays de grande centralisation culturelle comme la France, une institution culturelle, qu'elle soit parrainée par l'Etat ou pas, possède *de facto* un périmètre d'influence plus étendu que dans d'autres pays, qui fait d'elle un objet historiographiquement très dense pour le chercheur. Plus récemment, d'autre part, l'histoire culturelle française a prêté une attention particulière à la notion de transferts : il s'agit d'analyser les processus de circulation culturelle entre aires géographiques différentes, quelles que soient les modalités de cette circulation, institutionnelles ou plus diffuses.

On saisit bien à quel point l'histoire de l'Alliance française, à la croisée de ces deux axes si féconds, est riche d'enseignements : institution essentielle, elle a été, de surcroît, un vecteur important de transferts culturels. De tels apports suffiraient donc à donner sa densité historique et historiographique à ce livre, à lui conférer son importance et à prédire qu'il fera souche et deviendra un ouvrage de référence. Mais sa force et sa portée résident aussi dans le fait qu'il ne relève pas seulement du domaine de l'histoire culturelle. Il illustre aussi avec brio une des approches les plus neuves de l'école française des relations internationales. Celle-ci, de fait, entend porter sur certains objets relevant de son ressort un regard de nature culturelle. Et, dans ce domaine également, cet ouvrage ne constitue pas seulement une valeur ajoutée pour la connaissance d'un pan du passé proche, il illustre aussi la pertinence de ce regard neuf porté sur les relations internationales : celles-ci, comme objet et en tant que discipline historique constituée, ne se contentent pas d'avoir ajouté récemment à leur champ d'investigation les processus de transferts culturels, elles prêtent aussi désormais attention aux phénomènes de représentations collectives qui interagissent en leur sein. Et, dans une telle perspective, l'image de l'Autre- l'étranger, lointain ou proche- est une clé essentielle : les stéréotypes nationaux et les images convenues, par exemple, sont à étudier en eux-mêmes mais aussi comme facteurs des relations internationales.

Or ces stéréotypes et ces images ne sont pas des données inertes. Tout au contraire, ils constituent des organismes vivants, évoluant en se modifiant et en s'altérant. Toute politique étrangère d'un Etat-Nation ne peut, de ce fait, qu'avoir la tentation de peser sur ces représentations collectives le concernant, par une diplomatie culturelle de la langue et de l'image donnée de soi. Cette diplomatie peut émaner de la puissance publique ou relever d'instances ou d'initiatives privées, ou encore se situer à la croisée des deux sphères d'intervention. Et le rôle de l'historien est de porter, notamment, attention à cet aspect des relations entre Etats-nations. C'est le cas, on le verra, dans les chapitres de ce livre. Bien plus qu'un plaidoyer théorique pour l'exploration de ces nouveaux domaines, celui-ci constitue donc bien une brillante illustration de leurs vertus heuristiques.

Jean François Sirinelli
Directeur du Centre d'histoire de Sciences Po.

INTRODUCTION

En 1783, L'Académie de Berlin récompensait les mémoires de deux auteurs, allemand (Schwab) et français (Rivarol), consacrés à l'examen de « l'universalité de la langue française ». On sait comment le second soutenait un discours optimiste quant au durable rayonnement de son propre idiome ; mais le premier prophétisait le déclin de cette langue, alors universelle, si une nation voisine l'emportait un jour en importance politique et en dignité culturelle.[1] Un siècle plus tard, en 1883, la fondation de l'*Alliance française* autour du diplomate Paul Cambon vint confirmer le diagnostic de Schwab quand il apparut nécessaire aux yeux d'une élite intellectuelle et sociale de réaffirmer la mission civilisatrice française désormais gravement menacée. Car dans le siècle par excellence des identités nationales mais aussi des interdépendances de tous ordres, la plupart des grands pays européens, mais plus particulièrement la France, surtout après 1870, ont cherché en effet à propager un prosélytisme civilisateur, fondé sur une culture potentiellement universaliste et une langue d'usage international, et qui fût couplé à un vigoureux nationalisme. Au confluent de deux sources s'inscrit la définition progressive de politiques culturelles extérieures où s'associent administrations et associations privées. Se définit alors et se réalise, avec des succès et des limites propres aux caractéristiques nationales de

---

1. Voir Fernand Baldensperger, *Etudes d'histoire littéraire*, Paris, Hachette, 1907, pp. 1-54. Un autre auteur concourut également (mais son mémoire arriva hors-délai) dans l'exercice proposé par l'Académie de Berlin, Charles Goyon d'Arzac, qui prophétisa la victoire du russe à long terme. Consulter l'ouvrage, *Essais littéraires et philosophiques sur les causes de l'universalité de la langue française*, texte édité, présenté et annoté par Jürgen Storost, Bonn, Romanistischer Verlag, 2000, 197 p.

chaque société, le projet d'action culturelle extérieure[1] des trois grandes nations « impériales »[2] d'alors. Au moment où la cohésion et la puissance de l'Etat sont les concepts a priori de toute la réflexion des décideurs au début du XXe, l'expansion culturelle aussi bien que la dynamique économique participent, de manière essentielle, de cette lutte mondiale des ambitions.

En effet, il se trouve dans toute action diplomatique une opération de crédit dont l'encaisse s'avère de nature complexe, soit de type militaire ou économique, soit encore de type intellectuel. Et que certains Français, maintes fois, mais de manière exacerbée au XXe siècle[3], aient éprouvé la nécessité de compenser un déclin politico-militaire par l'affirmation d'un prestige culturel infrangible, l'histoire (cyclothymique) de la puissance française ne le montre que trop. De Ronsard - né le jour de Pavie et contemporain des guerres civiles- et de la Pléiade, aux Hugo, Michelet, ou encore aux jeunes savants de la génération de 1870, une commune foi en la grandeur intellectuelle française éclaire les moments les plus voilés du destin national.

L'auteur de *Notre Dame de Paris* lors de sa réception à l'Académie française en 1841 refusait ainsi de désespérer :

> « Qu'on me pardonne cette faiblesse, j'admire mon pays et j'aime mon temps. Quoi qu'on en puisse dire, je ne crois pas plus à l'affaiblissement graduel de la France qu'à l'amoindrissement progressif de la race humaine. [...] Rien donc, non rien n'a dégénéré chez nous. La France tient toujours le flambeau des nations. [...] Il n'y a plus à cette heure dans l'univers qu'une seule littérature allumée et vivante : c'est la littérature française. On ne lit plus que des

1. « L'action culturelle » mêle initiatives privées et actions des pouvoirs publics alors que « diplomatie culturelle » se réduit à ces dernières.

2. Christophe Charle, *La Crise des sociétés impériales Allemagne, France, Grande-Bretagne 1900-1940*. Essai d'essai d'histoire sociale comparée, Paris, Le Seuil, 2001, 597 p., pp. 17 et sq.

3. Robert Frank, « La France et son rapport au monde au XX è siècle », *Politique Etrangère*, 3-4, 2000, pp. 827-839.

livres français de Pétersbourg à Cadix [...][1]. Sur toute la surface des trois continents, partout où germe une idée, un livre français a été semé. »

Cette conviction, dont on reconnaît la substance messianique, clé de toute l'action culturelle française à l'extérieur[2], l'*Alliance,* en se proposant de propager le plus largement possible la langue nationale, entendit s'en faire le prodigue dépositaire dans un mouvement qui ouvrait le petit cap du Finistère européen sur l'espace illimité des quatre continents. Mais cette offre de langue, outre qu'elle émanait d'une association non étatique (absence de liens juridiques avec l'Etat avant 1981), révélait cet autre trait étonnant de viser un co-partage du trésor linguistique entre Français et Etrangers regroupés en Comités locaux complètement autonomes du siège central parisien[3]. L'intuition allait s'avérer d'une fécondité incomparable : qu'on fît louer la France par des non-Français, qu'on utilisât pour cette fin le biais de la langue française, la multiplication infinie des amis de la France s'opérait (presque) d'elle-même. Pour un pays dont la prétention à l'universel paraissait singulièrement démentie par ses attitudes hexagonales de fait, ces groupes de l'*Alliance* dispersés un peu partout dans le monde redonnaient à l'universalisme affiché une probante confirmation.

Toute la diplomatie culturelle moderne, entre 1895 et 1910, allait s'engouffrer désormais dans cette brèche ménagée par l'*Alliance,* à la fois en s'inspirant de certaines de ses méthodes (s'adresser directement aux publics étrangers) et en reprenant surtout le postulat linguistique qui inspirait toute son action : la langue et les questions d'enseignement du français à l'étranger devenaient les vecteurs essentiels du rayonnement culturel de la

---

1. Victor Hugo, « Discours de réception à l'Académie française », *Œuvres complètes , Politique*, Paris, Bouquins- Laffont, 1985, pp.103-104.
2. Voir la thèse de Albert Salon, *L'Action culturelle de la France dans le monde*, Thèse, Paris I, 1981, 3 vol., 2016 p., et l'article de Pierre Bourdieu, « Deux impérialismes de l'universel », in Christine Fauré Tom Bishop, *L'Amérique des Français*, Paris, François Bourin, 1992, 240 p., pp.149-155.
3. Les Comités à l'étranger sont de droit local. Nous écrirons dorénavant alliance de Varsovie et l'Alliance (en général)

France contemporaine grâce à la constitution de publics plus ou moins captifs et perçus tels des clients privilégiés du livre et des arts français.

Mais si des éléments d'une telle diplomatie culturelle seraient à inventorier chez François Ier ou Louis XIV, si le Consulat signe en 1803 un traité qui oblige la Suisse à envoyer à l'Ecole Polytechnique de Paris certains de ses étudiants[1], l'action systématique de l'Etat en la matière s'avère beaucoup plus tardive quand la culture fut perçue et analysée rationnellement comme instrument et manifestation d'une politique extérieure ambitieuse. Une définition élégante a été donnée de l'action culturelle extérieure, cette « 4e dimension » (Philip Coombs) de la diplomatie qui façonne l'image d'un pays :

> « L'expansion de sa langue, le rayonnement de sa culture et de ses idées, l'attrait de sa littérature, de sa science, de sa technique et de son art, la valeur de ses méthodes de formation des hommes, constituent pour la France, par l'influence qu'elle exerce grâce à eux, des moyens d'action essentiels de sa politique étrangère. L'action culturelle est étroitement liée à l'action politique et économique qu'elle précède, qu'elle appuie et qu'elle complète. Elle contribue directement à la puissance de notre pays sur le plan international.[2] »

Le culturel devient dès lors un des facteurs et une bonne mesure de la puissance, surtout, paradoxalement, dans les situations délicates de déclin historique[3] (France depuis 1870,

---

1. Nicole et Jean Dhombres, Naissance d'un nouveau pouvoir : sciences et savants en France 1783-1824, Paris, Payot, 1989, 938 p., p. 218.

2. Suzanne Balous, *L'action culturelle de la France dans le monde*, Paris, P.U.F., 1970, 186 p., p. 13.

3. Nietzsche constatait l'opposition entre la puissance politique allemande et sa faiblesse culturelle et la France ayant le schéma inverse : « [...] acquérir la puissance cela se paie cher. La puissance abêtit [...] la culture allemande est en pleine décadence [...] tout ce qui est grand dans le sens de la culture a toujours été non politique et même anti-politique. Au moment où l'Allemagne monte en tant que puissance, la France gagne en tant que puissance culturelle une importance accrue »., in Daniel Halévy, *Niietzsche*, Grasset collection Pluriel, 1977, 703 p., note 14 p., 673 p.

Espagne de la « régénération » de l'après 1898) voire de désastre moral (l'Allemagne après 1945). Il semble bien que la politique culturelle, dans la mesure où elle se prête à des investissements de long terme, et parce qu'elle se tient à une certaine distance de l'action politique, dans une relation d'autonomie relative, permette d'accumuler un capital de confiance dont le rendement se révèle incommensurable ; car si les dépenses initiales consentis demeurent en permanence assez faibles, le rapport final peut se révéler beaucoup plus élevé ; ensuite, parce que les données qualitatives (certes très difficiles à évaluer) prennent peut-être autant d'importance que les statistiques (celles sur les classes d'enseignement du français par exemple) : quel plus bel exemple de cette proposition que celui de ce jeune juif de Rhodes, Jacques Ménasché-Davoud, ayant reçu à 13 ans un livre de l'*Alliance française*, et qui en 1928 lui adressa en retour un chèque de 10 000 F [1]!

Mais, en contrepartie, il suffit d'une très grave crise (la Grande Guerre pour la langue allemande aux Etats-Unis, Munich pour la langue française en Tchécoslovaquie) pour remettre en cause durablement des décennies d'efforts.

Acteur central de cette politique culturelle, l'*Alliance* n'a pourtant guère été étudiée de façon un peu systématique jusqu'ici. De même, les biographies de certaines grandes personnalités associées à son parcours n'évoquent pas l'épisode du Boulevard Raspail (siège de l'*Alliance* à partir de 1914)[2]. La disparition de ses Archives [3], l'image de marque désuète parfois

---

1. Cité dans le rapport du Secrétaire Général de l'Alliance française, mars 1929, in *Revue de l'Alliance française*, n°37, avril 1929.

2. Parmi d'autres exemples, citons le livre-somme de François Roth, *Poincaré*, Paris Fayard, 2000, 715 p. L'auteur insiste en revanche volontiers sur les liens entre Poincaré et la Ligue de l'Enseignement.

3. Volées en 1940 par les Allemands, retrouvées (partiellement) à Moscou et rapatriées, après sans doute un sévère écrémage (vingt-quatre cartons seulement sont rentrés), en octobre 2000. Malheureusement, cette documentation retrouvée porte sur des points très secondaires et s'avère peu utilisable.

véhiculée par la critique[1], la difficulté relative d'un sujet éclaté ont constitué d'efficaces freins. Entre un livre cursif et sans arrière-plans[2] et une ambitieuse thèse pionnière contrainte souvent à la généralité[3], entre des monographies centrées sur un pays et des travaux substantiels consacrés à des blocs régionaux[4], restait à envisager une approche dont le « cadrage » en plans moyens, ni trop près ni trop loin, tenterait de restituer son portrait de pied en cap. Pour ce faire, les Archives du Quai d'Orsay fondent l'armature de notre documentation, complétée par divers fonds publics et privés, mais aussi par l'utilisation de périodiques, des quotidiens comme *Le Temps,* aux revues, dont le riche *Bulletin* mensuel de l'*Alliance* qui apporte une masse considérable de faits à défaut d'expliciter les enjeux et polémiques internes au sein de l'association.

Toutefois confronté à l'aveuglante poussière factuelle, un peu ballotté, roulé, par le flot incoercible des données, il fallait se garder des risques conjugués d'aveuglement ou de noyade. Ce travail s'est donc efforcé de rééquilibrer le propos en replaçant en permanence l'*Alliance* dans le réseau plus vaste des autres acteurs culturels (Ministère des Affaires Etrangères, Congrégations missionnaires, Instituts culturels, Ecrivains, Professionnels du Livre) et en esquissant des comparaisons avec les politiques culturelles extérieures suivies par les grandes puissances rivales (Allemagne, Italie, Espagne, Grande

---

1. Etiemble, en séjour aux Etats-Unis au milieu des années quarante écrivit ceci dans Combat du 18 et 19 août 1946, « l'Alliance [est] trop souvent cette association [qui] croit avoir assez fait quand elle a rassemblé quelques vieilles dames riches pour applaudir un conférencier graveleux ou bébête. Ce que j'ai vu à Chicago, à New Orléans. Peu d'efforts, en revanche pour atteindre les humbles », in *Hygiène des Lettres, II, Littérature dégagée 1942-1953*, Paris, Gallimard, 1952, 308 p., p.58.
2. Maurice Bruézière, *L'Alliance française 1883-1983 Histoire d'une institution*, Paris, Hachette, 1983, 247 p.
3. Albert Salon, L'Action culturelle de la France dans le monde , *op. cit.*
4. L'Amérique Latine a, tout particulièrement, donné lieu à des travaux importants. Celui de Gilles Mathieu, *Une ambition sud-américaine, politique culturelle de la France (1918-1939)*, Paris, L'Harmattan, 1991, 254 p.; et surtout celui de Denis Rolland, *La Crise du modèle français Marianne et l'Amérique Latine culture, politique et identité*, Rennes, P.U.R., 2000, 463 p.

Bretagne, Etats-Unis). A partir de la cellule *Alliance française*, l'examen conduit à ausculter le corps tout entier de la diplomatie culturelle et à en donner une *histologie* la plus nuancée possible : en effet, l'absence de textes fondateurs, la discrétion habituelle des administrations sur leur action diplomatique culturelle, la multiplicité des acteurs enfin concourent à dissimuler la part respective des intervenants et à banaliser trop rapidement leurs méthodes d'action respectives en gommant la part d'inventivité qui leur revient en propre.

Avec l'objet et le point d'observation de l'*Alliance française*, nous voudrions y gagner, en dépit de toutes les imperfections particulières attachées à une réalisation délicate, avant tout une image plus exacte de cette association internationale au riche réseau articulé sur plusieurs continents, mais aussi un portrait de groupe des élites qui composèrent le noyau dirigeant pendant presque cinquante ans, et enfin une archive des représentations projetées par les Français et reprises par leurs amis étrangers. Dans l'image donnée de soi à autrui, la France à partir de 1870, et davantage encore après 1918, exalte systématiquement les valeurs linguistiques et culturelles susceptibles de modeler favorablement les opinions extérieures.

A ce titre, au-delà des visions naïves en usage et dans lesquelles l'*Alliance* se trouve régulièrement emmaillotée, la reconstitution de cette réalité historique d'ensemble s'avère (heureusement) beaucoup plus complexe. Pour ce faire, il est dorénavant possible de s'appuyer sur une série de travaux qui ont jalonné depuis vingt ans le champ des Relations Internationales Culturelles[1] et dont plusieurs ouvrages récents, notamment un colloque fruit des initiatives de l'Ecole française de Rome et intitulé *La Culture dans les Relations Internationales*, représentent bien la lente montée en sève[2].

---

1. Le numéro de la revue *Relations Internationales*, n°24, « Culture et relations internationales », hiver 1980. Il fournit une utile balise (terminus a quo) de cette historiographie.

2. François Roche (dir.), La Culture dans les Relations Internationales, Rome, Ecole française de Rome, 2002,466 p. On doit lui adjoindre l'ouvrage

Depuis les recherches sur les premiers Instituts culturels jusqu'aux synthèses sur l'action artistique, des études réservées à l'action culturelle française aux Etats-Unis[1] ou au « modèle » français en Amérique Latine, mais aussi en Tchécoslovaquie, le retard pris par cette « histoire culturelle de l'action extérieure » sur sa cousine investie sur le terrain des politiques culturelles internes (depuis le Front Populaire jusqu'aux années 1980[2]), est en passe d'être comblé. Récemment, un gros Dictionnaire consacré aux *Politiques culturelles de la France depuis 1959* réservait quelques entrées aux questions culturelles extérieures[3].

Mais cependant le déséquilibre numérique (au détriment) de celles-ci devrait inciter la recherche à passer, au préalable, devant l'établi, afin de mieux soutenir la comparaison.

Nous entendons ainsi tenter de combler une lacune historiographique de plus en plus gênante pour la bonne compréhension d'un grand pan de l'histoire culturelle française[4].

---

collectif, Entre rayonnement et réciprocité Contributions à l'histoire de la diplomatie culturelle, Publications de la Sorbonne, 2002, 197 p.

1. Cf. Alain Dubosclard, L'action culturelle de la France aux Etats-Unis de la première guerre mondiale à la fin des années 1960, Thèse Université Paris I sous la direction de Pascal Ory, 2002, 1167 p.

2. Depuis la thèse pionnière de Pascal Ory dont la version abrégée s'intitule, *La Belle illusion, Culture et politique sous le signe du Front Populaire, 1935-1918*, Paris, Plon 1994, 1033 p. Depuis 1993, un Comité d'histoire du ministère la Culture chapeaute toute une série de travaux.

3. Emmanuel de Waresquiel (dir.), *Dictionnaire des politiques culturelles de la France depuis 1959*, Paris, Larousse-CNRS Editions, 2001. Il comporte au moins 6 entrées en termes de politique culturelle extérieure : Alliance française, Conseillers culturels, Francophonie, Instituts français à l'étranger, Présence artistique de la France à l'étranger, Politique culturelle extérieure.

4 Nous nous permettons de renvoyer pour une version complète de ce travail à notre Mémoire d'Habilitation à soutenir des recherches, *L'Alliance française et la diplomatie de la langue (de 1883 à la fin des années trente) Contribution à l'étude de l'action culturelle française à l'étranger*, Paris, IEP, nov.2003, sous la direction de Jean-François Sirinelli.,

PREMIÈRE PARTIE

LA CONSTRUCTION DE L'ALLIANCE FRANÇAISE ET LA DÉFINITION D'UNE DIPLOMATIE CULTURELLE MODERNE

Chapitre I

Naissance et premiers pas de l'Alliance française

> Quant à l'espérance, il vaut mieux ne pas en parler, il n'y en a que pour eux [...]. Péguy (*Le mystère des Saints Innocents*)

L'*Alliance française* est fille du renouveau politique et moral caractéristique du début des années 1880 en France, où s'exprime une aspiration, à la fois inquiète et parfois contradictoire dans ses objectifs, à sortir de soi et à rebondir durablement après la décennie du « recueillement ». Aux initiatives diplomatiques résolues tel l'engagement en Tunisie à partir de 1881, répond la mobilisation d'associations à l'instar de la récente *Ligue des Patriotes* ou de l'ancienne *Ligue de l'Enseignement*[1] et la solennelle mise au point par Renan d'une définition complexe de la Nation[2]. Cependant, si la création de l'*Alliance française* le 21 juillet 1883 semble au départ étroitement liée au projet colonial naissant, élaboré autour de Gambetta et des gouvernements opportunistes, elle le déborde bien vite au profit d'une action extérieure plus générale. Il est vrai que la question du maintien d'un rayonnement français trouve sa pierre de touche dans la volonté du pays et de ses élites de se lancer dans la course aux territoires vierges inaugurée par les grandes nations européennes lors du Congrès de Berlin en 1878, mais aussi dans leur capacité à affronter la dure concurrence économique ou culturelle des jeunes Etats-

---

1. Cf Jean-Paul Martin, *La Ligue de l'Enseignement et la République des origines à 1914* , Thèse I.E.P. Paris, 1992, sous la direction de Jean-Marie Mayeur, 2 vol., 865 p. et Bernard Joly, *Déroulède*, Paris, Perrin, 1998, 440 p.
2. Ernest Renan, *Qu'est-ce qu'une Nation? et autres essais politiques*, prés. Joël Roman, Paris, Presses-Pocket, 1992.

nations voisins, tout aussi bien que celle de plus vieilles puissances. Le XIXe siècle approfondit de manière exacerbée un processus paradoxal (psychologique et anthropologique) de convergence/divergence des nations au cours duquel les ressemblances exacerbent la manifestation des différences, et où ce qui est rapproché (l'espace et le temps) et brassé (les hommes et les capitaux) se trouve au même moment contrebattu par l'exacerbation de particularismes (politiques et culturels)[1].

Des quatre facteurs de la puissance impériale (militaire, politique, économique, idéologique), les Etats principaux d'alors étaient plus ou moins pourvus[2], quoique chacun composât différemment de ses voisins le poids respectif de ses atouts. Parmi ceux-ci, les langues elles-mêmes devenaient l'un des enjeux de la compétition mondiale et la pluralité linguistique parut le céder à un univers quasi darwinien de « lutte des langues ». Ce constat inspire au géographe Onésime Reclus (1837-1916) le néologisme « francophonie »[3]. On peut voir là, dans ce contexte d'assimilation des langues à des organismes biologiques, une forme de pathos, bien représentative de la fin de siècle, qui assigne aux instruments de la communication langagière, le dur destin d'outil de propagande, sous peine de succomber à une inexorable décadence.

---

1. Cf. Alain Dieckhoff, *La nation dans tous ses états*, Paris, Flammarion, 2000, 351 p., p. 29 et sq.
2. Voir la synthèse de René Girault, « Les impérialismes de la première moitié du XXè siècle », in *Etre historien des relations internationales*, Paris, Publications de la Sorbonne, 1998, 435 p., pp. 90-109.
3. Armand Mattelart, *L'invention de la communication*, Paris, La Découverte, 1994, 376 p., p. 208. Le mot « francophone » daterait lui des années 1930 et on le trouve chez Valery Larbaud. Le terme de « francophonie » ne se répand cependant que tardivement ; on le rencontre dans un article de Léopold S. Senghor, en 1956, dans un article de la Nef intitulé « où va l'Union française ? », voir l'article de Pierre Achard, « Francophone, francophonie. Note lexicographique sur quelques chimères », *Mots*, n°8, mars 1984, pp. 196-198.

1.Le contexte politique et culturel favorable au renouveau expansionniste

Le renouveau diplomatique

Dans le champ de la politique extérieure, Gambetta et son entourage, à partir de 1875, mais davantage encore après 1878, tentèrent progressivement de reformuler le rôle du pays sur la scène internationale et entreprirent, avec prudence, de l'engager dans une politique d'expansion[1]. Dans le petit nombre de personnalités préposées à la réflexion publique dans ce domaine assez étroit d'intérêts et de compétences, on recensait alors Joseph Reinach et Gabriel Charmes qui s'accordaient sur la nécessaire vocation mondialiste d'une France républicaine. Et, à l'horizon de la tradition diplomatique française, la défense des intérêts catholiques comptait pour une large mesure. Déjà Napoléon avait fait exception à l'interdiction des congrégations de religieux-prêtres en autorisant quatre d'entre elles (Missions Etrangères, Spiritains, Sulpiciens, Lazaristes), et Gambetta lui-même, aux pires moments des années 1876/7, ne s'exonérait pas d'un hommage à ce passé[2]. Très proche du dirigeant de

1. Voir John Patrick Bury, *Gambetta's final years 'the era of difficulties'1877-1882*, London-New York, 1982, 392 p., pp.199-220 et l'article de Charles-Robert Ageron, « Gambetta et la reprise de l'expansion coloniale », *Revue française d'histoire d'Outre-mer*, n°215, 1972, pp.165-204. Le moment décisif de cette réorientation d'une politique extérieure d'abord centrée sur l'Europe à une politique mondiale serait le Congrès de Berlin où Allemands et Anglais incitent les Français à s'engager en Tunisie. Or Gambetta choisit la participation française à l'encontre de certains de ses amis (Spuller, Challemel-Lacour) souhaitant la politique de la « chaise vide » ; l'un de ses proches, Camille Barrère, est secrétaire officieux de Waddington. En 1878 et 1880 Gambetta freine la conquête. Pour plus de détails sur l'offre de la Tunisie lors du Congrès de Berlin, le livre de Jean Ganiage, *Les origines du Protectorat français en Tunisie (1861-1881)*, Paris, PUF, 1959, 776 p., pp. 492-520.

2. Il déclare en 1876 : « on a beau être libre-penseur, on ne peut méconnaître que ce serait faire une politique détestable de ne pas tenir un très grand compte, dans les relations de la France avec l'extérieur, de ce que j'appelle avec l'histoire et les traditions diplomatiques du pays, la clientèle catholique de la France dans le monde », in Pierre Guillen, *L'Expansion 1881-1898*,

l'Union Républicaine, Reinach publie le 11 décembre 1880 dans la *Revue politique et littéraire* un long article sur l'opinion publique et la politique extérieure, consacrée en fait à la « question d'Orient ».[1] L'exhortation à l'action hardie au-delà du cadre continental, le refus, au nom d'un héritage glorieux, de se cantonner au statut d'une « grande Belgique » donnent la tonalité générale du propos. Les terrains envisagés d'une politique d'influence en Orient touchent les secteurs de l'agriculture et de l'industrie aussi bien que celui de l'enseignement. Quant à la méthode d'intervention, elle doit laisser à l'initiative privée toute latitude. Or, si dans le sombre tableau donné de l'instruction au Levant, quelques taches claires ressortent, on le doit, précise l'auteur, à l'action entreprise par les écoles congréganistes catholiques et l'Alliance israélite. A rebours de la politique d'affrontement avec les congrégations non autorisées (l'arme de l'article 7 de la loi du 15 mars 1879), cet éloge décerné aux écoles chrétiennes de Syrie rappelait, selon l'expression fameuse, que « l'anticléricalisme n'est pas un article d'importation » :

> « Ainsi les écoles chrétiennes de Syrie ont déjà rendu les plus grands services, et les instituteurs ecclésiastiques, quoi qu'on puisse penser de leurs mérites dans d'autres parages, ont été ici de vaillants pionniers de la civilisation [2] ».

Un autre auteur proche des cercles du pouvoir, Gabriel Charmes, constate, de manière plus polémique, la difficulté du régime républicain à faire diplomatiquement ses preuves en raison de son manque d'esprit de suite – les arpents de sable égyptien abandonnés à l'Angleterre en 1882-, de son dédain des traditions, quand certains Républicains évoquent leur volonté de laïciser l'influence française en Orient :

Paris, Imprimerie Nationale, 1984, 521 p., p.35. Il se montre très favorable au cardinal Lavigerie et aide les Jésuites à fonder l'Université Saint Joseph à Beyrouth en 1881.

1. Joseph Reinach, « La question d'Orient », in *Politique opportuniste 1880-1889*, Paris, Bibliothèque Charpentier, 1890, 378 p., pp. 3-95.

2. *Ibid*, p. 30.

Bien au contraire, la place conquise par les congrégations catholiques au Levant, depuis 1850-1860[1], révèle la ténacité de l'Eglise, sa capacité de mobilisation des hommes et des capitaux à moindres frais, ou encore sa souplesse d'adaptation à l'égard des publics orientaux. La fondation de l'Université Saint Joseph de Beyrouth par les Jésuites en 1881 et surtout l'action du Cardinal Lavigerie en Tunisie sont les vivants exemples de l'initiative privée hardie menée par les Catholiques.

Cependant, c'est sur un mince terreau colonialiste que l'Alliance française prit son premier essor. Plus particulièrement, il convient de revenir sur l'incontestable dynamique intellectuelle née de la défaite de 1870 dont l'*Alliance* est également comptable.

Le renouveau intellectuel

Après le livre d'Ernest Renan en 1871 qui mit en perspective une bonne partie du projet politique français à venir, la *réforme intellectuelle et morale* devint le mot d'ordre partagé par l'ensemble des élites. Les méthodes et les buts pouvaient certes différer selon les opinions mais une grande partie des hommes de savoir communiait dans la croyance commune en une nécessaire revitalisation du tissu socio-intellectuel. Que l'on privilégiât comme les aristocrates de la culture tel Renan l'institution en charge de la pyramide des savoirs et de la production de connaissances nouvelles (refaire

1. Voir Matthew Burrows, « 'Mission civilisatrice' : French cultural policy in the middle east 1860-1914 », *The Historical Journal*, vol.29, march 1986, pp. 109-135. Le point de départ de cette politique française serait la subvention accordée par Guizot aux Lazaristes en 1842 pour le Collège d'Antoûra (Liban) et qui réoriente de manière novatrice l'action des catholiques français vers les missions éducatives et hospitalières. Le deuxième temps verrait la création des Œuvres d'Orient en 1854 et celle de l'Alliance Israélite Universelle en 1860; le troisième, l'arrivée massive de missionnaires français après 1860 alors que jusque là, Espagnols et Italiens avaient dominé en Orient.

une Université « à l'Allemande »)[1], que l'on choisît de fortifier la formation des élites administratives et économiques comme un Boutmy, ou que l'on conçût la réforme intellectuelle sous l'angle d'une large diffusion des connaissances à la façon de l'*Association française pour l'avancement des sciences* (AFAS) créée en 1872 ou des Sociétés de Géographie, il incombait de refaire les mœurs du pays par le biais de la culture. De ce dernier type d'initiative, à mi-chemin de l'action scientifique et de la propagande patriotique, assez proche donc de la configuration sociale et intellectuelle prise par la future *Alliance française*, on peut retenir l'aspect de mouvements pilotés par des élites et élargis parfois au public des « nouvelles couches » chères aux Républicains, voire de catégories plus modestes, afin d'opérer une large mobilisation intellectuelle des cœurs et des volontés. Au sein de cette galaxie de sociétés savantes, le fait colonial se révèle, souvent, central.

Or sur ce terrain-là, les Sociétés de Géographie jouaient déjà un rôle politico-scientifique moteur depuis les dernières années du Second Empire. Elles sont, précisément, le milieu où a incubé le projet de l'*Alliance française*. Il est d'ailleurs révélateur que le père de celle-ci, Pierre Foncin, ait fondé la *Société de Géographie Commerciale de Bordeaux* en 1874 au titre de « groupe girondin de l'AFAS[2] ».

Le goût, si répandu au XIXe siècle de l'association savante, relève à la fois d'une généalogie globale des formes de sociabilité dont Maurice Agulhon a tracé les premiers jalons, et parfois d'une histoire plus spécifique de l'institutionnalisation progressive de certaines disciplines. A ce titre, à la croisée du social et du monde des idées, la Géographie occupe dans ce siècle une place de premier plan. D'abord destinée à conter la geste désintéressée d'explorateurs, elle devient, à partir de 1864

---

1 Voir le livre classique de Claude Digeon, *La crise allemande de la pensée française*, Paris, Presses Universitaires de France, 1959, 568 p. et surtout le chap.VII, « la nouvelle université et l'Allemagne (1870-1880) ».

2. Dominique Lejeune, Les Sociétés de géographie en France dans le mouvement social et intellectuel au XIXe siècle, Thèse, Nanterre, 4 vol., 1987, note 29 p. 656.

sous l'impulsion renouvelée de la *Société de Géographie de Paris* (1821) menée par l'entreprenant Charles Maunoir, le relais privilégié d'une action utilitaire tournée vers la conquête politique et militaire ou la quête de nouveaux marchés économiques. Du « scramble » engagé par les puissances impériales, découle désormais l'association étroite de l'exploration intéressée et de la conquête coloniale, de l'épée et du négoce. De cette atmosphère de fièvre, rien ne témoigne mieux que ces quelques projets dont une poignée de rêveurs impénitents ou d'affairistes peu scrupuleux faisaient miroiter la réalisation auprès d'un public tout ébaubi : train transsaharien de Saint-Louis à Alger, constitution d'une mer intérieure africaine, percement de canaux interocéaniques[1]... Dorénavant, dans les antichambres du pouvoir politique[2] ou dans les salles de conférences publiques, les *Sociétés de Géographie*, augmentées de leurs nouvelles parentes, les *Sociétés de Géographie commerciale* telles celles de Paris (1873) et Bordeaux (1874), fortes de 20 000 adhérents à la fin des années 1880, entreprennent surtout de propager les intérêts et l'idéologie du mouvement colonial, tout en assurant indirectement, en province essentiellement, l'extension de la discipline géographique auprès de l'Université et des publics du Primaire. L'essentiel du dynamisme est ainsi imputable aux sociétés bien implantées dans les grandes métropoles telles Lyon (1873), Bordeaux (1874) ou Marseille (1876) et où se rencontrent deux milieux sociaux peu habitués à l'échange mutuel, celui du négoce et celui des études. Se créent, grâce à leurs subventions et celles des Chambres de Commerce, plusieurs cours privés ou des bibliothèques géographiques à

1. En mai 1879, se tient à Paris le Congrès international pour le percement de l'isthme interocéanique qui ouvre l'aventure panaméenne de Ferdinand de Lesseps. Cf. Jean-Yves Mollier, *Le Scandale de Panama*, Paris, Fayard, 1991, 564 p., pp.50 et sq.

2. Jules Simon, ministre de l'Instruction Publique, confie en 1871 à Emile Levasseur et Auguste Himly, le pilotage d'un comité de réforme sur l'enseignement de la géographie. Elle élabore des projets de programmes pour lycées et collèges et pour les écoles primaires, voir Dominique Lejeune, Les Sociétés de Géographie en France, *op.cit.*, note 10 p.586.

Marseille, Lyon ou Lille ; sous leur amicale pression, les premières chaires officielles de géographie apparaissent comme à Bordeaux en 1877.[1] Pierre Foncin en est d'ailleurs le premier titulaire, fort de l'inlassable activité déployée depuis trois ans déjà dans la *Société de Géographie commerciale* locale fondée avec les concours de négociants éclairés. Cette dernière publie un *Bulletin* trimestriel tiré à 2000 exemplaires, recueil de renseignements fournis par les voyageurs de toutes sortes (marins, touristes, commerçants), et dispose d'un réseau de correspondants dans les grands ports du monde. Mais Foncin ne se contente pas d'une action étroitement locale et, dès ces années bordelaises, est perceptible le profil d'un homme aux plus vastes perspectives. D'une part, il crée des succursales dans le grand Sud-Ouest et les fédère en un pôle régional et, d'autre part, se retrouve maître d'oeuvre dans la constitution, en septembre 1878, du premier Congrès national des *Sociétés de Géographie*[2]. Le discours qu'il prononce à ce moment, alors que le groupement reçoit Stanley, lui est l'occasion d'entonner le grand péan de l'expansion.

Groupe de pression parmi d'autres, ce monde de la Géographie se trouve vers 1880\1885 au sommet de son dynamisme. Par rapport à d'autres lobbies, il présente la particularité d'être bien structuré et de refléter un état d'esprit qui, pour minoritaire qu'il soit, n'en est pas moins très vivace au sein de certaines minorités influentes de la nation. Ludovic Drapeyron, le fondateur de la *Revue de Géographie (1877)*, rappelait en 1881 le rôle d'aiguillon de sa publication depuis 1878 qui

> « [...] fit appel à ceux que nous appelons les Africains de la revue. [...] Plus de trente articles sur l'Algérie, la Tunisie, la Tripolitaine et l'Afrique en général sont dus à leurs vaillantes plumes. Nous avons constitué ainsi une gerbe de lumières

---

1 Voir Numa Broc, « Le rôle de la Société de Géographie de Bordeaux dans les premiers congrès nationaux de géographie (1876-1896), in *Revue géographique des Pyrénées et du Sud-Ouest*, t.49, fasc. 1, 1978, pp.150-155.
2. *Ibid.*

dont la politique française a déjà profité et dont elle profitera tous les jours davantage[1] ».

L'affaire tunisienne leur sera un premier terrain d'application d'envergure et la traduction en actes de cette vulgate politique et scientifique qui mêle mission civilisatrice, intérêts économiques et souci de puissance. Si elle ne se réduit pas à une seule entreprise coloniale, la création de l'*Alliance* en 1883 vient néanmoins compléter de manière originale la projection impériale alors en gestation, dont la multiplication des premières Chambres de Commerce à l'étranger [2](Lima, Nouvelle-Orléans, Montevideo, Valparaiso), constitue par ailleurs une autre composante.

2.Les problèmes de la langue française dans le Protectorat tunisien et dans le monde

La fondation le 21 juillet 1883[3] de l'*Alliance* autour principalement de Pierre Foncin et de Paul Cambon, inscrit cette naissance dans le contexte délicat du renforcement français en Tunisie après que la convention de la Marsa du 9 juin 1883 fut signée avec le Bey. Se trouvaient également à cette séance inaugurale Machuel (Directeur de l'enseignement public en Tunisie), Jusserand (chef de bureau au MAE), Alfred Mayrargues, Paul Melon, le Père Charmetant et Paul Bert. Quelle était la conjoncture de l'heure ?

A ce moment, le protectorat s'instaura véritablement et Paul Cambon, le résident général nommé ministre plénipotentiaire le 18 janvier 1882, s'efforça de faire pièce, de manière pacifique[4],

---

1. Cité par Dominique Lejeune, *Les Sociétés de Géographie*, *op.cit.*, note 13 p. 672.
2. Voir Pierre Guillen, *L'Expansion …*, *op. cit.*, p. 63. 3 Chambres existaient en 1870 et 18 furent créées entre 1883 et 1886.
3. Il n'a pas été possible de fouiller plus avant les conditions de cette naissance. Les « papiers d'agent » de Paul Cambon au Quai d'Orsay, par exemple, n'ont rien livré.
4. Alors que le Général Boulanger, arrivé en mars 1884, cherchera à imposer la force et s'opposera ainsi violemment à Paul Cambon. Voir Jean Garrigue,

à l'influence exercée par la colonie italienne dans le pays. Envisager une conquête durable des esprits à travers la propagation de l'idiome français, le projet n'était pas dépourvu d'ambition. Il pouvait même se prévaloir d'un antécédent dans l'œuvre entreprise dès 1860 par *l'Alliance israélite universelle*[1], et active en général dans le Levant au côté des missions catholiques françaises, elles aussi au premier rang des initiatives privées en faveur de la langue française. Bien que la documentation manque sur les premiers contacts passés entre les fondateurs, il semble cependant que l'idée d'une propagande française par la langue et la culture soit un programme caressé bien des années auparavant par Foncin, et que Tunis n'ait été que le catalyseur d'un projet plus global. Paul Cambon cependant, s'il s'éloigne progressivement du cercle dirigeant de l'*Alliance*, montrera toujours de l'intérêt pour elle ; plus généralement, il sera, semble-t-il, au Quai d'Orsay, un des premiers diplomates à se préoccuper des questions d'influence culturelle : il tentera ainsi (vainement), entre 1893-1898, de fonder une *Mission permanente* archéologique à Constantinople afin de renforcer la position déclinante des fouilles française dans l'Empire[2].

L'Alliance française et la Tunisie

Entre 1878 et 1881, la rivalité franco-italienne avait porté essentiellement sur le terrain de l'économie quand les Transalpins contestèrent l'hégémonie française dans les

---

Le Général Boulanger, Paris, Olivier Orban, 199I, 379 p., pp.34-44. et Laurent Villate, *La République des diplomates Paul Cambon et Jules Cambon 1843-1935*, Paris, Science infuse, 2002, 415 p., pp. 85-95.

1. Voir Aron Rodrigue, *De l'instruction à l'émancipation, Les enseignants de l'Alliance israélite universelle et les Juifs d'Orient 1860-1939*, Paris, Calmann-Lévy, 1989, 232 p. En 1865, elle dispose de 5 écoles et 680 élèves et en 1880 de 43 écoles et de 43 000 élèves. Les maîtres sont remarquablement formés grâce à une Ecole normale ouverte à Paris en 1867 et reconnue d'utilité publique en 1880.

2. Voir Nicole Chevalier, *La Recherche archéologique française au Moyen-Orient 1842-1947*, Paris, Editions Recherche sur les civilisations, 2002, 630 p., pp.82-90.

secteurs du télégraphe ou des chemins de fer [1]. Les années postérieures voient la concurrence se déplacer du côté des institutions d'enseignement. Mais la méthode suivie par les Français, afin de gagner les esprits, s'écarte de celle suivie au même moment dans la Mère-patrie. Alors que déjà une circulaire d'avril 1880 décrétait la prorogation de la protection apportée par les agents diplomatiques aux congrégations non autorisées, Jules Ferry, dans une note, confirme ce choix et préconise d'appuyer, au moins dans un premier temps, surtout le réseau des écoles catholiques mis en œuvre par le Cardinal Lavigerie.

En effet ce dernier, nommé administrateur apostolique en Tunisie par Léon XIII en juin 1881, se passionnait depuis longtemps pour l'action missionnaire de type hospitalier ou scolaire. En 1856 il avait été enlevé à la Sorbonne par ses supérieurs pour la direction de *l'Oeuvre des Ecoles d'Orient* créée deux ans plus tôt. Son action dans l'Empire Ottoman avait toujours visé à favoriser les intérêts français et à consolider les droits français au protectorat des Chrétiens en Orient confirmés par plusieurs traités (en 1838, 1861 et 1868, 1878) ; d'autant que depuis 1871 l'Italie proposait une protection internationale des Chrétiens dans le sultanat. Lavigerie, soutenu par le Consul à Beyrouth Théodore Roustan, mena une lutte sourde contre le Délégué Apostolique en Syrie, Mgr Piavi, un franciscain qui cherchait à promouvoir l'italien dans les écoles religieuses alors que le Premier Ministre Minghetti commençait à subventionner les écoles catholiques[2]. Ce patriotisme, qui lui permit de servir successivement les régimes les plus différents, trouva un

1. Jean Ganiage, Les Origines du Protectorat ..., *op.cit.*, p. 564 et sq.

2. J. Dean O' Donnel, *Lavigerie in Tunisia The interplay of imperialist*, Athens, University of Georgia Press, 1979, 300 p., pp. 28-33. Dans Jérusalem, il obtient pour ses Pères Blancs la charge d'un séminaire chargé de former le clergé melkite, sérieuse remise en cause du monopole franciscain (très italianisant) en Terre Sainte. La politique de Lavigerie, en effet, tendait à circonvenir les catholiques d'Orient afin de les attacher à la France. Voir aussi Joseph Hajjar, *Le Vatican - La France et le Catholicisme oriental (1878-1914)*, Paris, Beauchesne, 1979, 592 p. : protectorat des Latins dans l'Empire et « patronat » des catholiques orientaux (pp.117-118).

nouveau terrain d'action en Tunisie. A son arrivée à Tunis en 1875, il songea à la création d'un collège *-Saint-Louis-* qui ouvrit finalement en octobre 1880 à Carthage[1]. Chaud partisan du protectorat français pour lequel il mobilisa tous ses prêtres dans la phase préparatoire à l'invasion[2], il concevait une prise de contrôle du pays par la double voie de l'économie et de l'action scolaire. Dans ce dernier domaine, il contribue à l'amélioration matérielle des écoles congréganistes en faisant venir de nouveaux enseignants, en reconstruisant des locaux pourvus de matériel pédagogique[3]. Ses projets avaient été transmis à Gambetta et ce fut au nouveau résident, Paul Cambon, installé en avril 1882, de donner suite aux propositions de Lavigerie.

Quelle était alors la composition de la population résidente à laquelle était destinée ce vaste programme d'acculturation ? On recensait un million et demi de Musulmans, 20 000 Italiens, quelque 800 Français, une population maltaise, et une importante communauté israélite (66 000 personnes). Paul Cambon aurait été très favorablement impressionné par la qualité des écoles dirigées par *l'Alliance israélite* et la parfaite organisation des comités et sous-comités propres à cette association[4]. L'idée de copier ce modèle, mais en le détachant de toute référence confessionnelle afin d'appuyer indistinctement les écoles catholiques ou israélites, trouve là une part de son origine. Les écoles européennes françaises étaient au nombre de huit, tenues par des congréganistes alors que les Italiens disposaient de six organismes contrôlés en

---

1. François Renault, *Le Cardinal Lavigerie 1825 - 1892*, Paris, Fayard, 1992, 698p., pp. 48-51et p. 426.
2. Cf. J. O' Donnel, *Lavigerie in Tunisia*, *op. cit.*, pp.102 et sq. Toute la mission d'espionnage réalisée par le capitaine Sandherr à partir de mars 1881, fut rendue possible par l'appui apporté par les religieux français.
3. C'est le constat dressé par le « délégué » de l'Alliance en Tunisie qui compare la situation en 1882 et celle en 1884. Voir Paul Melon, « les écoles françaises en Tunisie », *Bulletin de l'Alliance française*, [BAF dorénavant] n°2, décembre 1884.
4. Un Diplomate, Paul Cambon Ambassadeur de France (1843-1924), Paris, Plon, 1937, 323 p., p.58.

majorité par des laïcs. D'un côté, Paul Cambon entreprit avec l'aide d'un universitaire algérois, Louis Machuel (1848-1922)[1], une politique de réorganisation administrative et pédagogique de l'ensemble des établissements[2], qu'ils fussent tunisiens (réorganisation du Collège *Sadiki*, le lieu de formation des élites locales), européens privés (veiller à la progression du français) et peu à peu laïcs (dix écoles ouvrirent en 1885 dont l'école normale *Alaoui* dont Machuel est le directeur). De l'autre, Cambon créait l'*Alliance française* en vue d'accélérer la conversion au français des populations. Parmi les neuf hommes présents à Paris le 21 juillet 1883, Machuel, Cambon, l'abbé Charmettant (le délégué de Lavigerie), Jusserand (chef de bureau aux Affaires tunisiennes en 1882) représentaient la partie tunisienne de l'entreprise. L'action menée par l'*Alliance* se déploie rapidement en partie sous l'impulsion d'un universitaire protestant doté du titre de « délégué », Paul Melon. Par des dons de livres ou d'argent, des visites d'établissements (congréganistes et israélites), elle complète de manière officieuse la politique de Louis Machuel nommé à la Direction Générale de l'Enseignement en mai 1883. A Tunis, le comité local est composé aux deux tiers de Musulmans (221 personnes fin 1884)[3]. Quelques années plus tard en 1887, la Régence abrite un comité de 340 adhérents ; 55 écoles primaires (27 en 1885), dont 40 publiques, couvrent le pays. Ce volontarisme contraste avec la situation algérienne. Cette année là, le budget avait inscrit au titre de l'enseignement pour les indigènes un modeste crédit de 150 000 F, et en novembre 1885 le conseil

1. Voir G. Caplat (dir.), *Les Inspecteurs généraux de l'instruction Publique. Dictionnaire biographique 1802-1914*, Paris, INRP-CNRS, 1986, pp. 485-486. Né à Alger en 1848, il est nommé en 1877 titulaire de la chaire publique d'arabe à Oran. Il sera nommé inspecteur général de l'enseignement primaire en 1895 et c'est en cette qualité qu'il est mis à disposition du gouvernement tunisien pour remplir les fonctions de directeur de l'enseignement public.
2. Voir François Arnoulet, « Les problèmes de l'enseignement au début du Protectorat français en Tunisie (1881-1900) », *Revue de l'Institut des Belles Lettres Arabes*, n°167, 1991, pp.31-61.
3. Pierre Foncin « l'instruction publique en Tunisie », *Revue Scientifique*, n°25, 19 décembre 1885, pp. 781-787.

d'administration de l'*Alliance* suppléait aux carences gouvernementales en votant une subvention de 1 200 F pour la formation de petites bibliothèques en Kabylie[1].

La situation de la langue française dans le monde

Deux siècles d'hégémonie culturelle avaient peu préparé les Français à la nouvelle pluralité linguistique européenne jaillie du remodelage napoléonien. Impuissante à remettre en cause, dans l'immédiat, les positions acquises depuis longtemps par le français, cette concurrence devait conduire malgré tout à abandonner l'attitude traditionnelle d'autisme linguistique[2]. A cette conscience nouvelle de l'altérité provoquée par la franche affirmation des idiomes anciens (le toscan, l'allemand) ou nouveaux (le slovène, le serbo-croate, le bulgare et le tchèque se constituent en langues littéraires[3]), se superpose chez quelques observateurs, autour des années 1865-1880, le constat parfois sommaire d'un déclin peu à peu inexorable de la vitalité française. Mais quelle que soit l'ampleur du recul, si le Français continue à résonner aux quatre points cardinaux, il le doit surtout au messianisme du catholicisme français tout au long du XIXe siècle.

L'ouvrage de Prévost-Paradol, *La France Nouvelle*, tout empreint de pessimisme, fut l'un de ces premiers cris d'alarme

---

1. *BAF*, n°8-9, Nov.1885-janv.1886.

2. Dont témoigne, après 1830, le début de l'enseignement des langues étrangères. Voir Michel Espagne, « Identités nationales et rejet de l'autre », in *L'Invention du XIXe siècle*, Paris, Klincksieck-Presses de la Sorbonne nouvelle, 1999, 371 p., pp. 285-296. Cet intérêt nouveau (même si l'Inspection Générale des langues vivantes ne date que de 1878 selon Paul Gerbod, in *La Vie quotidienne dans les lycées et les collèges*, Hachette, 1968, p. 135) pour les littératures étrangères provoqué par la littérature romantique européenne contraste avec l'attitude d'un Voltaire qui méprisait l'allemand et les Allemands : aux uns, il souhaitait plus d'esprit, à l'autre, moins de consonnes, voir André Pelissier, *Précis d'histoire de la langue française depuis son origine jusqu'à nos jours*, Paris, Didier, 1873, p.280.

3. Voir Benedict Anderson, *L'Imaginaire national*, Paris, La Découverte, 1996, pp. 80-82. D'autres langues comme l'ukrainien ou le finlandais procèdent à leur passage au statut de langue vernaculaire.

à demi audibles dans le tumulte impérial. Faiblesse démographique, économique, militaire, le destin français, conclut-il, sera celui d'une Athènes lettrée et spirituelle, subordonnée aux intérêts d'un empire anglo-saxon (E.U. et Australie) dont la langue acquerra un jour la suprématie mondiale [1]. Cependant jusqu'en 1914, on sait que les regards français furent tournés vers l'est et non vers l'ouest : la défaite devant la Prusse avait illustré les vertus allemandes, et pour la génération de 1870, l'observation des réalités germaniques suffit désormais à remplir la destinée intellectuelle et morale d'hommes anxieux d'interroger le sphinx d'outre-Rhin. Ainsi en 1885, Jules Flammermont, chargé de cours à la Faculté des Lettres de Poitiers et membre de *l'Alliance*, s'attache à décrire les initiatives récentes prises en faveur de la langue allemande et de son expansion [2]. A partir d'œuvres privées, se constituent des réseaux associatifs parascolaires afin d'appuyer les populations germaniques minoritaires dans les régions slaves (Hongrie, Tchéquie, Russie). Les Autrichiens créent une *Association scolaire allemande d'Autriche* en 1880 qui compterait 500 000 membres en 1885 et donnent la main aux Allemands dans la création de la *Société scolaire générale allemande* sous les auspices de la *Société de géographie de Berlin*. Deux ans après, cette société comprend 77 comités locaux, 10 000 membres ; elles accordent des subventions aux journaux, fondent écoles et bibliothèques. Et, aiguillon douloureux des ambitions scientifiques gauloises, le dynamisme allemand est à mesurer à l'aune de son prestige intellectuel croissant auquel certains pays sont enclins à céder ; ainsi les Scandinaves abandonnent l'usage ancien d'un résumé en français disposé en tête du livre et les Russes se tournent de

1. L. A. Prévost-Paradol, *La France nouvelle*, Paris, Calmann-Lévy, 1905, [1ère édition 1868], 1905, pp..340-373.
2. Jules Flammermont, *L'expansion de l'Allemagne*, Paris, Cercle Saint-Simon, 1885, 54 p. Pour la vision d'ensemble sur l'Allemagne, voir pour les aspects strictement intellectuels (la dimension de compétition linguistique n'est pas envisagée), Claude Digeon, La crise allemande de la pensée française (1870-1914), *op.cit.*

plus en plus vers la Science allemande. Autour de 1880-1890, le livre français amorce son repli sur l'aire francophone (Belgique, colonies, Canada) et régresse ailleurs en général.[1]

Un universitaire adhérent de l'*Alliance*, Charles Gide, économiste et promoteur de la coopération, soupesait alors la part assez faible des populations francophones réparties dans le monde (49 millions) et la fragilité du sentiment francophile chez certaines des élites francisées (les mondes de la Diplomatie et de l'Aristocratie). La recherche d'un nouvel humus humain, où fructifierait la langue nationale, doit inciter le pays à cultiver de toute son énergie l'âme des peuples colonisés :

> « Arabes d'Afrique noire, noirs du Niger et du Congo, Annamites du Tonkin, races barbares, nous vous frapperons à notre image ; nous vous apprendrons notre langue »[2]

En tout état de cause, la création d'un milieu de petits administrateurs francisés devenait une nécessité afin d'étendre l'emprise française sur les territoires lointains. Certains observateurs ne préconisaient-ils pas l'instauration de primes de 2\300 F qui incitassent à l'apprentissage du français [3]?

Et Charles Gide sonnait la Diane des énergies en fixant à *l'Alliance* des buts ambitieux-elle ne les atteindra en 1914 que pour moitié- quant aux subsides à réunir (un million) et aux sociétaires à rassembler (100 000).

Or, d'une certaine façon, les objectifs décrits par l'universitaire montpelliérain n'étaient-ils pas ceux déjà poursuivis par les institutions missionnaires chrétiennes, d'origine française bien souvent ? Depuis 1822 et la fondation à

---

1. Olivier Godechot et Jacques Marseille, « Les exportations du livre français au XIXe siècle », in Jean-Yves Mollier (dir.), *Le Commerce de la librairie en France au XIXe siècle 1789-1914*, Paris, IMEC Editions -Editions de la Maison des Sciences de l'Homme, 1997, pp. 372-381.

2 .Charles Gide, *Lutte des langues à la surface du globe. Rôle de l'Alliance française*, conférence donnée au grand théâtre de Nîmes, 6 juin 1885, Nîmes, 1885, 35 p., p.31.

3. Charles Labarthe, « L'œuvre de l'Alliance française au Tonkin », *Revue de Géographie*, juillet-décembre 1884, pp. 140-144. L'auteur précise que les missionnaires, surtout d'origine espagnole, formaient leurs élèves au latin.

Lyon de *L'œuvre de la Propagation de la Foi*, le catholicisme français a pris la tête des entreprises missionnaires lointaines ; à la mort de Pie IX en 1878, l'afflux de ses prêtres ou de ses religieux et religieuses pourvoit aux 3/4 les effectifs globaux des Missions. A la fin du siècle, le chiffre de 50 000 personnes est le plus souvent cité. Non sans exagération.[1] Il demeure toutefois au crédit de ces établissements religieux un incontestable dévouement pour leur pays d'origine et un fonctionnement dont l'économie des coûts reste sans égale. Pour moins de 300 F[2] parfois, les missionnaires œuvrent sans compter. Cette référence financière fournit aux avocats des congréganistes un argument de choix, auquel d'ailleurs beaucoup de républicains anticléricaux ne sont pas insensibles.

Comme l'indique en substance la rédaction définitive de ses statuts en avril 1884, *l'Alliance* ne connaît pas l'origine philosophique des écoles qu'elle se décide à soutenir ; elle se donne pour but de donner appui à toutes les « écoles françaises » (article 2). Le Cardinal Lavigerie avait pesé de tout son poids dans cette notation délibérément neutre[3]. En effet, c'était là le credo clé de *l'Alliance* pour réussir dans ses vues. La neutralité politique et confessionnelle devait être complète.

1. Voir Alfred Rébelliau, « Le fait religieux dans la France contemporaine », in *La Civilisation française*, nov.1920, pp. 524-535. Il donne, en suivant le P. Piolet, moins de 20 OOO missionnaires Français au début du siècle. Les chiffres que l'on trouve chez Gérard Cholvy , *Christianisme et société en France au XIXe siècle 1790-1914*, Paris, Le Seuil, 2001,197p., pp.149-158, ne sont guère éloignés : 10 000 religieuses dont 40°\°pour deux congrégations, 4500 prêtres, 6000 religieux, 2600 frères dont 1200 frères des Ecoles Chrétiennes.

2. Argument que Maurice Barrès met en avant dans son *Enquête au pays de Levant* (1923, mais effectuée en 1914) quand il rapporte qu'en 1900 , les 12 Sœurs de Saint Joseph à Larnaka recevaient 280 F. chacune et entretenaient un dispensaire et une école ; en général la somme était autour de 400 F par an ; et Barrès note, amusé, l'erreur répétée des typographes de La Revue-des Deux Mondes qui écrivaient 4000 F !, in *L'Oeuvre de Maurice Barrès*, t. XI, annotée par Philippe Barrès et Henry de Montherlant, Paris, Club de l'Honnête Homme, 1967, pp.498-499.

3. Voir la correspondance avec Paul Cambon citée par Laurent Villate, La République des diplomates, *op.cit.*, note 82, p.372.

L'article 1 le précisait sans détour : « l'Alliance, Association pour la propagation de la langue française, a pour objet de répandre la langue française hors de France et principalement dans nos colonies et dans les pays soumis à notre protectorat ». Pour atteindre ce but, elle se proposait (Article 2)
- de créer et de subventionner des « écoles françaises »
- de former des maîtres
- de distribuer des récompenses
- d'encourager les publications pouvant seconder l'œuvre de l'Alliance
- de donner des prix et des bourses de voyage aux meilleurs élèves

Et, sur un tel programme aussi unanimiste, on vit des ministres de l'Empire (Victor Duruy, de Parieu[1]) côtoyer des Républicains militants (Spuller, Lockroy), des membres de divers clergés voisiner avec des anticléricaux renommés (Paul Bert, Charles Bigot).

3.Premiers pas de l'Alliance (1883-1886)

Que *l'Alliance* ait d'emblée suscité sympathies et appuis auprès des pouvoirs publics républicains, il n'est qu'à constater les facilités accordées à sa reconnaissance administrative : son existence légale est avalisée par un arrêté du 24 janvier 1884 (la *Ligue des Patriotes* ne l'obtiendra pas) et un décret du Président de la République lui octroie, le 23 octobre 1886, le statut envié – afin de pouvoir recevoir des dons et legs et posséder – d'association d'utilité publique (*l'Alliance Israélite* attendra 1975). La bienveillance gouvernementale accompagne en effet le climat d'enthousiasme collectif éveillé par le programme roboratif de l'*Alliance*. Le premier accueil, rythmé par les communiqués de victoire (800 inscrits en février 1884, 1650

1. Voir sa notice dans *Académie des Sciences morales et politiques, notices biographiques et bibliographiques*, Paris, Imprimerie Nationale, 1892, p. 76 : De Parieu (1815- 1895) fut docteur en droit (1841), député du Cantal (1848) et président du Conseil général du Cantal (1850-1870 et 1874-1877), ministre de l'instruction publique (1849-1851) et à nouveau ministre en 1870.

personnes un mois plus tard et disséminées « dans toutes les classes de la société ») conforte le noyau de fondateurs. Ces derniers s'attellent au montage d'une organisation qui soit assez souplement structurée d'un côté afin de favoriser les initiatives, tout en assurant de l'autre à la direction d'importants pouvoirs de contrôle.

L'organisation de L'Alliance

Pierre Foncin a laissé une évocation fiévreuse des premiers temps de l'*Alliance* quand les bâtisseurs d'une organisation à vocation mondiale confrontaient, avec un vertige d'impatience conquérante, les diverses cartes (de France, du monde) et les premières promesses d'établissements.

Cet activisme était celui d'une grosse vingtaine de personnalités qui représentaient le noyau fondateur le plus ardent, choisies soigneusement au sein des différentes élites du moment. Le premier président fut le diplomate Charles-Joseph Tissot (1828-1884), un proche de Gambetta, et nommé par ses bons soins à l'ambassade de Constantinople en 1880, puis à Londres en 1882. Il était flanqué de cinq présidents d'honneur chargés de gloire, qu'elle fût d'ordre militaire et scientifique avec le général Fhaidherbe (1818-1889) ou l'amiral Jurien de la Gravière (1812-1892)[1], d'ordre moral avec le cardinal Lavigerie (1825-1892) et Ferdinand de Lesseps 1805-1894) et de nature politique avec le sénateur républicain Carnot (1801-1888). L'homme du canal de Suez et de Panama, qualifié de « Grand

1. Ces deux hommes qui s'étaient illustrés sous l'Empire, Faidherbe au Sénégal et Jurien de la Gravière au Mexique, furent aussi des lettrés. L'amiral effectua des travaux hydrographiques en mer de Chine (1847-1850) puis fit œuvre d'historien de la marine en évoquant, notamment, Les guerres maritimes sous la République et l'Empire. Il fut président de la section de géographie historique et descriptive au Comité des Sciences Savantes en 1887 . Le général Faidherbe se passionnait pour l'enseignement du français dans les colonies, voir son article , « La langue française dans les colonies », *Revue Scientifique*, 26 janvier 1884, pp.104-109 dans lequel il préconise un apprentissage simplifié (phrases courtes, mots utilitaires, limitation des temps au présent, futur et passé indéfini). C'est également la méthode suggérée par Pierre Foncin pour l'Algérie.

Français » par Gambetta en 1879, succédait d'ailleurs à la fin 1884 à Tissot, décédé. Cet aéropage était complété par le secrétariat général (Foncin) et trois vice-présidents, Paul Bert, Paul Cambon, Victor Duruy. Parmi les membres d'honneur, se détachait de la frise toute une guirlande de grands savants (Renan, Taine, Maspero, Gaston Paris, Pasteur, Levasseur) associés à des personnalités politiques (Lockroy, Jules Simon, Léon Say, Freycinet, Ribot). Mais le cœur de l'*Alliance* battait surtout au rythme dispensé par les deux organes centraux clés : le Conseil d'administration de 50 membres (élection le 20 mars 1884) et sa formation réduite, le Bureau du Conseil d'administration, formé d'une quinzaine de personnes réunies une fois par mois, véritable cheville ouvrière de l'association (constitution le 26 mars 1884). Le 3 avril 1884 était mis sur pied le Comité général de propagande composé de 7 membres et qui entreprit d'organiser les premiers comités de l'*Alliance française* en France. La liste rapidement égrenée de noms célèbres illustrait la diversité des tempéraments politiques et des expériences professionnelles, mais elle authentifiait aussi l'unité d'un type de profil viril, celui d'hommes habitués à commander et à voir loin. Ce milieu dirigeant aux entours politiques et professionnels variés,

« ce méli-mélo d'opinions et de religions »

aux yeux de Cambon[1], entendait refléter et imposer un esprit de concorde au seul service de la langue française magnifiée. Solennellement condamné et banni des enceintes de *l'Alliance*, l'esprit de division réapparaît néanmoins bien vite entre Lavigerie et certains Républicains, tel un Paul Bert, incarnation même de l'anticléricalisme dans les années 1879-1885, à travers quelques formules polémiques restées célèbres, du « milliard des congrégations » au « phylloxéra » jésuite (discours d'Auxerre le 25 août 1879)[2]. Le Cardinal, à demi-

1. Lettre de Paul Cambon à sa femme, 22 juillet 1883, citée par Laurent Villate, La République des diplomates, *op.cit.*, p.82.
2. Sur Paul Bert qui, avec Ferry, est le père des lois laïques entre 1879 et 1885 et le mentor d'un Waldeck-Rousseau sur le chapitre précis des relations entre l'Eglise et l'Etat, voir Pierre Sorlin, *Waldeck-Rousseau*, Paris, A. Colin, 1966,

voix, contesta la composition des 50 membres du Conseil d'Administration jugé trop anticlérical[1] et préféra démissionner au début 1885. Quoique Victor Duruy ait tenté de fléchir Lavigerie en lui proposant de nommer 3 personnes de son choix au CA, ce dernier ne revint pas sur sa démission[2]. L'incident cependant ne fut pas connu du public et seul le titre honorifique de « président d'honneur » disparut des publications[3]. En dépit de cet échec, l'horizon d'espérance semblait largement dégagé : le 9 avril 1885, l'*Alliance* réunit ses premiers délégués de province et Victor Duruy lança à son auditoire un vibrant discours où la référence classique à la colonisation, définie jadis par Bugeaud (« ense et aratro »), était complétée dorénavant par

---

590 p., pp. 220-223 et René Rémond, *L'anticléricalisme en France de 1815 à nos jours*, Paris, Fayard, 1976, 374 p., pp. 191-192. A la mort de Paul Bert, Le Pèlerin se réjouissait sardoniquement : « cet événement doit donner à réfléchir à tous les laïcisateurs qui ont voté la loi scélérate et qui attendent au pilori leur châtiment, s'ils n'obtiennent miséricorde », cité par Jean-François Six, *Dieu cette année là*, Paris, Desclée de Brouwer, 1986, 244 p., p.101.

1. Outre Paul Bert, d'autres membres avaient un profil plus ou moins anticlérical tels Foncin, Izoulet, Joseph Reinach, tous trois membres du « grand Ministère » de Gambetta (nov.1881-Janv.1882) , mais aussi le publiciste Charles Bigot (actif dans la polémique anticléricale dans les années 1870) ou un Victor Duruy. Sur ces deux dernières personnalités et l'Eglise, voir Georges Weill, *Histoire de l'idée laïque au XIXe siècle*, Paris, Alcan, 1925, 374 p., pp. 210-211 et p. 233. La Semaine religieuse de Cambrai, à l'été 1884, parla de 19 Maçons sur les 50 membres du CA, cité par J. Dean O'Donnel, Lavigerie in Tunisia, *op. cit.*, p.134.

2. Lettre de Victor Duruy au Cardinal Lavigerie, 22 mars 1885, *Boîte 4/1-6/1, Dossier 35-4-3*, Archives de l'Alliance française (désormais AAF].

3. Voir François Renault, Le Cardinal Lavigerie, *op.cit.*, pp.437-439. Voir également les papiers de Paul Cambon, Dossier personnel, *PA-AP 42*, *carton 70*, lettres à Jusserand mars 1883-nov.1884, A.M.A.E. P. Ainsi cette lettre du 9 août 1884 : « [...] notre Alliance Française est dans de beaux draps - dénoncée à Rome, condamnée par l'archevêque de Cambrai comme maçonnique et athée !!! Le cardinal Lavigerie veut la lâcher en la condamnant aussi si on n'apporte au programme et statuts quelques inoffensives modifications. Je supplie Foncin d'accepter car en Orient une brouille entre les écoles laïques et les écoles congréganistes serait épouvantable [...] ». *Le Dictionnaire de la Franc-Maçonnerie* de Daniel Ligou,[P.U.F., 1987,] mentionne en effet l'appartenance de Foncin à cette association (p.475). En revanche, Paul Bert n'était pas maçon.

l'action enseignante (« libro ») lorsque « [...] derrière chaque régiment, il faut un instituteur, auprès de chaque fort une école pour préparer : à nos négociants des agents qui puissent les aider, à notre administration des interprètes qui servent de liens entre elles et les indigènes [...] [1]». Mais penser que l'*Alliance* se bornât à la seule action coloniale serait erroné. Pierre Foncin dès la fin 1884 lui assignait bien d'autres missions et le champ d'action s'élargissait au soutien et à la diffusion de la littérature française via l'envoi de livres classiques dans les bibliothèques étrangères et l'organisation de conférences et de représentations théâtrales.[2] C'était là anticiper sur des initiatives prises surtout après 1918...

Premiers succès

Une propagande active et bien relayée par quelques grands éditeurs, dont Armand Colin et Alcan, dégagea d'emblée les conditions du succès. 85 000 programmes officiels, 9 000 exemplaires du premier *Bulletin,* 3 000 brochures furent distribués en 1884, et les dons de livres furent généreusement consentis par Hachette (1 500 livres classiques), Delagrave (150 ouvrages), mais aussi Mame, Delamain, et A. Colin (plus de 500 livres). Ce dernier devenait même président du Comité de propagande dans l'année 1884. A la fin de 1886, *l'Alliance* comptait 11 505 adhérents.

En mars 1885, elle avait organisé 16 « comités de propagande » en France métropolitaine grâce, le plus souvent, au dévouement de professeurs-conférenciers (dont Georges Fonsegrive, Jean Jaurès, Charles Gide) qui multipliaient les interventions, et 5 « comités d'action » dans les colonies (Tunis, Saint-Louis du Sénégal) et à l'étranger (Barcelone et Madrid). Pour les comités de propagande, la *Commission générale de propagande* que présidait à partir de février 1885, Armand Colin, découpa 10 régions (avec L'Algérie), chacune confiée à

1. *BAF*, n°5, mai 1885.
2. Pierre Foncin, « L'Alliance française », *Revue Scientifique*, 27 déc. 1884, pp. 806-812.

un responsable. Et l'année 1886 coïncida avec la création des 20 comités d'arrondissement parisiens ; L'éditeur Henri Belin dirigeait le comité du 4e et Anatole Leroy Beaulieu celui du 9e jusqu'à son accession à la direction de l'*Ecole libre des Sciences Politiques* en 1906. Il existait 19 comités sur le territoire français en mars 1886 dont
-au nord de la Loire : Amiens, Reims, Epinal, Nancy, Bar-le-Duc, Verdun[1], Besançon.
- au sud de la Loire : Châteauroux, Poitiers, Cognac, Bordeaux, Agen, St. Etienne, Bayonne, Auch, Carcassonne, Montpellier, Nîmes, Aix.

Quant au vaste monde, 14 sections se le partagèrent, et les deux premières à fonctionner, Levant et Afrique du Nord, reflétaient l'importance de ces régions dans l'imaginaire français ; celle du Levant était présidée par l'explorateur Rey et fut d'emblée surchargée de travail ; a contrario de ses voisines plus velléitaires, elle se réunit plusieurs fois par mois. Sa composition ressemblait d'ailleurs à un quasi bureau exécutif de *l'Alliance,* de Joseph Reinach, Anatole Leroy-Beaulieu, au comte Colonna Ceccaldi, Georges Picot (Institut) ou au baron d'Avril (ministre plénipotentiaire). Le général Parmentier, quant à lui, présidait la section d'Afrique du Nord. En Algérie, le délégué de *l'Alliance,* Maurice Wahl, se flattait d'avoir contribué à la mutation des esprits quant au bien fondé de l'enseignement pour les musulmans. Avec des chiffres d'adhésion notables, 1387 adhérents (au 1er février 1887) soit un peu plus de 10°\° des effectifs totaux, les comités de propagande algériens auraient, selon Wahl, pesé sur les récents choix des conseils municipaux et généraux ainsi que sur ceux du Parlement. Ce dernier en effet venait de voter à la fin de

1. Cette forte représentation de l'Est contraste avec la traditionnelle faiblesse de ces régions dans la géographie des sociétés savantes, voir Jean-Pierre Chaline, *Sociabilité et Erudition. Les Sociétés Savantes en France*, Paris, Edition du Comité des travaux historiques et scientifiques, 1995, 270 p., p.51 et sq.

1886 un crédit de 194 000 F pour l'enseignement des « Indigènes »en 1887 (15 000 F en 1885 et 1886).[1]

Cependant cette première organisation touchait essentiellement au territoire métropolitain, voire aux colonies, mais avait peine à mordre sur les pays étrangers.

Ainsi, les premiers Comités « d'Action » (hors Algérie et Tunisie) furent en 1884, Barcelone, Madrid et Saint-Louis du Sénégal ; en 1885 est fondé le Comité de Copenhague, du Caire et d'Alexandrie ; en 1886 apparaissaient ceux de Prague, de l'Ile Maurice, de Salonique et de Syra (Cyclades) ; en 1888, Constantinople et Smyrne fondaient les leurs. L'appui du Ministère des Affaires Etrangères dans cette tâche parut indispensable et Pierre Foncin écrivit de manière pressante au Ministre des Affaires Etrangères Jules Ferry en mai 1884 :

> « [...] Le succès de l'Alliance en France est acquis désormais. Mais il est beaucoup moins rapide à l'étranger, parce que nos moyens de propagande demeurent le plus souvent sans appui. Plein de confiance dans la gracieuse promesse que vous avez bien voulu me donner, lorsque j'ai eu l'honneur de vous entretenir de la fondation de notre association nationale, je viens vous prier, Monsieur le Président, de bien vouloir adresser aux Ambassadeurs, Consuls et Agents français à l'étranger une circulaire officieuse recommandant l'Alliance française à toute leur sollicitude. »[2]

Et le 26 mai 1884, une circulaire autorisait les Agents du *Quai* à soutenir de manière officieuse l'*Alliance.* Cette imbrication des destinées de l'association avec les orientations de l'Etat fut d'autant plus étroite que le milieu dirigeant de l'*Alliance* gravitait dans les différentes orbites de la haute administration.

Sortie tout droit du milieu matriciel des Sociétés de Géographie, *l'Alliance française* trouva à sa naissance un argumentaire (utilitariste) rodé et des réseaux humains tout

---

.1. Maurice Wahl, « L'Algérie et l'Alliance française », *Bulletin de la Société commerciale de Bordeaux*, 21 nov. et 5 décembre 1887, pp. 629-642 et pp. 651-670.

2. Lettre du 7 mai 1884, in *Affaires politiques diverses, carton 23*, A.M.A.E. P.

constitués en faveur de l'expansion politique et économique. De manière révélatrice, deux de ses principaux soutiens, Paul Bert et Le Myre de Vilers, furent nommés en 1886, le premier gouverneur de l'Annam et du Tonkin, et le second, résident général à Madagascar. Jusqu'en 1914, et ce en dépit de tous les reclassements politiques et des multiples soubresauts parlementaires, ce projet global courut sur son erre porté par le petit noyau « gambettiste » du tournant des années 1880 [1]où apparaissaient les Cambon, Barrère, Deschanel, Hébrard,

Foncin, Joseph Reinach, Etienne, Rouvier..., ministère secret et constamment reformé doublé d'une milice relativement pérenne de hauts-fonctionnaires. Le rôle privilégié de ces petites minorités à l'intersection de la politique, de l'économique et de la culture tendrait à prouver que l'idéologie nationale, alors en pleine affirmation[2], fut mise en œuvre par des acteurs intéressés à la réussite de ce projet ; la compréhension du nationalisme, thème controversé de la sociologie historique depuis vingt ans[3], met ici l'accent, et sur

1. Notation de Daniel Halévy, in *Décadence de la liberté*, Paris, Grasset, 1931, 243 p., pp. 130-133.

2. La conférence de Renan en Sorbonne en 1882 souleva un immense enthousiasme : « en écoutant cette fin de conférence, chacun des auditeurs sentait son âme de Français répondre et s'agiter dans sa poitrine », in Revue politique et littéraire, 18 mars 1882, cité par Jean Lestocquoy, *Histoire du patriotisme en France, des origines à nos jours*, Albin Michel, 1968, p.141.

3. Voir Pierre Birnbaum, « introduction », in du même auteur (dir.), *Sociologie des nationalismes,* Paris, PUF, 1997, 462 p., pp.1-33. Il distingue trois approches de la Nation, « primordialiste » (ethnique et religieuse) chez des auteurs tels Bendix ou Clifford Geertz, fonctionnelle chez Gellner et Benedict Anderson (la nation comme artefact culturel construit par l'Etat avec l'école pour tous, et dont la phrase de Renan, sur l'essence d'une nation fondée sur des souvenirs communs et aussi sur bien des oublis [nous soulignons],est le meilleur résumé), et en termes d'action collective rationnelle supportée par des acteurs précis (position à laquelle l'auteur se rallie et que nous suivons). Cette dernière analyse entend réintroduire davantage « d'épaisseur historique » (sic) dans l'interprétation du nationalisme qu'avaient donné, simultanément, en 1983, les deux grands livres de Benedict Anderson, *L'imaginaire national*, Paris, La Découverte, 1996, 213 p. et Ernest Gellner, *Nations et nationalisme,* Paris, Payot, 1989, 208 p. Pour une autre critique de Gellner, assez proche de celle de Pierre

les agents qui le portent, et sur la tonalité ou la forme qu'il adopte. L'importance conférée à l'aspect « civilisateur » dans le nationalisme français, et dont une organisation telle *l'Alliance* témoigne de manière quintessencielle, charrié essentiellement par les éléments de la haute culture et par la langue offerts à tous, classerait ce dernier, non pas dans la catégorie des nationalismes « aboyeur » ou « préparé à mordre » selon les termes de Mark Beissinger, mais plutôt dans celle d'un nationalisme de type « séducteur » ! Cependant, tous les analystes reconnaissent la nécessité d'observer les comportements collectifs revêtus du sceau du nationalisme. L'école étendue à tous, et qui pourvoit en identifications culturelles homogènes des populations plus ou moins structurées, reste bien au centre du projet nationaliste, conformément aux thèses des auteurs adeptes d'une sociologie fonctionnaliste. Il semble qu'une institution telle l'*Alliance,* formée avant tout de professeurs, permet d'une certaine façon d'articuler les deux approches, substantielle et fonctionnelle, du nationalisme.

Birnbaum, voir Mark Beisinger, « Nationalism that bark and nationalism that bite : E. Gellner and the substantiation of nations », in John Hall (dir.), *The State of the nations, Ernest Gellner and the theory of nationalism,* Cambrige, University Press, 1998, 317 p., pp.169-190. L'auteur réclame une approche plus substantielle du nationalisme, non seulement quels sont ses agents mais aussi « pourquoi nous sommes nationaux de la façon dont nous le sommes » ?

Chapitre II

La direction de l'Alliance française : politique et idéologie de la langue

A quoi, chez tous les peuples reconnaît-on l'intelligence ? A ce signe : parler français
Hugo (*W. Shakespeare*)

Dans la première moitié du XIXe siècle, le prosélytisme en faveur de la langue française avait été assumé essentiellement par les religieux installés à l'étranger. L'*Oeuvre de la Propagation de la foi* (1823) connut un extraordinaire essor durant la décennie 1836-1846 durant laquelle les dons passèrent de 727 000 F à 3,5 millions, alors qu'entre 1872-1882 les offrandes se montèrent à 40 millions.[1] Mais dans une société et un pays qui accordaient une reconnaissance chaque jour plus franche aux valeurs laïques, qui cherchaient à approfondir l'unité linguistique et culturelle de la nation (l'enquête de Victor Duruy en 1863 montrait qu'un quart des Français ne parlaient pas leur langue), qui travaillaient à établir une politique d'expansion, le rôle d'une association laïque et privée telle l'*Alliance* participait pleinement des objectifs multiformes poursuivis par l'Etat-Nation républicain. Dans un jeu à front renversé, au moment où la nation allemande se donnait un Etat, l'Etat français se cherchait une constitution ethnico-linguistique qui donnât au peuple le sentiment de son identité unitaire et de son génie.[2] Le propos de Herder, selon lequel la grandeur d'un

---

1. Chiffres donnés par Vincent Cloarec, « La France du Levant ou la spécificité impériale française au début du XX è siècle », *Revue française d'Histoire d'Outre-Mer*, n°313, 4 me trimestre 1996, pp. 3-32.
2. Contrairement à la thèse de Roger Brubaker qui oppose sommairement l'Etat-Nation à la française et la Nation ethnico-linguistique allemande

peuple réside dans sa langue, acquit ainsi valeur de charte pour l'*Alliance française* ; il atteste bien une certaine réversibilité des modèles politiques de référence de part et d'autre du Rhin. Depuis Leibniz jusqu'aux Romantiques allemands, en effet, s'était répandue l'idée selon laquelle l'amour de la patrie s'exprimait de façon privilégiée dans l'amour de la langue expurgée des emprunts (mots, genres littéraires) étrangers. La tenir pour un « jardin » ou un « trésor » exceptionnels revenaient pour Herder et ses successeurs à défendre le caractère unique, irréductible, de chaque nation, ce quasi organisme vivant, dépôt de pensées devenues signes. Cette nouvelle philosophie de l'histoire (une politisation de l'identité) fut revendiquée au XIXe siècle par tous les chantres du *Printemps des Peuples* (Safarik, Palacky, Kollar) en Europe Centrale[1]mais aussi par les vieilles nations soucieuses d'attester par la culture leur destin unique. Quoiqu'elle eût avant la plupart des autres peuples codifié et archivé sa langue et qu'elle l'eût même exporté en même temps que ses mœurs, dès le XVIIe, la France, profondément éprouvée par la défaite de 1870, renouait avec le réflexe des grands Allemands du siècle précédent venus au secours de leur idiome, en lui assignant la fonction de proclamer l'essence de la nation et de produire le corps politique national.

Mais, paradoxe, cette affirmation herderienne de la singularité linguistique était mise au service d'un universalisme culturel. Peut-être parce que la France fut cet espace « deux fois conquis et deux fois déporté de son origine » selon l'expression d'Hélène Merlin-Kajman, et que la langue fut pensée, au début du XVIIe, comme l'instrument (abstrait, théâtralisé) de la concorde après la guerre civile. Il en est resté un mouvement de

---

(reprise il est vrai du grand ouvrage de F. Meinecke en 1907 qui opposait le Staatsnation français au Kulturnation allemand) et qui ne voit pas que chaque pays travaille à acquérir ce que possède l'autre. Consulter de cet auteur, *Citizenship and nationhood in France and Germany*, Harvard, Harvard University Press, 1992, 270 p

1. Voir Pierre Caussat, Dariusz Adamski, Marc Crépon, *La Langue source de la nation*, Hayen, Mardaga, 1996, 539 p., pp.38-43.

décrochement par rapport à une conception organiciste de l'idiome ; cette distance secrète ne prédisposait-elle pas ainsi à ouvrir le sanctuaire de sa langue à autrui et à lui conférer cet accent général et abstrait qui distingue l'universalisme français[1] ? Qu'il en aille donc du « front » intérieur ou de celui extérieur, une véritable « politique de la langue »[2], mise en œuvre avant tout par des élites universitaires et administratives, donne naissance à une entreprise politique de grande ampleur, assumée d'une main directement par l'Etat à l'intérieur de l'hexagone, de l'autre par une association à la jointure du public et du privé quand s'invente peu à peu la physionomie d'une moderne politique culturelle extérieure. Cette mobilisation d'élites plurielles en faveur de la langue paraît alors baliser un nouveau terrain d'entente entre diverses fractions des couches dirigeantes[3].

1.Le noyau dirigeant en 1884

L'*Alliance* conçue au départ dans la perspective d'un rassemblement apolitique des bonnes volontés patriotiques parvint, en dépit de certaines déconvenues telle celle d'un

1. Hélène Merlin-Kajman, *La Langue est-elle fasciste ?*, Paris Le Seuil, 2003, 414 p., pp.189-190.
2. .Nous reprenons cette formule au titre de l'ouvrage de Michel de Certeau, Dominique Julia, Jacques Revel, *Une politique de la langue. La Révolution française et les patois : l'enquête de Grégoire*, Paris, Gallimard, 1975.
3. On peut citer la forte intuition gramscienne sur les implications d'une politique de la langue :chaque fois qu'affleure, d'une certaine manière ou d'une autre, la question de la langue, cela veut dire qu'on est en train de s'imposer une série d'autres problèmes : la formation et l'élargissement de la classe dirigeante, la nécessité d'établir des rapports plus étroits et plus sûrs entre les groupes dirigeants et la masse nationalo-populaire, c'est à dire de réorganiser l'hégémonie culturelle », in Antonio Gramsci, « Litterature e vita nazionale », Quaderni del carcere 5, cité par Hervé Guillorel, « la politique entre la purification et le laissez-aller linguistiques », in Jean-Michel Eloy (dir), *La qualité de la langue ? Le cas du français*, Paris, Honoré Champion,1995, p.340.

Lavigerie[1], à en maintenir le principe. Certes le petit noyau dirigeant fut toujours dominé par les républicains modérés, mais l'association, dans ses composantes élargies, accueillit toujours des personnalités aux opinions politiques et idéologiques variées. En 1913 Denys Cochin côtoyait Louis Barthou au CA. Ne vit-on pas, en 1892, un cardinal (Thomas, archevêque de Rouen) célébrer dans sa lettre pastorale l'association ?[2]. Et l'appui accordé aux écoles congréganistes d'Orient irrita plus d'un militant laïc dans les années quatre-vingt[3]. Or la grande force de l'*Alliance* résidait dans sa capacité à attirer et à faire travailler ensemble différentes élites dont surtout celles de la haute administration, celles du monde savant, et à un moindre titre, les élites de l'économie. Le tableau du C.A en 1884 nous en donne un aperçu (page suivante).

Un des noyaux de ce Conseil est celui de ces universitaires insérés dans la haute administration et dont Pierre Foncin (1841-1916) se trouve le leader d'autant plus incontestable que les autres titulaires du CA au profil identique (Liard, Machuel, Zeller, Zevort) sont des membres dormants.[4]

---

1. Mais en 1911, le clergé canadien faisait campagne contre l'Alliance ; cette référence se trouve, bizarrement, in *Constantinople Ambassade, Carton 371*, A.M.A.E.N. De même le Gérant du Consulat de France à Montréal, Raynaud, signale, le 20 mai 1911, la campagne menée par l'archevêque Bruchési contre le Comité de Montréal, in *Série Amérique 1897-1918, Dossiers généraux, Carton 48*, A.M.A.E.P.

2. « [...] cette monarchie de la langue française, comme s'exprime le comte de Maistre, tient à une supériorité incontestable. Nulle langue n'est plus fixe dans ses principes, plus régulière dans sa marche. Elle est nette et précise, brillante quand il le faut, toujours vive et naturelle [...] si les ombres du Nord enveloppant la France, étouffaient ses 'sereines clartés et sa vive raison', il n'y aurait plus de langage entendu partout et pouvant tenir lieu de tous les autres ; et dès lors plus de société, plus d'harmonie universelle entre les intelligences [...] », cité par *B.A..F.*, Janv.-mars 1893.

3. Léon Hugonnet adjurait l'Alliance de ne pas « se laisser entraîner à la remorque des missionnaires catholiques, israëlites ou protestants », *La France*, 1 mai 1886. Mais au même moment, l'*Univers* de Veuillot n 'était pas en reste dans les commentaires critiques.

4. L'homme le plus présent dans le bloc des hauts-fonctionnaires sera le Baron d'Avril (1822-1904), voir A.F. Frangulis (dir.), Dictionnaire

Tableau n° 1 : Le Conseil d'administration en 1884

Haut fonctionnaires	Politiques	Universitaires	Publicistes \ Sociétés savantes	Economie	Divers
D'Avril [4]	Cavaignac	Desjardins [3 et1 en 1886.]	-Maunoir [7]	Berger	Charmattant (le Père)
Fontaine de Rebescq [5]	Lefébure	Drapeyron	Bigot	Breton	Zadhoc Kahn (rabbin)
Liard [5]	Le Myre de Vilers	Geffroy [2]	Mouttet	Deligny	Laporte
Foncin [5]	P. Bert	Guérin	De Lamothe	Villard	Tranchant
Machuel [5]	J.Reinach	Lavisse	Duveyrier [7]	Colin	
Zevort [5]	De Parieu	Melon	De Cambourg [7]	Castro	
Zeller [5 et 7]	Duruy	Meyer	Puaux		
Cambon [4]	De Lesseps	De Mas-Latrie [3]	Rey [7]		
Jusserand [4]	F.Charmes	Picot [2]			
Bernard [6]		S. Reinach			
		Izoulet			
		Mayrargues			
		Richet			

1 : Collège de France ; 2 : Académie des Sciences Morales et Politiques ; 3 : Académie des Inscriptions et Belles Lettres ; 4 : Ministère des Affaires Etrangères ; 5 : Ministère de l'Instruction Publique ; 6 : Ministère de l'Intérieur ; 7 : Membres de Sociétés de Géographie.

L'homme occupera, jusqu'en 1914, une place si importante dans l'association dont il fut le secrétaire général de 1883 à 1897, puis le président de 1899 à 1914, qu'il mérite un assez long regard rétrospectif. Fils d'un agrégé de lettres et inspecteur

---

diplomatique. Il fut consul général à Bucarest (1866), délégué à la Commission internationale du Danube (1868) et ministre au Chili (1876).

d'Académie[1], il entre à l'ENS en 1860 dans la promotion de Charles Bigot, et devient agrégé d'histoire en 1863. Après plusieurs postes, le voici au lycée de Bordeaux en 1869 où, selon ces directives fixées par Duruy, et qui furent les plus controversées de son ministère, il organise des cours pour jeunes filles. Fondateur de la *Société de Géographie commerciale de Bordeaux* (1874), il accède au professorat universitaire en 1876 dans cette même ville après sa thèse consacrée à Turgot. La suite de sa carrière le déporte vers de hautes responsabilités administratives. Recteur à Douai en 1879, appelé, de manière toute éphémère, à la direction de l'enseignement secondaire dans le « grand ministère » Gambetta en novembre 1881, il est nommé inspecteur général en février 1882 jusqu'à sa retraite en 1911. Les voyages d'inspection lui seront d'ailleurs l'occasion de visites, sur place, de tel et tel comité provincial. Car cette froide nomenclature ne recouvre qu'une partie des activités multiples d'un personnage doté d'un fort tempérament. Outre le propagandiste déjà signalé du mouvement géographique, il fut aussi un des grands acteurs de la « révolution culturelle » (Jean-Yves Mollier) pédagogique de l'après 1870. Depuis son premier manuel, *Textes et Récits de l'Histoire de France* (1872) qui effaroucha l'évêque d'Angers, Mgr Freppel, jusqu'à son petit livre et futur best-seller, *La première année de géographie* (1875), publié par A. Colin et tiré à 11 millions d'exemplaires entre 1874-1889, il compte avec les grammairiens Larive et Fleury ou Lavisse parmi les grands éducateurs de la jeunesse française. De ce retentissant succès qui, pour paraphraser et transposer l'appréciation d'un Ferdinand Buisson à propos du manuel de Lavisse, s'appliquait à un « petit livre géographique vraiment national »[2], on peut

1. Voir G. Caplat (dir.), Les Inspecteurs généraux de l'Instruction Publique, Dictionnaire biographique 1802-1914, op.cit., pp.353-354.
2. Consulter Jean-Yves Mollier, «Les lois scolaires de Jules Ferry au miroir de l'histoire », in Armelle le Bras-Chopard (dir.), *L'Ecole, un enjeu républicain*, Paris, Creaphis, 1995, 120 p., pp. 49-61. Voir également Numa Broc, « Patriotisme, régionalisme et géographie : Pierre Foncin (1841-1916) », *L'Information Historique*, n°1, Janv.-fev. 1976, pp. 30-33. Ce dernier précise

penser qu'il aura également influencé cet autre best-seller, *Le Tour de la France par deux enfants* (1877) de G. Bruno (Mme Fouillée). Ce talent pédagogique s'exercera plus tard au bénéfice direct de l'*Alliance* avec la rédaction d'un ouvrage, *La Patrie française* (1894)[1], destiné aux écoles de l'association, et qui servira de manuel pour l'enseignement du français aux Etats-Unis. Géographe et sectateur du régionalisme, Pierre Foncin reflète là une des convictions intellectuelles et civiques peu à peu généralisées au sein de cette corporation ralliée à l'approche régionale vidalienne. Membre de la *Fédération Régionaliste*, il plaide pour une réforme administrative profonde au détriment du département. On le voit, l'homme cumulait les compétences et les atouts politiques et sociaux, et il n'est guère étonnant que l'*Alliance* ait obtenu la plus grande attention des pouvoirs publics et le dévouement des professeurs et inspecteurs d'académie. Le ministère de l'Instruction publique facilita souvent la propagande de l'*Alliance*. Ainsi, dans l'hiver 1895-1896, le vice-recteur Gréard autorisa les conférenciers de l'association à prononcer des allocutions devant les élèves. La *Revue de l'Enseignement secondaire,* par l'entremise de l'inspecteur général Jacquemart chargé de l'enseignement technique, faisait état en avril 1886 de l'œuvre patriotique impulsée par l'*Alliance*[2], et l'*Annuaire de l'enseignement élémentaire en France et dans les pays de langue française* publié par A. Colin donna en décembre 1885 un article de Foncin lui-même sur l'*Alliance*.

Le deuxième groupe, de fait très largement dominant à l'intérieur du CA, donne à voir l'activité d'universitaires ou de

---

la nouveauté pédagogique du livre qui était une « géographie-atlas », où systématiquement une page de cartes fait face à une page de texte.

1. Le livre (publié par A. Colin, 184 p.) comportait 14 chapitres et les quatre premiers s'ouvraient, dans la tradition de Michelet, par l'évocation des différentes régions et de leurs paysages ; des chapitres historiques, et d'autres consacrés à la France contemporaine dans ses diverses composantes (économique, institutionnelle, intellectuelle, artistique) complétaient l'ouvrage de facture nette et aimable.

2. Revue de l'enseignement secondaire et de l'enseignement supérieur, 1 avril 1886, pp. 197- 203.

représentants de sociétés savantes. Pour la mobilisation des premiers, là également, l'*Alliance*, s'appuya sur des réseaux existants, les uns antérieurs à 1870 (le réseau Duruy avec Lavisse, Foncin ou Drapeyron), les autres postérieurs à l'Empire (le groupe réformateur de la *Société pour l'étude des questions d'enseignement supérieur* fondée en 1880).

Indubitablement, la planète géographique attire à l'intérieur de l'*Alliance,* sinon les forces les plus brillantes, du moins les plus entreprenantes ; car ce sont ces hommes-là qui se retrouvent durablement présents au bureau du CA. afin d'organiser le quotidien de l'association. On rencontre à la fois des universitaires (Foncin, Drapeyron, Levasseur) et des amateurs distingués que sont ces membres de Sociétés de Géographie, les uns et les autres profondément mobilisés en faveur de la colonisation.[1] Foncin lui- même occupe une place centrale dans les petits réseaux du parti colonial ; vice-président par exemple de *l'Ecole Coloniale* (1889) qui s'efforce de recruter une élite indigène et française d'administrateurs[2], propagandiste (moins heureux) d'une réorganisation profonde de l'enseignement français dans les colonies,[3] contributeur à

---

1. Vincent Berdoulay, *La Formation de l'école française de géographie*, Paris, Comité des travaux historiques et scientifiques, 1995, [1ère édit. 1981] 248 p, pp. 45 et sq. Beaucoup de personnalités du « parti colonial » emprunteront quelques années plus tard, quand se structurent vers 1890 divers comités coloniaux, les allées de l'Alliance : le Prince d'Arenberg, Jules Siegfried, J. Charles-Roux, le géographe Henri Lorin.

2. Voir son *Rapport général sur le fonctionnement de l'Ecole Coloniale adressé au Sous Secrétaire d'Etat aux Colonies, JO, 14 janvier 1892*, 52 p., dans lequel il en retrace les premiers pas depuis la « mission cambodgienne » en 1885, et qui comptait 33 élèves français (du niveau du Baccalauréat) dans sa première promotion (3 ans d'études). L'ouvrage de William B. Cohen, *Empereurs sans sceptres. Histoire des Administrateurs d'Outre-Mer et de l'Ecole Coloniale*, Paris, Berger-Levrault, 1973, 301 p., ne mentionne pas le rôle de Foncin dans la genèse et les débuts de l'Ecole Coloniale. Celle-ci joua en fait un rôle modeste dans le recrutement dans la formation des administrateurs jusqu'en 1912. Elle n'en reste pas moins la première (à l'exception de l'éphémère ENA en 1848) école de formation des fonctionnaires civils.

3. Consulter Pierre Foncin, *De l'enseignement aux colonies*, Paris, Taillandier, 1900, 12 p. Il plaide pour un réel effort financier des colonies (au

différentes publications, du gros ouvrage de 714 pages publié par Colin et dirigé par Alfred Rambaud, *La France Coloniale* (1886), à l'ouverture du premier numéro des *Annales de Géographie* (1891), son activisme en la matière fut constant. Il en va de même de personnalités telles Drapeyron (1839-1901), mais aussi de Cambourg (1838-1894) le fondateur de la *Société des Comores* et l'un des premiers explorateurs de Madagascar, ou de Charles Maunoir[1], le réorganisateur et le secrétaire général (1867-1895) de la *Société de Géographie de Paris* orientée dorénavant vers des travaux pratiques, économiques et colonisateurs, et qui se trouvait à son apogée en 1885 avec ses 2478 adhérents. En 1906, signe de la parenté de vues, les Sociétés de Géographie et l'*Alliance* co-organisèrent l'Exposition coloniale de Marseille.

Aux côtés des géographes, les historiens restent fort bien représentés. A l'instar des *Sociétés de Géographie*, un autre cadre de sociabilité, le *Cercle Saint-Simon*, servit de tremplin pour la constitution de l'*Alliance*. Créé par Gabriel Monod en 1882, il fut une passerelle entre personnalités de milieux différents.[2] Le trésorier du *Cercle Saint Simon* n'est autre que celui de l'*Alliance*, Alfred Mayrargues ; son secrétaire, Franck Puaux (1844-1922), beau-frère de Jules Siegfried, assume la charge d'archiviste et débute une longue collaboration à l'intérieur de l'*Alliance,* marquée par un grand intérêt pour les

besoin, en inscrivant d'office les dépenses obligatoires non votées par les assemblées locales) et pour une réorganisation de tout l'enseignement secondaire au profit d'un enseignement concret (langues, matières commerciales et sciences appliquées).

1. Alfred Fierro, *La Société de Géographie 1821-1946*, Paris, Honoré Champion -Droz, 1983, 343 p., pp.59 et sq. Maunoir grossit le Bulletin de la SG de Paris, organise des grandes conférences (Stanley et Brazza en 1878 et 1879), et à partir de 1884, des cycles de conférences ; mais celles-ci sont abandonnées l'année suivante.

2. Voir les souvenirs de Gabriel Hanotaux, « Mon temps. Souvenirs d'un siècle à l'autre », *Revue des Deux Mondes*, 15 mai 1936, pp. 315-348. Hanotaux s'attribue l'idée de la fondation. On rassemble alors, notamment, Boutmy, Bréal, Croiset, d'Eichthal, Lavisse, Léger , G. Paris, Sorel, Zevort, Vidal de la Blache, Rambaud.

questions coloniales[1]. L'un des administrateurs, Louis Mouttet (1857-1902), devient trésorier-adjoint avant d'embrasser la carrière coloniale en 1886 et devenir en 1896 gouverneur en Côte d'Ivoire.

Enfin un dernier groupe, assez mince en fait, est composé d'acteurs économiques. Mais il s'agit plus particulièrement d'éditeurs que domine la personnalité d'Armand Colin. Quelques grandes maisons avaient offert en don de joyeux avènement des lots d'ouvrages à distribuer. En 1900, pour le pavillon scolaire de l'*Alliance*, celles-ci le pourvurent généreusement d'ouvrages de toutes sortes[2]. Et à la veille de 1914, pour l'acquisition et la construction de l'immeuble du Boulevard Raspail, les éditeurs fournirent royalement un peu plus de 100 000 F, soit 1\6 du capital total.[3] Si dans le CA de 1884 un représentant de la maison Hachette (Breton) se trouva un temps intégré, l'homme sur lequel l'*Alliance* s'appuya sur le long cours, ne fut autre qu'Armand Colin. Jugé par un contemporain « habilement situé au carrefour de l'école et de la politique »[4], éditeur de plus de 50 millions de manuels entre 1870 et 1889, il tisse une dense toile éditoriale au cœur de l'Université républicaine grâce aux liens privilégiés noués avec ses auteurs : Foncin, Lavisse, Paul Bert, Vidal de la Blache…Et il n'est qu'à recenser son nom parmi les personnalités présentes au bureau du CA pour apprécier son dévouement au profit de

1. Notice dans *Le Temps*, 11 avril 1922. Délégué de Tahiti au Conseil Supérieur des Colonies, il fut membre du CA de l'Ecole Coloniale. Par ailleurs, il joue un rôle important dans les milieux du Protestantisme en tant que président de la Société d'histoire du protestantisme français, directeur de la *Revue chrétienne*, puis du journal *Le Signal*.

2. Avec, comme d'ordinaire, un don exceptionnel de A. Colin (plus de 100 volumes), une forte participation de Delagrave, de Flammarion, de Belin, voir *BAF*, n° 80, 15 juillet 1900.

3. .*BAF*, n°132, 15 avril 1913. Plon , notamment, apporta 50.000 F.

4. Propos du géographe L. Gallois, « nécrologie de Vidal de la Blache », in *Annales de Géographie*, 27, 1918 cité par Vincent Berdoulay, *La Formation de l'école française …*, *op .cit.*, p. 90. Ce qui ne l'empêchait pas, à la façon d'un Gallimard qui s'enorgueillissait d'avoir à son catalogue les deux « Léon » (Blum et Daudet), d'éditer les 5 gros volumes, sous la direction du Père Piolet, sur les Missions catholiques françaises au XIXe siècle.

l'*Alliance,* jusqu'à sa mort en 1900[1]. Président de la Commission de Propagande en 1884, il lui revient d'organiser la première grande opération publicitaire en faveur de l'association quand il met en œuvre le 2 février 1888 une matinée-conférence au *Vaudeville,* avec la participation d'Ernest Renan. Trésorier en 1892, il montre la voie à d'autres éditeurs tels Henri Belin ou Delagrave. En revanche, la faible présence de personnalités du commerce ou de l'industrie semblait traduire un décalage entre ces milieux et l'*Alliance.* Il est vrai que le pragmatisme des négociants fut souvent un comportement des plus constants ; les Sociétés de Géographie ne les avaient-ils pas attirés, dans les années 1860-1880, alors qu'elles fournissaient des renseignements d'autant plus précieux que rares ; et qu'ils s'en éloignèrent une fois leur provende de renseignements faite. Au moment où le réseau des Chambres de Commerce s'étendait, l'intérêt de l'association dirigée par Pierre Foncin ne leur apparaissait peut-être pas alors décisif..

2. Evolution du noyau dirigeant jusqu'en 1914

Les personnalités prestigieuses

En vertu des convictions initiales, unanimistes (apolitisme) et élitistes (rassembler les forces les plus entreprenantes), l'*Alliance* fut tenue au principe d'équilibre, et ses différents Conseils d'Administration furent toujours savamment composés, chaque membre pesé au trébuchet, afin de respecter

1. Pierre Foncin lui adressa cet hommage « [...] ce n'était pas seulement un trésorier modèle, précis, actif, vigilant et d'une rare compétence en toutes questions financières ; c'était aussi un administrateur de 1er ordre[...] il gérait les affaires de l'Alliance comme celles de sa propre maison, c'est à dire avec une lucidité d'esprit, un sens pratique, un souci du moindre détail vraiment admirables ; Nous lui devons pour une large part la solide assiette et la prospérité de nos finances [...] il était le principal organisateur de ses banquets et de ses fêtes [...] on ferait une bien longue liste des livres que pendant quinze années il a distribués sans compter à nos écoles [...] » in *BAF,* n°80, 15 juillet 1900.

de complexes répartitions confessionnelles, professionnelles, voire politiques. Quoique la véritable activité de l'association se réfugiât au sein du bureau du Conseil d'administration, le portrait de groupe livré par la composition du CA n'en dispense pas moins une leçon qui renseigne utilement sur le degré de proximité au pouvoir. Sur ces trente premières années d'existence, l'*Alliance* ne paraît pas plus dévier de ces principes d'action patriotique qu'elle ne s'éloigne des premiers cercles du pouvoir administratif et politique.

Garder l'oreille attentive du pouvoir, veiller à toujours l'associer, d'un point de vue symbolique, aux grandes assemblées de l'association telle surtout celle du Congrès annuel (le président Loubet assiste à celui du 25e anniversaire en 1908), cette préoccupation fut constante. Encore fallait-il conserver une représentation de choix. La présidence, fonction avant tout de prestige, fut réservée à Ferdinand de Lesseps (1884-1889), puis à Victor Duruy (1889-1892), au diplomate Colonna Ceccaldi (1892), au Général Parmentier (1893-1899), à Pierre Foncin (1899-1914) auquel succède le Conseiller d'Etat et ancien directeur de l'enseignement secondaire, Jules Gautier. Armée, Diplomatie, hauts dignitaires de l'instruction publique, toutes ces préséances symboliques furent en permanence affichées. Ainsi le profil du comte Colonna Ceccaldi (1832-1832) était de ceux que l'*Alliance* aimait à privilégier : diplomate (rentré dans la Carrière en 1854 et nommé ministre plénipotentiaire en 1880) mais amoureux de la chose militaire (lieutenant-colonel durant le siège de Paris), grand administrateur (au Conseil d'Etat à partir de 1880) mais un ouvrage de lettres le plus souvent par-devant soi (sur la campagne d'Italie, sur la guerre de 1870 à Paris, sur la vie diplomatique)[1]. Son successeur, le Général Parmentier (1821-1910), lui aussi, alliait à ses compétences professionnelles des talents scientifiques et littéraires. Alsacien, élève de Polytechnique, il avait été engagé dans diverses campagnes, de la Crimée et l'Italie jusqu'à Sedan ; promu général de division

1. Voir sa notice nécrologique in *BAF*, n°41, Juillet-Sept.1892.

en 1878, il était entré au CA en 1887 tout en poursuivant la rédaction d'un vocabulaire arabe-français et magyar-français.[1] Enfin, avec Jules Gautier (1856-1936), on se retrouve avec ce type de personnalité sociale, si emblématique entre 1870 et 1914, d'universitaires devenus de grands administrateurs. Entré à l'ENS en 1875, agrégé d'histoire en 1878, il enseigne pendant 17 ans. Sa chance advient, en novembre 1895, quand il intègre le cabinet du Ministre de l'Instruction publique pour en sortir inspecteur de l'Académie de Paris (1896) puis inspecteur général (1903). En janvier 1905, Bienvenu Martin nommé Ministre de l'Instruction publique, lui confie la direction du cabinet. Et Briand le nomme directeur de l'enseignement secondaire.[2]

Un autre élément qui entrait dans le capital de prestige symbolique auquel l'*Alliance* prétendait, était conféré par la présence d'hommes politiques au CA. La coutume, instaurée au début des années vingt par Poincaré, qui voulut que le Président de l'*Alliance* fût un ancien Président de la République, n'a pas encore cours avant-guerre. A défaut, recruter des députés et des ministres pour le CA s'avère un exercice toujours nécessaire. Au début des années quatre-vingt-dix, ceux-ci ont pour nom Agénor Bardoux, Le Myre de Vilers, Joseph Reinach, Ferdinand Dreyfus et leurs orientations politiques circonscrivent essentiellement les contours de l'Opportunisme, marginalement ceux du Radicalisme.[3] Au tournant du siècle, qui donne le sentiment d'un léger creux, apparaissent le Prince d'Arenberg, Alfred Muteau, et Paul Delombre [4]. En revanche, à

---

1. *BAF*, n°121, 15 juillet 1910.

2 .Voir M.Prevost et Roman d'Amat (dir.), *Dictionnaire de Biographie française*, T. 15.

3. Bardoux avait été ministre de l'Instruction publique de 1877 à 1879; Ferdinand Dreyfus est élu député radical de la Seine en 1885, voir les différentes notices de Robert et Cougny (dir.), *Dictionnaire des Parlementaires français du Ier mai 1789 jusqu'au 1er mai 1889* et de Jolly (dir.), *Dictionnaire des Parlementaires français 1889-1940*.

4. Le Prince d'Arenberg (1837-1924) fut député du Cher de 1877 à 1881 et de 1889 à 1902 ; il a été président du Conseil d'administration du canal de Suez, directeur du Journal des Débats. Il a été actif dans les cercles coloniaux, dans

la veille de 1914, une représentation beaucoup plus fournie rassemble Eugène Etienne, un des leaders du « parti colonial » à la Chambre, Jules Siegfried, Denys Cochin, Paul Deschanel, Louis Barthou. Les congrès annuels deviennent plus systématiquement l'occasion de célébrer, en leur présence, des pouvoirs publics à la représentation imposante (en 1912, Jonnart [MAE], Etienne [M. de la Guerre] et Poincaré sont présents).

Ce dernier reçoit même, le 4 avril 1914, le Bureau du Conseil d'administration de l'*Alliance, « société indispensable entre toutes, parce qu'il faut que l'initiative privée complète l'action malheureusement limitée par les nécessités budgétaires »*[1]. Barthou, Poincaré, Deschanel, ces personnalités modérées, mais pleinement investies dans le réseau de la nébuleuse républicaine, notamment au sein de *La Ligue de l'Enseignement*[2], convenaient parfaitement à l'*Alliance*. Ayant eu leurs vingt ans à la mort de Gambetta, ils étaient d'une autre génération que celle des Foncin et Cambon ; mais ils montrèrent leur attachement, sinon à une « République athénienne » à tout le moins à la République des lettrés[3]. Héritier presque comblé de la République, Deschanel occupa la Présidence de l'Assemblée (1898-1902 puis à nouveau

de multiples associations philanthropiques. Rallié en 1892, il est battu aux législatives de 1902 et de 1906. Alfred Muteau (1850-1916) fut député de la Côte d'Or de 1898 à 1914, spécialiste des questions de l'Assistance et de la Marine. Paul Delombre (1848-1933) est ancien ministre (1er nov.1898 - Juin 1899) du commerce, de l'industrie et des postes et télégraphes, président de la Société pour l'étude pratique de la participation aux bénéfices et du comité français des expositions à l'étranger.

1. Cité in *BAF*, n°136, 15 avril 1914.

2. Jean-Paul Martin, *La Ligue de l'Enseignement*..., *op .cit*., p.183 et p. 332. On pourrait citer tous ces héritiers de l'Opportunisme : F. Faure, Deschanel, Poincaré, G. Leygue, Siegfried qui furent toujours très actifs dans l'association. En 1910, Joseph Reinach, Poincaré, Ribot ou Deschanel sont parmi les conférenciers prestigieux de la Ligue durant l'année.

3. Voir le suggestif portrait de Thibaudet sur Deschanel, Barthou, Poincaré, Jonnart , « Les Quatre », *NRF*, janvier 1935. Sur Deschanel, mais il ne dit rien de l'Alliance, voir Thierry Billard, *Paul Deschanel 1855-1922*, Paris, Belfond, 1991, 292 p.

entre 1912 et 1920) ; mais de surcroît, guidé par une grande ambition dans le domaine de la politique étrangère, il en devint un de ses meilleurs connaisseurs ; de 1905 à 1912 il préside la commission des Affaires extérieures et rapporte son budget à partir de 1906. Dès février 1888, il avait livré un de ses premiers grands discours parlementaires sur le thème de l'influence française en Orient et de la nécessité d'augmenter les subventions des écoles congréganistes garantes de « l'ascendant moral exercé sur le monde » par la France ; Hanotaux lui avait alors reproché de ne pas mentionner avec assez de chaleur le rôle de l'*Alliance*[1]. Quant à Louis Barthou, le « fantassin béarnais », venu de son Oloron natal, il accédait en 1913 à la Présidence du Conseil et fut d'emblée intronisé dans le CA de l'*Alliance.* Avec la personnalité de Jules Siegfried, on tient de beaucoup plus près encore à la vie de l'*Alliance.* Il est même un des rares hommes politiques du CA, avec Le Myre de Vilers et Paul Delombre, qui ait effectivement participé à sa gestion de tous les jours.

Le fils[2] a retracé avec beaucoup d'empathie les intérêts multiples d'un père passionné par les questions économiques et sociales, l'un des pionniers des politiques urbaines. Cet homme, que l'on décrit comme quelque peu gêné par l'étroitesse (hexagonale) des discussions politiques de son temps, a peut-être trouvé à l'intérieur de l'*Alliance* de plus vastes horizons propres à le contenter pleinement.

Evolution du CA et du bureau du CA

On peut le constater, les grands équilibres socio-professionnels n'évoluent guère dans ces années. Hormis un renforcement très net de la représentation (largement honorifique) des hommes politiques en 1913 et un sensible accroissement sur toute la période de celle des professions économiques (reflet des débats sur les modalités nouvelles de la

1. Journal Officiel Débats parlementaires, 29 février 1888.
2. André Siegfried, Mes Souvenirs de la IIIe République, Mon père et son temps Jules Siegfried 1837-1922, Paris, PUF, 1952, 146 p.

concurrence économique mondiale à partir des années 1895[1]), le CA, et surtout le Bureau du CA, restent accaparés par les Universitaires et les milieux de la Haute Administration.

Tableau n° 2 : le CA en 1903

Hauts-Fonction-naires	Politiques	Univer-sitaires-Académi-ciens	Publicistes -Sociétés Sav.	Economie	Divers
Foncin [1]	Le Myre de Vilers	Salone	Puaux	A. Robin	Dufour-mantelle
D'Avril [2]	Delombre	Brunot	Gauthiot	H. Belin	Pisani (Chanoine)
Herbette	Dreyfus	V. Bérard	R. Koechlin	David Mennet	Douce
Grl. Archinard		Grandidier [4]	Lepel-Cointet	Hénon	Z. Kahn (rabbin)
Aymonier [3]		Izoulet [4]	Marbeau	Marcilhacy	Laporte
Guy [3]		Prince Bonaparte [4]	Olivier		Maillet
Grl. Marmier		Léger [4]	Gay		
Millet [2]		Malet			
Morel [1]		Leroy-Beaulieu [4]			
De Moüy [2]		Meyer			
Salles [3]		Salomon Reinach [4]			
Rougon [2]		Viguier			
Collin-Delavaud [5]					

1 : Ministère de l'Instruction publique ; 2 : Ministère des Affaires Etrangères ; 3 : Ministère des Colonies ; 4 : Institut ; 5 : Ministère du Commerce

1. Voir Eric J. Hobsbawm, *L'Ere des Empires 1875-1914*, Paris, Hachette-Pluriel, 2000, 495 p., pp.79 et sq. C'est dans les années 1890 que le terme impérialisme entre dans le langage courant.

Tableau n° 3 : le CA en 1913

Hauts-Foctionnaires	Politiques	Universitaires-Académiciens	Publicistes-Soc. Sav.	Economie	Divers
Foncin [1]	Barthou	Salone	Puaux	Ricois	Hemmer (abbé)
Grl. Archinard	Delombre	V. Bérard	Labbé	H. Belin	Dufour-mantelle
Aymonier [3]	D. Cochin	Bertin [4]	Gay	Lepel-Cointet	Hyde
Cahen [1]	Deschanel	Bonet-Maury		Léotard	Laporte
Gautier [1]	Dreyfus	Brunot		Playoust1	Lespine
Grunebaüm-Ballin	Etienne	Grandidier [4]			Levi
Guy [3]	Muteau	Hauser			Maillet
Herbette	Siegfried	Huguet			
Lamy [1]		Izoulet [4]			
Millet [2]		Léger [4]			
De Moüy [2]		Malet			
Rougon [2]		Meyer [4]			
Salles [3]		S. Reinach [4]			

1 : Ministère de l'Instruction publique ; 2 : Ministère des Affaires Etrangères ; 3 : Ministère des Colonies ; 4 : Institut

Chez ces derniers, le bloc « colonial » s'est peu à peu renforcé quand sont intégrés Aymonnier, le premier directeur de l'*Ecole Coloniale* et ancien administrateur en Indochine, ou Camille Guy, gouverneur du Sénégal ; d'autant qu'il faut leur adjoindre un personnage clé dans les années 1890-1900, Charles le Myre de Vilers (1833-1918). Ayant commencé une carrière préfectorale sous l'Empire, il réintègre l'administration préfectorale en 1873-1877 sous l'Ordre Moral (préfecture de Limoges), passe deux ans en Algérie comme directeur des affaires civiles, et la République opportuniste le nomme, en 1879, premier gouverneur civil en Cochinchine. Il devient en 1886 résident général à Madagascar. De 1889 à 1902, il est député de la Cochinchine. Il occupe au Parlement une place reconnue de spécialiste des questions coloniales[1] dont il est

1. Consulter la thèse de 3ème cycle de Amos Hongla, *La Politique coloniale, un technicien de la colonisation française : Le Myre de Vilers 1833-1918*,

rapporteur pour le budget 1891. Par ailleurs, il se montre très actif à la *Société de Géographie de Paris* dont il est vice-président en 1895. Habile (il négocie au mieux en 1893 avec le M.A.E. le legs Giffard qui rapporte 125 000 F à l'*Alliance*), entreprenant (il est l'orateur des grandes manifestations à Marseille en 1893 et au Trocadéro en 1894), il fut l'homme le plus en vue de l'association dans les années 1890.

Un autre haut-fonctionnaire, Louis Herbette (1843-1921), rentré au CA en 1900, joue alors un rôle notable. Ancien préfet devenu conseiller d'Etat, il occupe la présidence de la Commission de propagande en 1902 et crée les conférences hebdomadaires (parisiennes) de l'*Alliance* en 1904. Quant aux milieux de la *Carrière,* ils gardent une bonne représentation ; celle-ci est emmenée par la personnalité renommée du Comte de Moüy (1834-1922), ancien ministre à Athènes et ambassadeur à Rome en 1886-1888 ; publiciste abondant de surcroît, avec notamment la publication de ses L*ettres du Bosphore* en 1879, il fut intégré au CA en 1897. Il incarnait le traditionnel tropisme oriental de l'*Alliance,* forme dérivée de celui défendu par la diplomatie française de l'après 1870, non sans ambiguïté d'ailleurs à l'égard de l'Empire Ottoman et du monde musulman jugés assez négativement[1].

Université de Paris I, 1974, 290 p. Les grandes idées de le Myre de V. visent, sur le plan administratif, à renforcer l'autorité du gouverneur et des assemblées locales (régime de « l'autonomie », à l'anglaise, obtenue en 1846 en Angleterre), et sur le plan économique, à maintenir la liberté du commerce des colonies. En fréquente opposition avec les gouvernements (sur le tarif général de 1892, sur le refus du Protectorat malgache en 1895 auquel il préfère une annexion), il n'en vote pas moins leurs textes. Mais, contrairement à un Etienne, il ne prône pas l'expansionnisme colonial à tout va et subordonne celui-ci aux intérêts plus généraux du pays. Les Archives de l'Orne qui conservent des papiers privés de Le Myre de Vilers ne gardent rien ou presque quant à son rôle au sein de l'Alliance, trois lettres et deux discours (en 1893 et 1895) en tout [cote 179 J 9] !

1. Voir Dimitri Kitsikis, « L'espace ottoman dans l'esprit de Charles de Moüy, dans la deuxième moitié du XIXe siècle », in Hâmit Batu et Jean-Louis Bacqué-Grammont, *L'Empire ottoman, la République de Turquie et la France*, Paris-Istambul, Editions Isis, 1986, 703 p., pp.327-344.

Mais ce sont toujours les Universitaires qui demeurent les patientes chevilles ouvrières de l'association. En 1900 étaient entrés au CA deux hommes ouverts sur le grand large, l'un fin connaisseur du *Mare nostrum* et préposé au traitement des questions extérieures à la *Revue de Paris* (jusqu'en 1911), Victor Bérard, l'autre, spécialiste de la Russie, Anatole Leroy-Beaulieu[1]. Ils rejoignaient Louis Léger (1843-1923), le père de la slavistique en France[2], titulaire de la chaire de russe au Collège de France en 1885, slavophile convaincu et membre du CA de 1889 à 1914. Et de Maurice Wahl, normalien et docteur ès lettres, un temps inspecteur général chargé de réfléchir à l'enseignement dans les colonies, et à la tête de la Commission de propagande dans les années 1890, à l'Inspecteur général de l'enseignement primaire Jost (1831-1907), d'Emile Salone, professeur d'histoire au lycée Condorcet, à Albert Malet (1864-1915), un des hommes forts des années 1900-1914, l'*Alliance* devait beaucoup à cette présence universitaire. Les liens avec le M.I.P. se révélèrent précieux afin d'aider au pilotage des écoles primaires de l'association, qu'il en aille des examens, ou du détachement parfois d'instituteurs par leurs Académies (écoles espagnoles).

La personnalité de Malet retient l'attention. Il représentait surtout la relève générationnelle des hommes de quarante ans, symbolisée aussi par l'arrivée d'Henri Hauser (1866-1946) au CA en 1912. Malet était devenu délégué général à la propagande en 1909 et secrétaire général en 1914 ; et les brefs

---

1. Sur A Leroy-Beaulieu, voir René Stourm, « notice historique sur la vie et les travaux de A. Leroy-Beaulieu », in *Séances et Travaux de l'Académie des Sciences Morales et Politiques*, t. 83, 1er semestre 1915, pp. 169-191. Homme d'un grand livre, *L'Empire des tsars et la Russie* (1882), il fut par excellence, dans son ouvrage de 1902, *Les Doctrines de haine*, refus de l'antisémitisme, de l'anti-protestantisme et de l'anticléricalisme, l'incarnation de l'esprit « arc en ciel » qui devait animer l'Alliance. Sur Victor Bérard, voir le magnifique texte d'Albert Thibaudet, « Un idéaliste de province », *Nouvelle Revue française*, janvier 1932, pp .66-82.

2. Voir ses *Souvenirs d'un slavophile*, Paris, Hachette, 1905, 311 p. Ainsi vers 1860, aucun Français n'aurait été capable de donner un enseignement de langue et littérature slave (p.17) ; et en 1875, chargé de cours de russe aux Langues Orientales, « ce [fut] une innovation » (p. 203)

comptes rendus du Bureau du CA le révèlent le plus souvent débordant d'idées. Cet historien qui avait été le protégé de Lavisse (celui-ci le fit recommander pour le préceptorat du prince serbe Alexandre entre 1892-1894), incarnait un républicanisme conservateur et patriotique.[1]

3.Institutionnalisation d'une politique de la langue

*V*ers 1905-1910, derrière la naissance d'une politique culturelle extérieure officielle, articulée autour d'une défense des écoles de langue française dont se chargea le *Bureau des Ecoles et des Œuvres françaises à l'étranger* (1910)[2], soutenue par les nouveaux Instituts français tels Florence (1908), Madrid (1909), Saint-Pétersbourg (1911), Londres (1913) épaulés par l'*Office national des Universités,*[3] se révèlent des forces culturelles plus larges au service de cette politique publique inédite. Que celles-ci eussent été alors organisées au préalable, par des universitaires et des hauts-fonctionnaires dans le cas de l'*Alliance,* ou par les grandes *Fondations* privées américaines

1. Malet eut une carrière professorale difficile après son article anonyme publié dans Le Figaro en 1894 et qui critiquait l'administration de L'Instruction publique. Sanctionné par une mutation à Aurillac, c'est Lavisse à nouveau qui lui permettra de sortir de sa disgrâce. Il revient à Paris en 1896-1897 au lycée Voltaire et passera à Louis le Grand en 1903. Il est alors, dans ces années, deux fois inspecté par Pierre Foncin . C'est à partir de 1902 qu'il rédige ses manuels chez Hachette. Voir Bernard Icart, *Albert Malet et ses manuels*, Thèse 3ème cycle Institut des Sciences Politiques de Paris, 1979, 369 p.

2. Voir Jean Baillou (dir.), *Les Affaires Etrangères et le corps diplomatique français, t. II, 1870-1980*, Paris, CNRS, 1984 , 1018 p., p.73. Il y eut dès avril 1909, un Service des écoles et des œuvres françaises à l'étranger transformé en « Bureau » en août 1910 jusqu'en 1916 (date de sa suppression). Le Bureau fonctionna avec seulement deux personnes de 1912 à 1916. Cette initiative répondait peut-être à une mesure prise par les Allemands, en 1906, qui mirent sur pied un Bureau des écoles.

3. Voir Bruno Neveu, « De l'instruction publique aux affaires étrangères : la politique culturelle extérieure de la France depuis 1910 », *Commentaire*, n° 50, été 1990, pp. 351-354.

dans les années 1910-1920[1], la démarche révélait le rôle privilégié des associations privées dans la gestation des politiques culturelles extérieures. Ce sont celles-là qui en élaborèrent le *contenu,* avec ses normes et images de référence, et le *programme*, avec ses mesures concrètes et cohérentes.[2] Au-delà de la traditionnelle réticence à afficher ouvertement un engagement de l'Etat dans le domaine de l'action culturelle, l'absence de textes fondateurs produits par le M.A.E. laisse à penser que le travail implicite de définition avait été, antérieurement, très largement élaboré et que l'Etat n'avait guère à en corriger les attendus et les dispositifs. L'*Alliance* en 1883 avait lancé un cri d'alarme qui traduisait l'identification d'un problème et le décalage entre certaines énergies bien trempées et pleinement réformatrices dans leur secteur de compétence et le danger d'assoupissement des larges fractions du pays. En affirmant la nécessité d'une politique de la langue française à l'étranger, ce « référentiel » illustrait la nécessité de créer de nouvelles formes d'action. Et peu à peu, les autorités politiques se persuadèrent de renforcer les écoles françaises ; une proposition de loi en mars 1899 entendait ainsi ouvrir une section des *Œuvres d'Occident*[3]. Si le projet échoua provisoirement, les signes d'une prise de conscience plus

1. Frank A Ninkovich, *The diplomacy of ideas U.S. Foreign policy and cultural relations 1938-1950*, Cambridge, Cambridge University Press, 1981, 253 p., pp. 8-34 : la Fondation Carnegie date de 1910, la Fondation Rockefeller de 1913 ; celle-ci est axée autour de programmes internationaux de médecine et de la création de « maisons internationales » dans certains campus.

2. Pierre Muller, *Les politiques publiques*, Paris, P.U.F., 1990, 128 p.

3. Cf. *Journal officiel, Documents parlementaires*, 29 mars 1899, proposition de loi relative à la création d'écoles françaises d'Occident, présentée par M.A. Gervais : « [...] une question particulièrement grave, qui touche directement aux intérêts économiques de la France dans le monde est celle de l'influence de la langue française à l'étranger. [...] Dans le moment où notre influence dans les pays latins d'Occident rencontre une opposition si redoutable, une concurrence si acharnée de la part de nos rivaux commerciaux d'Allemagne et d'Angleterre. [...] il est indispensable de faire un effort pour armer plus puissamment notre résistance ». C'est en 1906 que le budget intègre cette section des Œuvres.

générale de l'importance nouvelle de ces problèmes se multiplient. En 1909, la Commission du budget des Affaires étrangères parvint à rétablir un crédit de 100 000 F[1]en faveur de la diffusion du français ; et en 1910, avec un crédit de 7 000 F, puis de 25 000 F en 1911, interviennent les premiers choix officiels en faveur du livre français à l'étranger[2]. Mais à vrai dire, si l'*Alliance* formulait un programme précis-l'enseignement de la langue française comme socle de la politique culturelle extérieure-, elle ne chercha pas à proposer une nouvelle vision du monde, dimension pourtant la plus novatrice quand se formule un « référentiel »[3] de politique publique. Elle se contenta de réaffirmer, à la suite des missionnaires catholiques, la dimension universaliste de la nation française.

Si l'institutionnalisation de la politique culturelle extérieure se réalise parfois avec la bénédiction enthousiaste de certains diplomates, l'attitude dominante du *Quai d'Orsay* resta dominée longtemps par un principe de prudence qui dictait un comportement au cas par cas. Ainsi, par deux circulaires (1884 et 1895), les Agents du *Quai* furent autorisés à seconder l'*Alliance ;* mais alors qu'en 1895 l'association souhaitait une collaboration systématique de ceux-ci, l'Administration se refusa à leur tracer un schéma contraignant[4]. Au quotidien cependant, les diplomates en poste s'habituèrent le plus souvent à seconder cette dernière, parfois certains d'entre eux se

1. Paul Deschanel, « Budget des Affaires Etrangères, discours du 27 décembre 1909 », *Hors des frontières*, Paris, Fasquelle, 1910, 292 p., pp. 249-266.

2. Voir *Série C administrative 1908-1940, Carton 452*, A.MA.E.P. Une liste de 105 institutions en mesure de recevoir des livres est dressée, et l'Alliance est citée au moins 42 fois.

3. .Pierre Muller, Les politiques publiques, *op.cit.*, p.47.

4. L'Alliance avait souhaité que tous les Agents du Quai à l'extérieur remplissent des documents sur l'ensemble du réseau des écoles françaises et le Ministre, par principe, s'y refusa : « [...] si l'envoi de ces documents est ultérieurement décidé, nos représentants à l'étranger doivent être laissés juges de la mesure dans laquelle il serait opportun, pour chacun d'eux, de déférer aux demandes particulières qui s'y trouvent formulées » ; Note au Secrétaire Général de l'Alliance française, 21 janvier 1895, *Série C Administrative 1876-1907, Carton 134*, A.M.A.E.P.

passionnèrent pour elle; et le livre d'or de l'association se tourne, les noms de ces consuls créateurs et bienfaiteurs de comités inscrits en pleine page : Pollio à Valence, Blanchard de Farges à Barcelone et San Sebastien, de Lacretelle à Alexandrie, Rougon à Smyrne... jusqu'à certains ambassadeurs attentifs à la bonne fortune locale des comités d'action, de Paul Cambon à Constantinople[1] (1891-1898) à Jusserand en poste à Washington (1902-1924). Ce dernier assista, en vingt-deux ans, à vingt des congrès annuels de l'*Alliance.*

Dispersés aux quatre coins du monde, les comités avaient besoin d'une tutelle bienveillante et les consuls se rendirent souvent indispensables : apaiser les inévitables dissensions au sein d'un comité, réchauffer les cendres d'un groupe moribond, distribuer subventions, livres et médailles, accepter la livrée de conférencier[2], le tutorat de l'*Alliance* n'était pas toujours une mince affaire. Un bon exemple est apporté par le consul de Jassy (Roumanie). En mars 1899, des remous se produisent au sein du comité en raison de la présence importante de juifs au cours du soir (de 100 personnes) fondé par l'*Alliance.* Le groupe et ses cours dépérissent jusqu'en 1902 ; et le vice-consul, de Moüy, entreprend alors de les remettre sur rail, d'encourager l'ancien délégué à reprendre du collier tout en insufflant un surcroît de solidarité chez les cinq professeurs

---

1. Cambon, en patronnant l'Alliance, permit selon le président du Comité de l'AF de Constantinople « d'attirer en foule des souscripteurs nouveaux [...] d'obtenir de Paris des subsides plus considérables et de nous concilier la haute bienveillance de S.M.I. le Sultan, qui voulut bien se faire représenter à une fête donnée ici-même au profit de nos écoles et de contribuer plusieurs fois à notre prospérité par de généreuses souscriptions », in *BAF*, n°66, sep-oct. 1897. Paul Cambon présidait chaque année l'Assemblée générale du Comité de Constantinople et, sans doute, son arrivée permit à ce comité de passer de 150 membres en 1891 à 880 en 1893 ! Voir AG du Comité de Constantinople, 5 février 1893, *Boîte 4/62-68/11, Dossier 35-4-68*, AAF.
Quant à Jusserand, il fut un constant soutien pour l'Alliance aux Etats Unis et au Canada et il assista à tous ses Congrès annuels. Ses papiers d'agent comportent beaucoup de dossiers sur l'Alliance américaine.
2. Plusieurs consuls acceptèrent de parler dans ce cadre : le consul de France à Florence, Gaston Lemay qui donne en 1907 des conférences à Florence mais aussi à Bologne ; de même pour le ministre de France à Stockholm, R. Millet.

présents[1]. Il dresse plus tard le portrait idéal d'un président de comité :

> « [...] personne très honorable, ayant fait toutes ses études en France, connue du Comité Central de l'Alliance française, possédant à Jassy de nombreuses relations du meilleur monde, ayant de la fortune, très actif, pouvant disposer de son temps, ne s'occupant point de politique et marié à une Française [...] [2]. »

L'action des agents en faveur de l'*Alliance* dépendait aussi du climat local, plus ou moins propitiatoire à leurs interventions ouvertes. En Egypte, par exemple, les menées françaises s'affichaient au grand jour et le Consul à Alexandrie avouait sa liberté :

> « [...] le Consul de France peut ici, sans aucun inconvénient, donner appui le plus complet à l'Alliance française et joindre ouvertement son action à celle du Comité Régional. Aussi n'ai-je pas cru devoir apporter dans ma collaboration la réserve que je jugerais prudente dans d'autres postes où le but poursuivi par l'Alliance n'était ni compris ni apprécié comme il l'est en Egypte [3] »

Dans ces régions du Levant, les consuls nouaient le plus souvent des liens directs avec les écoles françaises et attribuaient eux-mêmes la subvention. En Egypte, en 1920, le consul Gaillard tenait à rappeler l'importance d'une implication personnelle des diplomates :

> « J'indiquerai enfin que l'attribution de ces subventions devrait être tenue aussi secrète que possible, ici, comme à Paris. Autrefois, l'Agence les remettait de la main à la main.

---

1. Lettres du 23 mars 1899 et du 20 octobre 1902 du vice-consul à Jassy au Ministre, *Série C Administrative 1876-1907, carton 140*, A.M.A.E. P.
2. Lettre du 5 février 1903 au ministre, *Ibid.* Idéal auquel on pourrait mettre en vis à vis le froid réalisme de cette description du consul de France à San Francisco, en 1901, à l'égard du Comité local, « [...] formé de personnes illettrées, à l'exception du président [...] toutes les places sont données à la faveur, aux femmes, aux parentes, aux protégées des membres du Comité », lettre du 25 octobre 1901 au ministre, *Série C Administrative 1876-1907, Carton 136*, A.M.A.E.P.
3. Lettre du Consul de France à Alexandrie au Ministre, 28 février 1895, *Série C Administrative 1876-1907, Carton 136*, A.M.A.E. P.

On ne saurait croire combien de dévouements utiles nous perdons par trop de publicité [1] ».

A l'inverse, des pays tels l'Allemagne ou la Belgique imposaient davantage de circonspection. Ainsi, en 1897, de jeunes poètes de la revue *Jeune Belgique* émirent le souhait d'un patronage par l'*Alliance* et par l'ambassadeur de France, de Montholon, d'un nouveau Comité. Le diplomate interdit alors cette création et excipe de la situation particulière de la Belgique pour justifier son choix :

« [...] Nous [avec le consul à Anvers] sommes tous deux d'avis, après mûre réflexion, qu'il serait imprudent de procéder de concert avec l'*Alliance française* à l'effet d'accroître l'influence française en Belgique. Le Belge est soupçonneux, jaloux de l'indépendance nationale : toute immixtion étrangère un peu directe le froisse [...] votre concours si utile, si hautement apprécié en Orient, en Afrique et en Extrême Orient, serait dangereux en Wallonie et dans les Flandres. La lutte doit s'y poursuivre sur le terrain économique ; lorsque des écoles libres se fondent dans ces parages, *l'initiative privée* [souligné par nous] doit seule les créer et les diriger sous peine de raviver des appréhensions [...][2] .»

On le voit, pour l'ambassadeur, l'*Alliance* ne relevait pas de « l'initiative privée »..., mais de ce statut ambigu cependant, elle jouait le plus souvent avec habileté. Elle pouvait prolonger les démarches politiques officielles par des initiatives culturelles propres, lorsque « l'Entente Cordiale » (1904) fut complétée par la création de l'*Alliance littéraire scientifique et artistique franco-anglaise* affiliée à l'*Alliance française* ou

1. Cité par Frédéric Abecassis, L'Enseignement étranger en Egypte et les élites locales 1920-1960 Francophonie et identités nationales, Thèse E.H.E.S.S., 2000, sous la direction de Robert Ilbert, p.235.

2. Note du Comte de Montholon au Président de l'Alliance française, 16 avril 1897, *Série C Administrative 1876-1907, Carton 135*, A.M.A.E.P. On pourrait citer le cas d'Hambourg, avec le Consul Général qui, en 1909, cherche à dissuader le Département de soutenir le Comité local de l'Alliance qui s'est attiré des commentaires malveillants de la presse locale. Voir la lettre du Consul Général au Ministre, 13 mai 1909, *Série C Administrative 1908-1940, Carton 466*, A.M.A.E . P.

quand une politique des écoles fut rendue nécessaire après la conquête du Maroc vers 1904-1905.

Surtout, pour toute entreprise dont le M.A.E. ne pouvait se prévaloir, il incombait à l'*Alliance* de jouer le rôle d'éclaireur. Ainsi elle était fondée à protester ouvertement quand l'Administration n'était pas en mesure de le faire : en 1903, elle obtient de la ville de New York le rétablissement du français, à égalité avec l'allemand, dans les programmes des écoles publiques locales [1]; l'un de ses membres italiens, le professeur Pullé, qui présidait le Comité de Bologne, protestait en 1910 devant la Commission royale afin de défendre la cause des échanges universitaires entre les deux pays[2]. Elle pouvait se charger, comme en 1905, d'enquêtes un peu délicates telle celle sur le nombre et la nature des livres français présents dans les bibliothèques municipales et universitaires américaines[3], ou encore de doter une grande bibliothèque publique comme celle de Chicago avec l'octroi de 100 volumes[4]. Il est vrai qu'un pays de type fédéral tel que les Etats-Unis ouvrait un champ d'action beaucoup plus favorable. Ainsi en 1905, le comité de San Francisco, obtenait du *Board of Education* la charge exclusive de l'enseignement du français dans les écoles publiques[5]. Enfin, elle était en mesure de satisfaire les vœux du M.A.E. quand celui-ci désirait la fondation d'une école à l'étranger, comme à Andrinople en 1906-1908 [6], voire quand il s'agissait de pallier

---

1. *B.A.F.*, n°94, octobre 1903. On pourrait de même citer l'action de l'alliance de Dallas qui, en 1937, se mobilise afin de rendre la fourniture de livres scolaires (de français) gratuite comme cela était déjà le cas pour les livres espagnole et allemands. Voir Consul de France à la Nouvelle Orléans au M.A.E., 12 avril 1937, *SOFE, Carton 424*, A.M.A.E.N.

2. Copie d'une lettre du 6 février 1910 adressée au MIP italien, *Boîte 4/10-17/3, Dossier 35-4-12*, AAF.

3. *BAF*, n°99, 15 janvier 1905, pp.50-51. L'enquête fut menée par Funck-Brentano.

4. Lettre du Secrétaire de l'alliance française de Chicago au Ministre, 26 août 1903, *Série C Administrative 1876-1907, Carton 136*, A.M.A.E. P.

5. *B.A.F.*, n°101, 15 juillet 1905.

6. Le CA de l'Alliance est saisi à la fin de 1906. Il répond favorablement. Cf. *BAF*, n°107, 15 janvier 1907. En 1908 une école laïque commerciale est ouverte avec 101 élèves dont 78 israélites.

l'impécuniosité du ministère de l'Instruction publique à Madagascar en 1909[1]. Ce dernier point d'ailleurs se révélait capital de bien des façons. Le financement de cette proto-politique culturelle fut toujours réalisé au plus juste. En dépit de la progression des dépenses au titre de « l'action à l'étranger » dans le budget du M.A.E., avec 1 million pour les « fonds secrets » et 1,897 M. F. en 1913[2] (contre 500 000 F en 1881) pour les *Oeuvres*, l'argent public manque de manière chronique et le relais, à moindre coût, par l'*Alliance* ou les Congrégations, s'avère indispensable. D'autant que les *Œuvres* abondent presque exclusivement les budgets des écoles d'Orient (1 million en 1912) et du Maroc (923 000 F) et que les *Œuvres* françaises d'Amérique ne touchent que 21 000 F et celles d'Europe, 83 000 F.[3] L'*Alliance* disposa, pour la première fois et exceptionnellement de 2000 F. en 1890, puis, régulièrement, de 12 000 F dans les années 1890, portés à 15 000 F au début du siècle[4] et inscrits officiellement au budget (chapitre 9) en 1905. Et si dans les faits des sommes plus importantes transitaient par elle puisqu'elle décaissait beaucoup de dépenses des *Œuvres,* il demeure qu'entre 1883 et 1917, les comités à l'étranger de l'*Alliance* payèrent plus de 70 % de leurs

---

1. *BAF*, n°115, 15 janvier 1909. L'Alliance refusa son concours au financement de bibliothèques populaires au motif que dans les « vieilles colonies », il revenait à l'Etat de pourvoir aux besoins. Mais la règle n'était pas strictement appliquée car l'association aida les bibliothèques de la Réunion. On peut considérer que le Quai réserve 11% de son budget aux Oeuvres (sans compter la Caisse des jeux) en 1913 selon François Roche et Bernard Piniau, *Histoire de diplomatie culturelle des origines à 1995*, Paris, Documentation française, 1995, 294 p., p.34.

2. Jean Baillou (dir.), Les Affaires Etrangères et le corps diplomatique français, *op.cit.*, pp. 203 et sq. A ce chiffre, il faudrait ajouter 1,162 M.F au titre du produit des jeux et du pari mutuel ; ainsi l'Alliance, pour l'achat du terrain et la construction de son immeuble en 1913, obtient 150.000 F sur les 500.000 F. demandés, consulter *BAF,* n°136, 15 avril 1914.

3. *Ibid*, p. 271.

4. Chiffres donnés dans diverses lettres contenues dans la *Série C Administrative 1876-1907, Carton 134*, A.M.A.E.P.

dépenses : 5,3 millions sur 7,4 grâce à leurs moyens propres[1]. Ces initiatives locales se révélaient décisives pour la bonne réussite de certains projets ; ainsi en 1896 le Ministre de France au Caire, Cogordan, demandait la création d'une école professionnelle à Alexandrie. Sur les 10 000 F à 30 000 F nécessaires, le *Quai* octroie 4 500 F et l'*Alliance* locale pourvoit au reste[2].

Echanges universitaires

Mais l'un des aspects les plus novateurs de la politique menée par l'*Alliance*, là où elle précède (de très peu parfois) l'intervention administrative et l'aiguillonne, touche à la naissante politique d'échanges universitaires. Avant même les premiers Instituts français ou le démarrage des cours proposés pour étudiants étrangers en France par l'Université française, il revient à l'*Alliance* d'inaugurer, d'une certaine façon, cette politique d'échanges. Dès 1892, 18 ans avant l'apparition de l'*Office National des Universités et des Ecoles françaises*, elle crée un *Office d'information* chargé de centraliser tous les renseignements sur l'enseignement du français à l'étranger. Surtout, grâce à l'entremise de Ferdinand Brunot et de Franck Puaux, elle ouvre en 1894, avec 50 auditeurs, les C*ours de vacances de l'Alliance française* à Paris afin de combler les attentes d'un public étranger de professeurs\instituteurs ou d'étudiants. Cet enseignement est placé sous le patronage d'une commission composée de Lavisse, Michel Bréal, Jules Claretie. Et, en province, en collaboration avec les Facultés locales, divers comités de propagande fondent à leur tour des cours de vacances ; Nancy devance le mouvement dès 1895 grâce à l'universitaire Albert Collignon ; en 1901, Bordeaux et Caen ont les leurs ; en 1905, on comptabilise 15 centres en dehors de

1. Albert Salon, « la diffusion du français hors des pays francophones et francisants », in Gérald Antoine et Robert Martin (dir.), *Histoire de la langue française 1880-1914*, Paris, CNRS, 1985, 639 p., pp. 423-432.
2. *BAF*, fév-mars 1896.

Paris[1]. Toutefois, cette brusque multiplication de cours de vacances marqués de l'estampille *Alliance française* ne manque pas de susciter certaines critiques de la part de la clientèle étrangère (anglaise surtout, voire russe) à la veille de la guerre et oblige l'*Alliance* à une reprise en main. Mais ce début de critique sur le maintien de la qualité de ses diplômes révèle a contrario la considération dans laquelle était tenue ces parchemins dans l'Europe de l'époque : l'association de Pierre Foncin s'était imposée, en quelques années, comme un des acteurs clés du renouveau universitaire français.

Déjà en 1894 le Comité bordelais et le Comité Central à Paris parlaient d'envoyer une brochure de propagande aux étudiants d'Amérique pour les éclairer sur les ressources de l'enseignement supérieur en France[2].

En 1909, appuyée en sous main par le M.I.P et la M.A.E., elle tente de faire reconnaître l'équivalence de son « diplôme supérieur » vis-à-vis des titres universitaires nécessaires aux futurs professeurs de français dans les autres pays du monde. Objectif follement ambitieux en dépit des assurances prodiguées quant au caractère officieux de l'institution (personnel d'agrégés, jury d'examen toujours présidé par un Inspecteur Général, diplômes visés par le M.I.P.), presque tous les pays, hormis le Monténégro et L'Argentine, voire la Hongrie et le canton de Neuchâtel, se refusèrent à l'abandon de leurs droits régaliens en la matière[3]. Et c'est presque au même

---

1. Voir *BAF*, n°99, 15 janvier 1905. Bayeux, Besançon, Bordeaux, Boulogne-sur-Mer, Caen, Dijon, Grenoble, Honfleur, Lisieux, Lyon, Nancy , Poitiers, Saint-Malo, Saint-Valéry-en -Caux, Vitterville-sur-Mer. Jean François Condette dans sa thèse, *La Faculté des Lettres de Lille de 1887 à 1945. Une Faculté dans l'histoire*, Villeneuve d'Ascq, Presses du Septentrion, 1999, 430 p., parle des cours de vacances de Boulogne-sur Mer avec 56 participants en 1905, 147 en 1908 et 185 en 1913 (p. 187) ; les Anglais sont les mieux représentés devant les Allemands et les Suédois.

2. *BAF*, n°48, Janv-fév 1894.

3. Voir le dossier de cette affaire in *Série C administrative 1908-1940, Carton 466*, A.M.A.E.P. En Hongrie, à Neuchâtel, le brevet de l'Alliance permet de se présenter directement aux examens de recrutement ; comme en Italie d'ailleurs, puisqu'en 1906, le gouvernement transalpin avait autorisé cette formule.

moment où naissent les *Cours de vacances*, en parallèle avec eux, qu'un arrêté du 28 juillet 1894 permet aux étudiants étrangers d'accéder sans aucune condition de grade à l'enseignement d'histoire et géographie en Sorbonne, au stade de ce D.E.S. créé par Lavisse en 1886[1]. Une autre initiative matricielle est constituée par la création de liens entre l'*alliance française* de Chicago et l'Université locale entre 1898-1900. L'homme de ce rapprochement fut le consul de France, Henri Mérou. Intéressé par les questions universitaires, il constatait l'infime présence (10 selon lui !) d'étudiants américains en France :

> « [...] le jour où nous serons parvenus à ramener vers la France une bonne partie des courants qui entraînent actuellement les étudiants américains vers les universités d'Allemagne, nous aurons beaucoup fait pour l'amélioration de l'opinion des cercles dirigeants vis-à-vis de nous [...] »[2]

Aidé par l'universitaire Henri J. Furber, il met en place 30 cours pour adultes, une grande société de chant ; surtout des liens se nouent entre l'université de Chicago et la France à travers l'installation à Paris d'un secrétaire chargé d'accueillir les étudiants américains attirés par le nouveau doctorat français créé en 1897. En mai 1901, Mérou parle de 17 professeurs et de 40 étudiants qui se seraient rendus en 1900 à Paris afin de suivre des cours.[3] Pour réorienter le flux des étudiants américains de l'Allemagne vers la France, un tenace effort devait-être engagé. Certes, il existait bien le *Comité de Patronage des étudiants étrangers* fondé par Paul Melon en 1891, pourvoyeur de renseignements divers et dont les brochures furent très utiles pour présenter l'enseignement

---

1. Voir *BAF*, f°52, oct.-déc.1894. L'Alliance présente la mesure comme une de ses initiatives.
2. Lettre d'Henri Mérou au Ministre, 28 décembre 1898, Série C Administrative 1876-1907, Carton 136, A.M.A.E.P. L'ouvrage d'Alain Dubosclard, *Histoire de la Fédération des Alliances françaises aux Etats-Unis L'Alliance au cœur*, Paris, L'Harmattan, 1998, 192 p., ne mentionne pas cette correspondance de Mérou, même s'il cite la personnalité de Furber (p.25).
3 Lettre de Henri Mérou au Ministre, 23 mai 1901, *Ibid.*

supérieur français[1]. Mais, selon Henri Goy, « installé au fond d'une cour intérieure, sans contact direct avec la vie de l'Université, il exerçait une action bienfaisante, mais limitée »[2]. Les Américains connaissaient peu, ou en mal, les Universités françaises. Dans un article du *Journal des Débats* de juin 1895, Michel Bréal, en reprenant les doléances de l'universitaire chicagoan Furber évoquait les mille étudiants américains présents en Allemagne, attirés par la simplicité des inscriptions administratives et par la possibilité de décrocher un doctorat ; Bréal en était réduit à vanter le renouveau et le charme de certaines universités de province[3]. Dans le contexte de renouveau de l'enseignement supérieur français, l'Université devenait de plus en plus un terrain de concurrence entre les grandes nations européennes ; l'établissement d'un réseau de relations entre diverses universités étrangères mobilisa toutes les énergies en France, comme en Allemagne, mais aussi en Angleterre[4]. En 1900, l'ambassadeur d'Allemagne vint visiter

---

1. Voir Paul Melon, « Le patronage des étudiants étrangers et les oeuvres qui s'y rattachent », in *Congrès international pour l'extension de la culture et de la langue française, Arlon-Luxembourg-Trèves 20-23 septembre 1908*, Paris, Honoré Champion, 1908, pp.95-104.

2. Henri Goy, « Lucien Poincaré et son œuvre d'expansion nationale à l'Université de Paris », *Revue de Paris*, 15 mai 1920, pp. 334-343.

3. Michel Bréal, « Opinion d'un professeur américain sur les universités françaises », *Journal des Débats*, 7 juin 1895. C'est autour de Bréal et du francophile, T.W.William, qu'est créé en 1895 le Comité des Universités de Paris et d'Amérique, et le linguiste français lança l'idée du futur « Doctorat d'université ». Voir Yves-Henri Nouailhat, *France et Etats-Unis août 1914-avril 1917*, Paris, Publications de la Sorbonne, 1979, 484 p., p.50.

4. Voir Georges Weisz, *The emergence of modern universities in France 1863-1914*, Princeton, Princeton University Press, 1983, 397 p. Regarder le chap.VII, « expansion of university population », où il indique qu'entre 1890 et 1900 le chiffre des étudiants étrangers en France resta stable mais qu'entre 1900 et 1915 il augmenta de plus de 500%. L'afflux profitait avant tout aux Facultés de Médecine (46%) en 1900, puis aux Sciences (30%) et aux Lettres (28%) en 1914. Au total, il y avait 15% d'étudiants étrangers en France (6192 en janvier 1914) contre 9% (1532) en 1890. Selon un rapport de l'Office national des universités et des écoles françaises de janvier 1914, il n'y aurait que 5015 étudiants étrangers en Allemagne en janvier 1914, cf. *le « Troisième rapport de l'O.N.U.E.F. », 21 janvier 1914, 70 A J, Carton 2*, Caran, Archives Nationales. Tout un travail de collecte de renseignements pratiques est lancé

les universitaires de Chicago et l'Université de Berlin instaura des liens en 1905 avec Harvard et Columbia. Selon Fernand Baldensperger, on rencontrait aux Etats-Unis en 1913

> « un Allemand, presque dans chaque Collège ou Université, à demeure ou en séjour prolongé »[1].

Aussi, dans un tel climat d'émulation et d'innovation, il n'est guère étonnant qu'une institution de coordination ne tente d'émerger. Ce fut là le rôle de l'*Office national des universités et écoles françaises* né en 1910 à l'initiative de quelques parlementaires (Deschanel, Steeg, Doumer) et d'un groupe d'universitaires (Appell, Liard, Lucien Poincaré, Anatole Leroy-Beaulieu).

Les deux missions qui furent siennes, coordonner toutes les initiatives en vue d'attirer en France les étudiants étrangers et organiser l'action de l'enseignement français au dehors, il les assuma avec beaucoup d'allant[2]. Le dernier rapport annuel avant la guerre, présenté par son président, Coulet, fait état de la multiplication des liens officiels entre universités françaises et universités américaines (Columbia et Paris en 1910, Harvard et les universités de l'Hexagone en 1911) ou sud américaines (Santiago en 1912, Buenos-Ayres en 1914), la création de postes de « lecteurs » en Scandinavie (Christiania, Copenhague, Helsingfors, Reykjavik), l'ouverture de plusieurs cours de vacances pour les étudiants étrangers dans les universités de province (dont, notamment, Rennes, Toulouse, Lille, Dijon).[3]

---

afin d'informer correctement les étudiants étrangers : en 1903, Larousse édite le *Guide illustré de l'étudiant étranger à Paris*, brochure de 160 p, alors qu'en 1914 paraît un Annuaire publié par l'O.N.U.E.F et intitulé, *Les Universités et écoles françaises*.

1. Fernand Baldensperger, *Une vie parmi d'autres*, Paris, Louis Conard, 1940, 380 p., p. 236. C'était en effet l'Université allemande qui avait fondé l'Université américaine moderne avec le modèle de John's Hopkins.

2. Sur l'Office national des universités et écoles françaises et ses premiers pas, voir le fonds d'archives, *70 A J, Carton 1*, Caran, Archives Nationales [A.N. désormais], Paris.

3 . Voir , « 3ème Rapport de l'activité de l'O.N.U.E.F. », 21 janvier 1914, *70 A J, Carton 2*, Caran, A.N. On peut lire le récit fort élogieux des cours de vacances de l'Université de Grenoble par l'universitaire allemand Henri Schneegans, « Grenoble,université du tourisme », *Revue de Paris*, 1 mars

Aussi peut- on avancer l'hypothèse que l'apparition des premiers Instituts français, certains même fondés par l'*Alliance* (l'*Institut français de New York* en 1911), la mise en place de l'*Office national des universités et des écoles françaises* en 1910, parachèvent un mouvement impulsé autour de 1894-1895 par *l'Alliance.* Avec emphase, Ferdinand Brunot, le Directeur des *Cours de vacances*, ne parlait-il pas d'eux comme de la plus grande migration estudiantine depuis le XIIIe siècle ? ! Et on dut à la *Fédération de l'Alliance française aux Etats-Unis et au Canada* l'organisation du 1er Congrès des professeurs de français en 1913. Cette dynamique universitaire, en Europe, emprunta il est vrai plutôt la forme des Instituts et des chaires de Langue et Littérature françaises.

Un messianisme appliqué : l'amitié partagée de la langue

Contrairement aux Allemands qui soutinrent presque exclusivement des écoles germaniques destinées aux immigrés, ou aux Anglais longtemps indifférents à une diffusion volontariste de leur langue, les Français avaient fait le choix d'ouvrir le plus grand nombre possible d'établissements scolaires au bénéfice des populations autochtones. En 1901, H.G. Wells le reconnaissait, ses compatriotes répugnaient à la création d'écoles tout aussi bien que la langue anglaise n'avait

> « aucune des qualités contagieuses du français, et la classe restreinte qui monopolise la direction des affaires britanniques- et la monopolisera encore pendant plusieurs décades- n'a jamais fait montre d'un grand zèle pour propager l'usage de l'anglais. Parmi les quelques idées que possède la classe gouvernante en Angleterre, la destruction et le dénigrement des écoles et des collèges est malheureusement l'une des principales, avec une absolue incapacité de

1912, pp. 111-118. L'auteur se félicite du très bon niveau des cours, jointe à une pédagogie excellente qui permet aux 500 personnes présentes, en septembre 1911, de profiter à leur convenance de ces cours.

comprendre la signification politique de la question de la langue ».[1]

Et il est vrai qu'en Egypte, à partir de 1882, l'Angleterre laissa aux Français un vice- principat culturel, surtout à destination des élites ; il fut l'instrument indispensable du bi ou tri linguisme des élites locales des années d'avant la guerre.[2]Cette capacité d'empathie suggérée par la langue française, doublée surtout de la conviction (raisonnée) de ses mérites analytiques inégalés, laissaient espérer au publiciste russe, Jacques Novicow, que les Anglo-Saxons le préféreraient à l'allemand et que les Allemands le choisiraient aux dépens de l'anglais[3] ; et que tous renonceraient ainsi à l'adoption d'une « langue artificielle[4] » telle l'espéranto née en 1887. La principale originalité de la démonstration soutenue par l'auteur russe, cette affirmation singulière des vertus *utilitaires* du français, conforta peut-être les responsables parlementaires dans leur soutien apporté à l'*Alliance* en particulier et à la politique de diffusion du français en général.[5] Quant aux Allemands, ils s'orientèrent très tôt vers le soutien aux écoles, dès 1878, mais sans qu'il existât en fait de projet culturel bien défini. Il faut

---

1. H.G. Wells, *Anticipations, ou de l'influence du progrès mécanique et scientifique sur la vie et la pensée*, Paris, Mercure de France, 1904 [1ère édition 1901], p.270

2. Consulter Frédéric Abecassis, L'enseignement étranger en Egypte et les élites locales 1920-1960 Francophonie et identités nationales, *op.cit.*, p.38 et sq.

3. Jacques Novicow, *Le Français Langue internationale de l'Europe*, Paris, Bernard Grasset, 1911, 154 p. Le livre se termine sur l'exhortation lancée aux Français de défendre leur langue mais il n'évoque pas le rôle de l'Alliance. Dès 1903, Novicow avait fait paraître chez Armand Colin l'Expansion de la nationalité française et il poursuit sa campagne dans la *Revue des deux Mondes* en décembre 1907.

4. Voir Jean-Claude Lescure, *Un Imaginaire transnational ? Volapük et Esperanto vers 1880-1939,* Thèse d'habilitation I.E.P. Paris, 1999, sous la direction de Pierre Milza, 4 vol., 886 p.

5. *Ibid*, pp. 586 et sq. Plusieurs députés, qui en 1907 avaient voté le projet Cornet en faveur de l'esperanto, font machine arrière après la campagne de Novicow relayée par d'Estournelles de Constant qui était président de la Section française de l'Alliance littéraire, scientifique et artistique franco-anglaise fondée en 1904 et filiale de l'Alliance française.

attendre 1898 et le voyage à Constantinople de Guillaume II, pour qu'une véritable orientation se dessinât en ce sens. La subvention doubla en effet. En 1913, il existait 853 écoles avec 480 000 élèves et 2 000 écoles de missionnaires allemands dans les colonies de ce pays avec 100 000 enfants.[1]

Mais ce choix déterminant en faveur de la plus large diffusion de langue, rien ne le montre mieux que les débats noués autour de l'orientation du futur *Institut de Saint-Pétersbourg*. Entre le professeur Paul Boyer, attaché à une pure spécialisation scientifique (former des slavisants), et le groupe des autres fondateurs, amené par Paul Doumer, convaincu de la nécessité de s'orienter surtout vers une structure d'enseignement (former de futurs professeurs de français), ce fut la seconde alternative qui l'emporta.[2] Répandre « l'intellectualité française » grâce à un enseignement de la langue[3], s'adresser à un public local composé de mondains et de futurs enseignants, le dessein poursuivi par le premier directeur, Louis Réau (1911-1913), n'était pas très éloigné de celui poursuivi par l'*Alliance*. Ce fut également celui de Julien Luchaire à Florence. Les Allemands, à Florence, à Rome, disposaient bien d'Instituts, mais de type strictement

---

1. Chiffres tirés d'Albert Salon, *L'action culturelle de la France dans le monde*, *op.cit.*, p.35. Nous avons corrigé l'interprétation un peu hâtive de l'auteur sur la mise en place de la politique scolaire à l'étranger par l'ouvrage de Manfreid Abelein, *Die Kulturpolitik des Deutschen Reiches und der Bundesrepublik Deutschland*, Köln und Opladen, Westdentscher Verlag, 1968, 312 p., pp.105-133. La ligne budgétaire de 1878 relève d'une volonté purement administrative (récupérer les aides du roi de Prusse dans le Reich quand celui est chargé, par la Constitution, de la Politique Etrangère) et les crédits baissèrent de 75 000 marks à 60 000 dans les années 1880. En revanche après 1898, signe de l'importance nouvelle de la politique de soutien aux écoles allemandes à l'étranger, les élèves de ces écoles obtinrent le droit de faire le service militaire allemand.

2 Voir Olga Medvedkova, « Scientifique ou intellectuel ? Louis Réau et la création de l'Institut français de Saint-Pétersbourg », *Cahiers du Monde Russe*, avril-septembre 2002, 2-3, pp. 411-421.

3 Les cours et exercices pédagogiques passèrent de 7 (1911-1912) à 26 (1913-1914) sous l'impulsion du deuxième directeur, Jules Patouillet (1913-1919), *Ibid.*

scientifique, comme l'étaient aussi l'*Ecole de Rome* (1875) ou l'*Ecole du Caire* (1880). Le contraste entre ceux-ci et ces nouveaux organismes français, n'en était que plus frappant.

Avant 1890, d'ordinaire, à considérer les personnages qui symbolisaient la France à l'étranger, mention aurait été faite de certains écrivains ou artistes ; au XVIIIe siècle, Diderot et Voltaire furent ces voyageurs comblés et, après éclipse partielle, la tradition était en passe d'être reprise avec le voyage d'Anatole France en Argentine en 1909[1], en attendant le triomphal accueil de Valéry à Berlin en 1926. Au XIXe Sarah Bernhardt triompha à plusieurs reprises en Amérique du Nord en 1880-1881 et 1886-1887, mais désormais, avec le voyage de Brunetière en 1897 sur la côte est des Etats-Unis, on doit ajouter à cette liste de Français de marque le « french visiting professor », bien avant l'engouement des années 1970-1990 pour les Foucault, Derrida et autres théoriciens de la pensée critique... L'universitaire, outre ses charges académiques, assume les devoirs du conférencier en mission pour son pays. Cette prise de conscience du rôle capital joué par les hommes de savoir dans la bataille culturelle au début du XXe siècle est à mettre au crédit d'une association telle que l'*Alliance française* dont les activités américaines aidèrent peu à peu au renouvellement du spectre de ses interventions. Plus largement, elle familiarisa le M.A.E. et ses agents avec l'action culturelle et contribua à la transformation partielle des méthodes diplomatiques. Vers 1880, le quotidien d'un diplomate, tel le jeune Pierre de Margerie nommé à Copenhague en 1886, restait rythmé par des activités nées lors des premiers temps de la diplomatie au XVI e siècle : la fréquentation de tout petits cercles lors de bals ou thés ; mais à la fin de sa carrière, dans l'Allemagne des années vingt, il créait la « Maison de France »

1. Voir Jean-Jacques Brousson, *Itinéraire de Paris à Buenos-Aires*, Paris, Crès, 1927, 329 p. ; 12 conférences sur Rabelais motivèrent ce voyage dont le succès fut un peu contrarié par la concurrence d'un autre conférencier, Blasco Ibanez ! La dernière conférence de A. France n'est suivie que par 300 auditeurs (p.264)

pour les jeunes étudiants français[1]. Reconnaissons que les propos pessimistes d'un Barrès en 1910 sur l'état de la France[2] n'étaient pas forcément justifiés au regard des initiatives prises cette année-là (et antérieurement) quant à l'organisation extra-hexagonale d'une politique scolaire et universitaire ambitieuse. Mais aussi l'action culturelle se prêtait davantage aux investissements de long terme, peu visibles au quotidien, dans une vie parlementaire happée par les soubresauts de l'actualité.

1. Voir Bernard Auffray, *Pierre de Margerie (1861-1942) et la vie diplomatique de son temps*, Paris, Klincksieck, 1976, 528 p.
2. « Politique antireligieuse, scolaire, désorganisation maritime et militaire. Les gens intelligents et honnêtes en sont écoeurés mais ils veulent du pouvoir» , in *Mes Cahiers 1896-1923*, Paris, Plon, 1963, 1130 p., p.527.

Chapitre III

Méthodes d'action et géographie de l'Alliance

De même que les taches roses sur les planisphères signalaient l'avancée de la colonisation française et réveillaient la fierté nationale, l'*Alliance* élargissait progressivement la circonférence de son action. Elle devint parfois presque l'unique représentant de la France dans certaines régions du monde. Organisme décentralisé à l'étranger, au programme apparemment apolitique, sa principale force résidait dans sa capacité d'adaptation aux réalités locales, donnée et condition fondamentales d'une action culturelle réussie. La diversité des moyens utilisés découlait de cette décentralisation en actes, et en 1894, elle subventionnait ou aidait 314 institutions dans le monde[1]. Au côté des clergés missionnaires qui privilégiaient la création d'écoles, l'*Alliance* diversifia considérablement les moyens de l'action prosélyte en faveur du français. A l'époque de « l'invention de la vitesse », les hommes multipliaient les contacts interpersonnels et les marchandises culturelles s'échangeaient massivement. Aussi les conférenciers s'aventurèrent de plus en plus nombreux à l'étranger et les bibliothèques françaises se multiplièrent à l'envi.

1. Les méthodes d'action

L'*Alliance* à Paris laissait aux Comités à l'étranger l'initiative de leurs moyens d'action. Ceux-ci étaient dans l'ensemble communs à la plupart des groupements. Le cas de

---

1. Voir la liste des institutions dans *B.A.F.*, n°52, oct.-déc. 1894.

l'*Alliance française* de Prague peut servir de point de départ afin d'évaluer rapidement une activité, avec ses contraintes et les choix qui en découlent[1]. La distribution des livres (150 ouvrages, surtout des *Petit Larousse*) aux meilleurs élèves de français dans les établissements scolaires tchèques absorbait le quart des dépenses ; le fonctionnement de la bibliothèque nécessitait le cinquième du budget (515 livres en 1891 et 2000 en 1907) ; l'organisation de manifestations culturelles dont le produit pouvait, au besoin, financer une bourse d'études (Benès en aurait bénéficié), représentait un tiers des dépenses. A partir de cette trame d'activités, des combinaisons multiples sont possibles, les unes plus ou moins riches, les autres plus ou moins limitées.

Les Ecoles et les cours du soir

En matière d'enseignement, deux grands types de situation se présentent. Les écoles de l'*Alliance* peuvent satisfaire les besoins de colonies françaises numériquement importantes - modèle espagnol — ou, plus communément, combler les attentes de populations étrangères – modèle levantin -. En 1894, les statistiques déclaraient 295 établissements scolaires aidés dont 113 dans le Levant et 17 pour l'Egypte.[2] En 1912, l'*Alliance* déclare un total de 196 institutions subventionnées[3]. Dans cette réduction de la surface des aides, on peut penser que la contrepartie positive fut de travailler davantage en profondeur, dans la mesure où les sommes distribuées tendent à augmenter.

---

1. Nous nous appuyons sur la thèse de Stéphane Reznikow, *Francophilie et identité tchèque (1848-1914)*, Thèse, E.H.E.S.S., 1999, sous la direction de K. Pomian, 648 p., pp.552-553.
2. *B.A.F.*, n°52, oct.-déc. 1894
3. *B.A.F.*, n°128, 15 avril 1912.

Tableau n° 4 :
écoles subventionnées et de leur répartition géographique en 1912

Afrique du Nord – Egypte	Amérique du Nord	Amérique Latine	Levant	Europe et Turquie d'Europe	Extrême Orient
29	6	18	45	66	32

Quoi qu'on ait pensé de la qualité profonde de cet enseignement, ici de sa valeur médiocre[1], là de son déclin inéluctable[2], il reste néanmoins peu soutenable de minorer l'effort scolaire poursuivi par l'*Alliance* des années de l'avant 1914, au nom d'une réussite, soit plus abstraite (en termes de relations publiques), soit plus circonstanciée (succès mondains)[3]. Au minimum, dans le cadre d'un apprentissage rudimentaire du français, l'école « française » peut inspirer un durable sentiment francophile, au mieux, dans le cadre de l'enseignement secondaire et supérieur, elle modèle culturellement, voire politiquement, comme dans le cas du Lycée de Galata-Saray fondé en 1868 par Victor Duruy, les élites locales.

En 1900, lors de l'Exposition Universelle, l'*Alliance* édifia un petit pavillon dans lequel deux salles furent organisées. L'une donnait à voir un petit musée scolaire (présentation de devoirs d'élèves, exhibition de multiples manuels). L'autre fut

1. Cf. Maurice Pernot, *Rapport sur un voyage d'étude à Constantinople, en Egypte et en Turquie d'Asie (janv.-août 1912)*, Paris, Firmin Didot, sans date, 338 p. Il dénonce, par exemple, l'insuffisance des maîtres d'école libanais (p.285) et préconise la création d'Ecoles normales en Orient sur le modèle de la Société russe de Palestine.
2. On songe à l'école d'Assiout (Haute Egypte) fondée par l'Alliance en 1887 et dont le Consul de France (Charles-Roux) au Caire signalait en 1909 l'échec et la nécessité de réorienter sa subvention sur d'autres établissements, voir Consul de France au Caire au Chargé d'Affaires de France, 10 mai 1909 , in *Le Caire Ambassade, carton 163*, A.M.A.E.N.
3. C'est là le jugement d'Albert Salon : « Jusqu'en 1914 l'essor de l'Alliance a été remarquable mais s'est manifesté bien davantage à l'étranger que dans les colonies et bien plus dans le domaine des relations publiques, voire mondaines, que dans celui de l'enseignement du français […] », in L'Action culturelle de la France dans le monde, *op. cit.*, p.119.

destinée à la démonstration de cours de français auprès de soldats coloniaux. Le tout fut récompensé par un « Grand Prix ». De manière générale, le soutien apporté aux établissements peut recouvrir plusieurs formes, des dons en argent, en livres de prix ou en médailles. Prenons deux exemples géographiques bien distincts afin d'aller plus avant dans la description des autres moyens mis en œuvre.

Les écoles françaises en Espagne furent, avant 1914, un des fleurons de l'association du Boulevard Raspail et, en Europe, les comités de Barcelone et Madrid se constituèrent les premiers. Dans un pays où se trouvait une des plus grosses colonies de Français à l'étranger, le leadership des consuls apparaît toutefois, bien souvent, capital. Les consuls, Pollio à Valence entre 1889-1892, Blanchard de Farges à Barcelone et San Sébastien, tissèrent et raccommodèrent avec abnégation la toile fragile des Comités de l'*Alliance*. De plus, le M.I.P. consentit à l'organisation du certificat d'études alors qu'il pouvait s'y refuser dans des régions lointaines comme la Perse[1]. En 1893, l'ambassade répondait à la demande de renseignements de Pierre Foncin en indiquant les établissements français jugés solides.

> « [...] trois établissements où des efforts sérieux soient tentés dans le but de répandre l'usage de la langue française sont : l'Ecole de la Société française de Bienfaisance et d'Enseignement de Madrid, l'Ecole des filles de St.- Louis des Français, l'école française de Port-Bou.[2] »

La dynamique avant 1914 jouait plutôt en faveur du français bien que la présence allemande se renforcât légèrement, à Madrid (1896) et Malaga (1898). Un nouveau Comité apparut

---

1. En 1902 le Comité de Téhéran, soutenu par la Légation, demanda l'autorisation de délivrer le « brevet simple » pour son école fondée en 1900 afin de créer un noyau de professeurs français locaux. Le M.I.P., dans deux lettres de 1904 et de 1905, s'y oppose au motif qu'il serait alors lié à une institution privée susceptible d'errements divers, et qu'il faudrait 4 membres de l'enseignement primaire dans le jury, in *Série C Administrative 1876-1907, Carton 139*, A.M.A.E.P.

2. Rapport de l'Ambassadeur au Ministre, 19 septembre 1893, *Série C Administrative 1876-1907, Carton 137*, A.M.A.E.P.

en 1909 à Santander grâce au consul local, Querry. Des cours du soir furent institués dans la ville elle-même et dans l'usine Solvay installée en banlieue ; 60 personnes s'y rendirent dès l'ouverture et les places furent réservées aux fonctionnaires municipaux, officiers et représentants de la Chambre de Commerce[1] ; en 1914, une centaine de personnes constituait le public.

Mais le dispositif scolaire le plus impressionnant, du moins quantitativement, se trouvait dans l'Empire ottoman. Deux Comités de l'*Alliance,* ceux de Constantinople et de Smyrne, jouèrent historiquement, à partir de 1888, un rôle privilégié. Un petit historique des premiers pas du Comité de Constantinople tracé par son président en 1897 offre l'avantage de nous renseigner assez concrètement sur les délicates passes traversées à certaines périodes[2]. En 1884 un premier Comité se crée, mais il échoue aussitôt en vertu d'un projet inadéquat : il était question de demander au siège central une grosse subvention qui finançât une Ecole normale locale et les salaires des futurs instituteurs... Il faut attendre 1888 pour qu'un nouveau Comité apparaisse et l'installation durable de Paul Cambon à Constantinople (1891-1898) lui apporte une aide aussi inespérée que décisive. Entre 1891 et 1897, l'*alliance* de Constantinople subventionne 26 écoles indigènes et fonde 13 écoles françaises. Elle dispose alors de 28 450 F. En 1898, le recensement annuel du Comité mentionne 25 écoles subventionnées à Constantinople (2 756 élèves) et 15 dans la province (1 748 élèves) ; les chiffres sont de 24 et 18 en 1911.[3]Le Comité compte 188 membres alors. Plus particulièrement, l'*Alliance* consentit d'importants efforts en faveur du lycée gréco-français de Constantinople, institution qu'elle avait contribué à créer et qui connut une grave crise en 1897.

1. Consul de France à L'Ambassadeur, 20 janvier 1909, *ibid.*

2 .Voir *B.A.F.*, n°66, septembre-novembre 1897.

3. Documents contenus in *Constantinople Ambassade, Carton 701*, A.M.A.E.N.

Le Comité de Smyrne fondé en 1888 par le consul Rougon demeure un des plus actifs dans la période avant 1914. Dès 1891, il subventionne une des écoles de la ville ainsi qu'un établissement à Rhodes ; en 1898, les écoles subventionnées sont au nombre de quatre, avec 180 élèves ; sans compter les cours du soir où se pressent 85 élèves[1]. En 1902, les subventions se multiplient [2]:

Tableau n° 6 :
établissements subventionnés en 1902 par le Comité de Smyrne

Ecole de Bournabat [G] : 80 élèves	Frères des écoles chrétiennes
Ecole de Bournebat [F]	Filles de la Charité
Ecole de Cordelio [F]	Ecole laïque
Ecole à Smyrne [F]	Ecole laïque
Ecole de Guez-Tépé [Fet G] : 130 élèves	Sœurs de la Charité
Ecole de Guez-Tépé	Frères
Ecole de Cordelio : 80 élèves	Frères
Lycée pratique	Ecole laïque
2 Ecoles de Koniah [F et G] : 250 élèves	Pères de l'Assomption et Oblates de Marie
Cours du Soir de Mételin :	Frères Maristes
Gymnase d'Aïvali	Ecole laïque
1 Cours de français à Aïdin	Ecole laïque

Une autre forme particulière d'investissement scolaire, plus récente, est représentée par les cours du soir. L'*Alliance* à Barcelone aurait 600 personnes en 1911, 60 personnes à Athènes, 185 à Rio en 1913, 400 à Budapest en 1908[3].

1. *B.A.F.*, n°70, 15 juillet 1898.
2. *B.A.F.*, n° 100, 15 avril 1905
3. Voir Auguste Bréal, « Les écoles françaises en Espagne », *art.cit.* ; *Athènes Ambassade, Série A, Carton 191*, A.M.A.E.N. ; pour Rio, voir Service des Œuvres françaises à l'étranger [SOFE désormais], *Carton 132*, A.M.A.E.N., pour Budapest, voir G. Huszar, « La langue et la culture française en Hongrie », in Congrès international pour l'extension de la culture et de la langue française. Arlon-Luxembourg-Trèves, *op. cit* , pp. 47-58.

Livres et bibliothèques

L'importance d'une bibliothèque pour la bonne vie d'un Comité peut être appréciée à l'aune de ce propos tenu par le consul de France à Newcastle (Australie) en 1909 :

> « [...] notre expérience de Sidney nous a appris que les Soirées, Lectures etc. que l'Alliance peut offrir à ses abonnés, ne sont pas une attraction suffisante, et qu'il est nécessaire de fonder une bibliothèque, et que nous avons promis l'envoi de quelques livres comme fonds d'installation [...] la bibliothèque publique de Newcastle comprend 18 000 volumes, mais pas un seul livre en français [...] [1]».

A la veille de la guerre, le professeur Salmon, cheville ouvrière de la *Fédération de l'Alliance française au Royaume Uni*, avait conçu à Londres la création d'une maison de l'*Alliance* où aurait fonctionné une grande bibliothèque de prêt et de références de choix. Cependant, que de Comités dépourvus le plus souvent de livres français ! Rien à Athènes en 1904 alors que le Comité compte 110 sociétaires et existe depuis 1899[2], rien au Comité de Rio en 1910. Dans le Levant à l'automne 1900, un conférencier itinérant confessait la pauvreté locale en la matière. Hormis le riche Comité de Constantinople qui disposait déjà de 4000 volumes en 1891 et celui de Smyrne qui ouvre un cabinet de lecture la même année, le seul exemple cité est celui de Syra et de sa bibliothèque circulante déjà ancienne[3]. Signe aussi et peut-être du niveau de fortune élevé des membres de l'*Alliance* dans ces régions qui permet d'avoir, chez soi, une bibliothèque française propre ? Quoi qu'il en soit, l'opposition de cas est flagrante avec les Etats-Unis. En 1905,

---

1. Le Gérant du Consulat de France, 9 mars 1909, *Série C Administrative 1908-1940, Carton 466*, A.M.A.E .P.
2. Brochure Alliance française du Comité d'Athènes-Pirée années 1902-1904, 38 p., in *Athènes Ambassade, Série A, Carton 191*, A.M.A.E.N.
3. *B.A.F.*, n°84, 15 avril 1909. « [...] la difficulté de trouver un local ne doit pas être insurmontable. Dans les villes où fonctionne un cercle français comme au Caire, on pourrait sans doute s'entendre avec les administrateurs, et dans les autres stations du Levant comme Smyrne, Beyrouth, Port-Saïd et Alexandrie, dût-on s'adresser à des hôteliers, les avantages seraient considérables [...] » (p.94)

les Comités américains disposent de 50 000 livres dont 26 000 pour le seul San Francisco et 6 000 pour Chicago[1]. En 1908, le Comité de NewYork lance un programme de bibliothèque circulante après avoir reçu une importante aide financière du mécène Robert Lebaudy (2 000 dollars). En 1914, le Comité de Chicago détient désormais 9 000 volumes. L'exemple de la Bohême et Moravie offre une situation intermédiaire. Une enquête consulaire en 1914 sur les *Alliances* de cette région nous donne des chiffres modestes : 75 volumes à Ceske Rudejovice, 180 à Brünn, 351 à Jicin.[2] 5 caisses de livres leur sont envoyées cette année par le biais du M.I.P. Ce dernier avait d'ailleurs accepté d'aider la jeune bibliothèque de l'*alliance* de Saint-Pétersbourg en 1908, tout comme il avait collaboré à la dotation de « la bibliothèque française d'Upsal », créée par l'*Alliance* en 1902, et qui comptait déjà 2 000 volumes en 1903[3]. Le siège parisien, ne serait-ce que pour les livres de distribution scolaire, resta donc attentif à la propagation du livre français et sa préoccupation rencontrait bien évidemment celle des éditeurs. Gauthier Villard, le président du Cercle de la Librairie, faisait part de l'étroite collaboration nouée avec l'*Alliance* afin d'inciter le M.A.E. à les seconder davantage :

« [...] si nos principales maisons d'édition sentent aujourd'hui plus que jamais la nécessité de redoubler d'efforts, nous estimons qu'il y a place également pour une action collective de tous les éditeurs et de périodiques. Or nous possédons déjà un excellent organe de propagande, la « Bibliographie de la France ». Elle paraît depuis 98 ans [...] elle a 3 000 abonnés [...] elle fournit chaque année deux tables, l'une alphabétique, l'autre analytique, des ouvrages de l'année, et deux suppléments : l'un est le catalogue général des livres classiques [...] l'autre est le catalogue des livres d'étrennes [...] l'*Alliance française* dont vous appréciez l'esprit vaillant et les services, l'a parfaitement compris [l'intérêt de ces deux suppléments] en acceptant cette année le don que nous allons lui faire d'une

1. *B.A.F.*, n°101, 15 juillet 1905.

2. Courriers d'avril et mai 1914 adressés par les Alliances françaises locales au Consul, *Consulat de Prague, Série A, Carton 9*, A.M.A.E.N.

3. *B.A.F.*, n° 93, 15 juillet 1903. Les volumes étaient prêtés aux étudiants mais aussi au grand public.

centaine d'exemplaires de notre catalogue d'étrennes qu'elle fera parvenir à ses frais à ses principaux chefs de Comités hors de France [...] [1]».

Et si une esquisse de politique du livre se dessinait dans ces années-là au *Quai d'Orsay,* qui permit de dégager quelques crédits à partir de 1910, ou de lui faire accepter, en 1912, la prise en charge des frais de chemin de fer pour 36 caisses de livres à destination du Comité de Constantinople, le transport maritime privé — *la Compagnie des Messageries Maritimes* — n'était pas en reste qui s'associa, gratuitement, à ce fret exceptionnel[2]. Sans doute ces caisses contenaient-elles des livres et fournitures scolaires. Maurice Pernot dans sa description du Levant ne s'était pas fait faute de signaler l'indigence de certains établissements dans ce domaine, des cartes de géographie d'origine italienne à la lecture d'un livre français par 5\6 enfants ; et il félicitait les Comités locaux de l'*Alliance* de veiller à alimenter leurs écoles en matériel[3]. Dans un contexte de renouveau des exportations de livres après 1905, mais aussi de difficultés persistantes à conserver les anciens points forts (Russie, Amérique Latine)[4], on comprend que les éditeurs, de concert avec l'*Alliance*, aient tenté d'intéresser l'Administration à la question du livre exporté.

Conférences et activités artistiques

La conférence établit un moyen de propagande mondain, prestigieux certes, mais également ponctuel, et donc susceptible de prêter parfois à illusion sur la portée réelle de la francophonie. Il n'est guère surprenant que la riche (10 dollars

---

1. Lettre du Président du Cercle de la Librairie, 23 octobre 1908, *Série C Administrative 1908-1940, Carton 540*, A.M.A.E.P.
2. M.A. E. à Ambassadeur à Constantinople, 27 juin 1912, *Constantinople Ambassade, Carton 701*, A.M.A.E.N. A l'avenir l'Alliance disposerait d'une franchise de fret de 500F.
3. Maurice Pernot, Rapport sur un voyage d'étude à Constantinople ..., *op. cit.*, pp.292-294.
4. Voir Frédéric Barbier, « Le Commerce international de la librairie française au XIXe siècle (1815-1913) », *Revue d'Histoire moderne et contemporaine*, janvier-mars 1981, pp. 94-117.

de cotisation à Chicago en 1919) *Fédération des Alliances françaises aux Etats-Unis* (1902) ait été la première à systématiser, à une grande échelle (60 à 75 interventions pour la « grande conférence »), cette ressource ; la fortune du créateur de la Fédération, J. H. Hyde, à la tête de la troisième Compagnie d'Assurances du pays et au salaire de 100 000 dollars mensuels[1], autorise bien des prodigalités durant les années de sa flamboyante présidence honoraire (1902-1906). En revanche, la très ancienne *Alliance* de Prague (1886), avec un budget entre 1000 et 2000 F. par an, ne pouvait, sauf aide, faire venir des conférenciers français[2]. Avant que l'après-guerre ne se prête beaucoup plus systématiquement à ce genre d'entreprise, la tournée de conférenciers fut donc inaugurée en Amérique du Nord. La liste de ces conférenciers américains est la suivante :

1. Alain Dubosclard, *Histoire de la Fédération des Alliances françaises aux Etats-Unis*, *op. cit.*, p.36. Le fait que Hyde supervisât lui-même l'engagement des conférenciers, posa problème en 1905\6 quand il dut s'écarter de la Fédération pour des raisons d'ennuis financiers personnels. Le conférencier et musicologue, Julien Tiersot, se plaignit à l'ambassadeur Jusserand de la mauvaise fortune de beaucoup de ses interventions, voir la correspondance entre le musicologue et l'ambassadeur in *Papiers Jusserand, PA- AP 93, vol.61*, A.M.A.E.P.

2. Cf. Stéphane Reznikow, *Francophilie et identité tchèque (1848-1914)*, *op.cit.*, p.553. En 1914 la conférence de Lacour-Gayet est en partie financée par la Mairie de Prague.

Tableau n° 7
Conférenciers de la Fédération de l'Alliance française aux Etats-Unis (1902-1919) [1]

1902-3 : Germain Martin ; Léopold Mabilleau	1911-12 : Charles Dielh ; G. Lanson ; A. le Braz
1903-4 : André Michel ; A. Leroy-Beaulieu	1912-13 : Louis Hourticq ; Firmin Roz
1904-5 : F. Funck-Brentano ; René Millet	1913-14 : Paul Vitry ; André Bellessort
1905-6 : Julien Tiersot ; Anatole le Braz	1914-15 : André le Breton ; André Lichtenberger
1906-7 : Louis Madelin	1915-16 : Henry Coville ; Joachim Merlant
1907-8 : Marcel Poète	1916-17 : A. de Lapradelle et F. Buisson
1908-9 : Joseph Bedier ; C. Enlart ; C. le Verrier	1917-18 : Lt. Maurice Boucher ; Grl. Boucher ; C. Cestre
1909-10 : Gustave Fougères ; Gustave Michaut	1918-19 : Albert Klein ; André Fribourg

Mais, avant cette professionnalisation, la liste de Consuls, voire de Ministres de France métamorphosés *in petto* conférenciers, est bien fournie ! Le consul de France à Florence en 1907, Gaston Lemay, évoque Victor Hugo ; René Millet à Stockholm au début des années 1890 ou Horrric de Beaucaire, le ministre de France à Copenhague dans les années de l'avant 1914, sont coutumiers de l'exercice ; le second intervient en 1909 en province, puis en 1911 à Copenhague, et ce, en présence du roi, qui se déplaça alors pour la première fois dans une réunion de l'*Alliance*.[2] Autant que faire se peut, à la veille de la guerre, le siège parisien a recours de manière croissante à des littérateurs prestigieux qui s'en vont porter la bonne parole. René Bazin est invité en 1908 par la *Fédération de l'Alliance française au Royaume Uni* pour inaugurer, sur le modèle

1. Renseignements contenus dans la brochure de *L'Alliance française de Chicago 1919-1920*, 24 pages, in *Fonds Hautecoeur, Carton 6879*, Institut de France.
2. Divers courriers du Ministre de France au M.A.E., *Série C Administrative 1908-1940, Carton 466*, A.M.A.E.P.

américain, la première tournée de conférences de la *Fédération*. Dans son sillage, celle-ci recueille les nouvelles adhésions : 50 personnes adhèrent à Dublin après sa conférence prononcée devant 700 personnes[1]. Hugues le Roux, la même année, se retrouve à Copenhague et a droit à la venue de la princesse Marie. En 1912, un membre de L'Institut, Lacour-Gayet, est délégué par Paris pour une série de conférences en Europe Centrale. De Varsovie, de Lodz, de Vienne, lui sont adressées les demandes de conférenciers parisiens[2]. Les prestations de ceux-ci se révèlent ainsi le moyen le plus commode pour susciter un nouveau courant de sympathie francophile. Pratiquement toutes les *Alliances françaises* en Europe organisent des cycles de conférences, une dizaine dans de grandes ville telles que Varsovie ou Prague, quatre à cinq dans une petite ville de Bohême. Si l'on prend un exemple de *Comité* dynamique, celui de Bologne présente dans les années autour de 1910 un intéressant programme. Son président est un universitaire italien, Francesco Pullé, qui organise en 1911 un cycle de huit conférences littéraires et artistiques sur le romantisme et le réalisme français au XIXe avec le concours d'universitaires français dont le lyonnais Gustave Soulier et Julien Luchaire[3]. Le plus souvent, comme à l'*Alliance française de Prague*, la conférence, ou causerie, est close par un divertissement musical ou théâtral interprété par les membres (surtout féminins) eux-mêmes de l'association.

Les Cours de Vacances de Paris

Si la conférence appartient au registre mondain des activités des diverses *alliances*, les Cours de vacances parisiens fondés en 1894, et dont le Comité de patronage intégrait des académiciens (Lavisse, Gréard, Claretie) et des membres de l'Institut (Bréal, Gaston Paris), furent destinés au public des futurs instituteurs ou professeurs de français. Ils devaient

1. Consul de France à Liverpool au M.A.E., 16 décembre 1908, *Ibid.*
2. *B.A.F.*, n°129, 15 juillet 1912.
3 . Rome Quirinal, Série A, Carton 356, A.M.A.E.N.

délivrer des diplômes qui garantiraient leurs capacités d'enseigner le français. La réussite remarquable des Cours, notamment financière, car le siège parisien leur doit 1/3 de ses ressources à la veille de 1914, appelle une attention particulière.

Avant tout, il s'agit de remettre un homme, point trop oublié dans les histoires de la littérature et de la langue françaises, Ferdinand Brunot (1860-1937), derrière une institution, elle, complètement inconnue aux profanes ; pratique cependant plus aisée dans ce cas que dans celui des innombrables directeurs d'écoles ou de présidents de Comités à l'étranger dont l'identité reste floue. A l'image sans doute d'un Foncin,

> « Ferdinand Brunot avait du génie, le génie de l'inventeur, du constructeur, de l'organisateur[1] »

Ce Lorrain de Saint-Dié intensément patriote, au tempérament batailleur et autoritaire, normalien (1879) et agrégé de grammaire (1882), nommé maître de conférences en 1891 à la Sorbonne, puis professeur en 1900, fut au cœur des grands travaux scientifiques et des polémiques politico-linguistiques sur la langue française en France au début du siècle. D'une certaine façon, avec les *Cours de vacances de l'Alliance française,* il inventa le schéma d'une politique universitaire française internationale dont l'Etat s'inspirera largement après 1918 quand il fut décidé d'innover plus résolument afin d'attirer les étudiants étrangers (surtout américains en fait) en leur proposant des cursus synthétiques et mieux adaptés à leur niveau linguistique. Furent alors créés, en rafale, les cours de civilisation française en novembre 1919 et l'école de professeurs de français à l'étranger en novembre 1920 à l'Université de Paris, mais aussi le certificat d'études supérieures ou les cours de rattrapage pour jeunes étudiants américains en 1923[2].

---

1. Gustave Cohen, *Ceux que j'ai connus*, L'Arbre, 1946, 209 p., pp.124-137. Sur Brunot, on pourra aussi consulter le travail, très factuel, de Claude Choley, *Ferdinand Brunot, professeur, militant, maître à penser : un 'mandarin' sous la IIIè République*, Tours, 1995, 4 vol., sous la direction de Maurice Penaud, 1038 p.
2. Cette politique à l'égard des étudiants américans a été décrite par Martha Hanna, « French women and american men : 'foreign'students at the

Aujourd'hui, Brunot demeure davantage l'homme d'un livre unique, la monumentale *Histoire de la langue française,* dont il magnifia le destin tout au long des vingt fascicules de dix mille pages qu'il rédigea à partir de 1905. Là, il chercha à concilier langue, culture et nation. Entreprise solitaire (comme souvent en France), à l'allure d'épopée téléologique (la langue française s'épanouit dans le monde moderne européen de l'avant et après Révolution), cette histoire sociale de la langue révélait les immenses qualités d'un chercheur, les convictions d'un militant républicain et la passion messianique d'un Français pour son pays. On comprend qu'il ait piloté les dix premières années des *Cours de vacances* (1894-1905) et qu'il leur ait assuré un succès continu dans la ferme combinaison de cours de langue et de civilisation. Il s'agissait aussi, en effet, de respirer l'air de Paris (places gratuites au théâtre), d'apprécier l'urbanité parisienne (réceptions chez les épouses de certains membres de l'*Alliance*) et de connaître une partie de la vie sociale française. Lors de la séance d'ouverture, au côté de Gaston Paris, Brunot accueillait les auditeurs avec toute la chaleur voulue, à la fois dénégation de tout chauvinisme linguistique, contrebalancée par l'affirmation de la grandeur française :

> « [...] les langues n'ont pas de commune mesure, chacune d'elle est la meilleure pour le peuple qui la parle [...] en revanche nous vous offrons franchement à votre admiration l'histoire du rôle que notre langue française a joué dans le monde [...] nul ne saurait contester que certaines œuvres ont porté dans le monde une foule d'idées généreuses et larges, qu'elles ont répandu la notion d'un goût très pur et d'un amour supérieur de la beauté. Nulle part peut-être, on n'a dit avec le plus d'art, nulle part, non plus, j'ose le dire, on n'a pensé d'une manière plus humaine [...] .»[1]

Organisés en deux sessions de juillet et d'août, avec deux niveaux de diplômes, les cours comportent des exercices de langue écrite (rédaction, dissertation) et parlée (phonétique), des cours de grammaire (Brunot s'occupe du cours supérieur),

---

University of Paris, 1915-1925 », *French Historical studies*, Vol.22, Hiver 1999, pp. 87-112.

1. *B.A.F.*, n° 61, août -septembre 1896.

d'histoire et vie contemporaine (Chailley-Bert, le beau-fils de Paul Bert) et d'enseignement de la littérature française assuré par René Doumic. Rapides sont les succès, et prompte la réaction de certains gouvernements étrangers, au point d'envoyer des professeurs boursiers dès 1896 (Russie, Bulgarie) ; de telle sorte qu'il fut suggéré la création de Cours permanents dotés de locaux plus spacieux. Brunot, à partir de 1904, porte ce projet qui inspire, en 1912, la création d'une *Société civile des Amis de l'Alliance française* susceptible de regrouper un fort capital nécessaire à l'acquisition d'un terrain, Boulevard Raspail, et l'édification d'un immeuble moderne doté d'un grand amphithéâtre. L'affaire n'était pas mince à penser et à exécuter. Un groupe d'opposants, dans lequel se trouvait Herbette, se déclara ; effrayés par la dépense (l'achat du terrain auprès de l'Académie de Paris se montait déjà à 300 000 F) et la crainte d'un projet dangereusement pharaonique, ces personnes se montraient peu disposés à suivre l'analyse de Brunot : à se yeux, les Cours Permanents se justifiaiant d'autant plus que les étudiants étrangers se pressaient de plus en plus à Paris et qu'il leur fallait bien souvent, au départ, une mise à niveau linguistique. Dans ce schéma, la future école parisienne de l'*Alliance* acquérait une dimension quasi officielle. Les effectifs avaient augmenté régulièrement ainsi que le montre ce graphique :

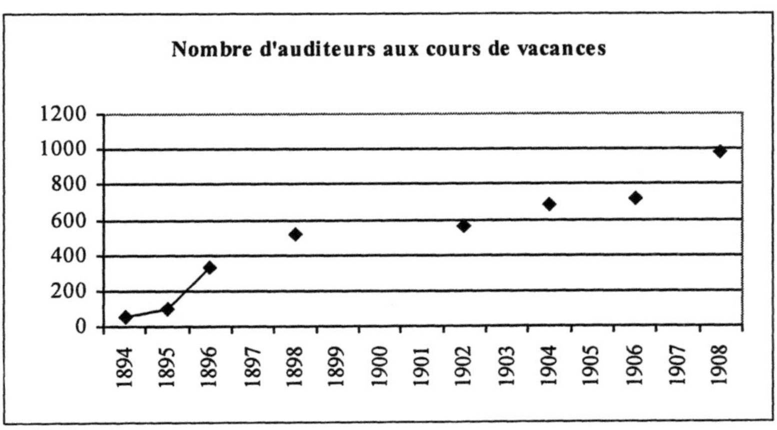

2.Géographie de l'Alliance

Des anciens bastions de l'est (Levant) aux nouvelles terres de mission de l'Ouest (Amérique) mais aussi du Nord (Scandinavie, voire Russie), la géographie des zones francophones tend à s'élargir à la veille de 1914, à la mesure aussi du regain d'énergie engrangé par l'association dans les dernières années à la veille de 1914. Sans prétendre à un tableau exhaustif des positions occupées, en partie dressé par Maurice Bruézière, la cartographie générale offre un coloris de plus en plus dense et dont témoignent quelques exemples géographiques : la *Fédération britannique* qui comptait 3 Comités en 1904, en avait 26 en 1913 ; la Hollande disposait d'un Comité à La Haye en 1890, de 3 Comités en 1894 et de 16 Comités en 1913 ; la Pologne avait créé deux Comités en 1910-1911 à Varsovie et Lodz. La Russie présentait quant à elle 20 groupements en 1910.

Un tableau des dépenses en francs (dons de livres non compris) consenties par l'*Alliance* entre 1883 et 1918, en donne un bon aperçu chiffré[1] :

1. S.O.F.E, Carton 54, A.M.A.E.N.

Tableau n° 8 :
Dépenses en francs courants réalisées par l'Alliance française entre 1883 et 1918

	1883-1918 - sommes envoyées de France en francs	1894-1917- sommes dépensées sur place par les Comités à l'étranger	TOTAUX
Europe -Turquie d'Europe -Russie d'Europe -Espagne	651 550 -138 795 - 3 421 - 289 908	1 891 550 -271 026 -145 793 -480 904	2 543 100 -409 821 -149 214 -776 812
Levant -Anatolie -Syrie	363 769 -81 363 -152 024	154 426 -139 150 - 9 129	518 195 -220 413 -160 153
Asie et Extrême - Orient-	455 749 -369 753	347 710 -80 947	803 459 -450 700
Afrique	496 929	420 664	917 590
Amérique du Nord	114 164	1 936 891	2 048 055
Amérique Latine	79 244	5 236 050	5 315 294
Totaux	2 158 402	5 236 050	7 394 708

Empire turc, Levant et Egypte : position maintenue

« France du Levant », aux environs de 1900, l'expression employée par Etienne Lamy fit florès. Fruit de la sédimentation de discours anciens (de Guizot et Prévost-Paradol à Anatole Leroy-Beaulieu) au service de préoccupations diverses (politique chrétienne de la France en Orient, soutien à la francophonie orientale), elle exprimait l'aspiration unanime de certaines élites, surtout catholiques cependant, à conforter le statut de grande puissance internationale du pays dans un contexte de concurrence internationale croissante.[1] L'*Alliance*

1. Nous suivons Vincent Cloarec, « La France du Levant », *art. cit.* La généalogie de ce discours remonte à Guizot. Et il montre que la rhétorique de la « mission catholique française » au Levant a précédé la réalité : ce n'est qu'après 1880, et surtout dans la décennie 1890 pour l'Anatolie, que les Congrégations sont massivement intervenues. Cette façon, vers 1900,

n'était qu'un des éléments de ce vaste dispositif culturel (nombre de journaux étaient rédigés en français) et scolaire francophone ; avec ses 12 Comités dans l'Empire ottoman[1] et sa quarantaine d'écoles subventionnées dans le Levant (non compris la partie européenne de l'Empire) en 1914, elle pouvait toutefois difficilement rivaliser avec les 5 000 établissements aidés par la *Société des missions étrangères de Paris*...

Quant à cette politique scolaire orientale, l'absence de comptes rendus détaillés des C.A. nous prive, peut-être, de certains débats polémiques : entre un Victor Bérard apôtre des droits des minorités non musulmanes, ou un Anatole Leroy-Beaulieu défenseur de la « France au Levant »[2], et les anciens diplomates, plutôt enclins à défendre la thèse classique du *Quai* (non-démantèlement de l'Empire), les options pouvaient déterminer des choix en faveur des seules populations chrétiennes ou, au contraire, d'une ouverture vers les Musulmans.

L'Amérique : une progression constante au début du siècle

Les chiffres des dépenses l'attestent éloquemment : les grosses dépenses furent réalisées en Amérique grâce à des Comités locaux souvent constitués de Français expatriés. Mais cette activité fut relativement tardive. Autour de 1900, si le M.A.E. ne prêtait guère d'attention à l'Amérique Latine, l'action de l'*Alliance* dans cette région semblait elle aussi chaotique, ou à tout le moins entravée par son éloignement

---

d'antidater le phénomène, a une justification interne (se défendre contre les Anticléricaux) et externe (se défendre contre les Allemands et Italiens).

1. Maurice Bruézière donne la liste suivante dans son ouvrage, *L'Alliance française*, *op.cit.*, p.73 : Constantinople, les Dardanelles, Salonique, Sansoun, Uskund, Andrinople (Turquie d'Europe) ; Smyrne, Aïdin, Aïvaly, Ada-Bazar, Brousse, Beyrouth (Turquie d'Asie). Le Comité d'Ada Bazar est créé en 1913 et abrite 200 personnes en août 1913.

2. On peut lire son article de défense des Congrégations catholiques enseignantes (10 000 écoles dans le seul Empire Ottoman), « Les Congrégations religieuses, le Protectorat catholique et l'influence française au dehors », in *Revue des Deux Mondes*, t. 14, mars 1903, pp. 70-113.

physique. Ainsi, le Collège français de Santiago créé en 1890, succombe faute de secours en 1899.[1]

En 1900, l'Amérique Latine était loin de présenter le bilan flatteur qui sera le sien dans l'entre-deux-guerres. Les publicistes le rappelleront de manière mordante quelques années plus tard : les pouvoirs publics (M.I.P. et M.A.E) avaient ignoré le sous-continent[2]. En 1900, le Brésil et l'Argentine ne disposaient que de deux Comités chacune : Rio et Sao Paulo, Tucuman et Buenos Aires. Le Chili offrait depuis le début des années 1890 un meilleur panorama avec 9 Comités[3], puis 7 en 1900. Cependant, la situation s'améliore à la veille de 1914. Le Chili abrite 11 Comités grâce à la grande activité déployée par le ministre Desprez qui, entre 1909 et 1910, provoque la formation de 5 Comités[4]. Mexico crée le sien en 1910. Celui de Buenos-Ayres connaît un vigoureux essor noté par le délégué extraordinaire de l'*Alliance*, L.Albertini ; l'abondance des cours du soir (11), et la réputation de ses diplômes, dont la délivrance est assumée par des examinateurs choisis, pour certains d'entre eux, parmi le personnel du corps diplomatique français, témoignent du renouveau de ce Comité depuis 1905.[5] Il publie, en effet, un *Bulletin* trimestriel depuis cette date et organise l'année suivante le diplôme supérieur de l'*Alliance*. En 1909 le ministre de France rend compte du grand succès public et mondain (la première lauréate est fille du Chef d'Etat-Major) rencontré par la cérémonie de remise des diplômes.

---

1. Santiago Ambassade, Carton 82, A.M.A.E.N.
2. Par exemple, Georges Lafond, *L'effort français en Amérique Latine*, Paris, Payot, 1917, 308 p., « les écoles françaises sont ignorées du M.I.P. et du M.A.E. » (p.124). Le livre est également sévère pour l'effort industriel et commercial mené par les Français. Ce que nuance l'ouvrage de Denis Rolland, même s'il confirme bien le déclin commercial et la fragilité financière, in *La Crise du modèle français*, *op. cit.*, pp. 62-75.
3. Voir *B.A.F.*, n°41, juillet-septembre 1892 : Comités de Santiago, Valparaiso, Ercilla, Victoria, Traiguen, Lautaro, Punta-Arenas, Concepcion, Iquique.
4. Voir plusieurs notes de Desprez contenues dans la *Série Amérique 1897-1918, dossiers généraux, Carton 48*, A.M.A.E.P. Les créations sont celles de Concepcion, Valparaiso, Chillan, Valdivia et Cauquenes.
5. *B.A.F.*, n°128, 15 avril 1912.

« [...] jamais les candidats n'avaient été aussi nombreux ; jamais le niveau d'études n'avait été aussi satisfaisant [...] [1]»

Le Comité obtient d'ailleurs, pour la première fois, 2 000 F du M.A.E. en 1911. Désormais, quel est le groupement qui n'organisera pas ses cours (quasiment gratuits) du soir ? Concepcion (Chili) a les siens avec plus de 200 personnes inscrites à 4 cours en 1911 ; Santiago, la capitale, accueille, en 1914, 350 élèves dans 3 sections différentes dont l'horaire hebdomadaire est de 3 heures[2]. Buenos-Aires enfin dispose en 1916 de 27 cours du soir, éparpillés dans différents quartiers et suivis par 1 500 élèves. Et le ministre de France qui évoque ce succès populaire, note également l'attitude des « hautes classes de la société » qui cherchent à acquérir le « diplôme supérieur » de l'*Alliance*[3].

En Amérique du Nord, le processus est assez similaire, la France et les Etats-Unis se découvrirent peu à peu à la fin du siècle et leurs contacts mutuels gagnèrent en profondeur. De Paul Bourget et son roman *Outre-Mer* (1895), apologie de la manière américaine de concilier progrès technique et christianisme, à J.J. Jusserand, l'ambassadeur à Washington (1902-1920) angliciste impeccable ou Henri Hauser auteur d'un cours sur les Etats-Unis contemporains à l'Université de Dijon en 1902[4], les Français devinrent moins superficiels dans leurs jugements sur les Américains. La présence française aux Etats-Unis s'étoffe d'ailleurs considérablement au début du siècle, de la première Chambre de commerce franco-américaine (1896) à

1. Note du Ministre de France au M.A.E., 12 janvier 1909, *Série Amérique 1897-1918, Carton 48*, A.M.A.E.P.
2. Santiago Ambassade, Carton 82 et 83, A.M.A.E.N.
3. Note du Ministre de France en Argentine au M.A.E., 24 décembre 1916, *S.O.F.E., Carton 132*, A.M.A.E.N. Une autre note du Ministre de France, Henry Jullemier (futur membre du CA), en décembre 1913, mentionne 14 cours du soir et 592 élèves, *Ibid.*
4. Voir Théodore Zeldin, *Histoire des passions françaises 1878-1945*, t.2, Paris, Editions Encres, 1978, 390 p., pp.150 et sq. La notation sur Hauser vient de Claude Folhen et de son intervention sur « Henri Hauser et les Etats-Unis » au colloque Henri Hauser tenu à l' Ecole normale supérieure de Paris , janvier 2003.

la Société des professeurs de français (1902) ou à la Maison française à Columbia (1910).

Et à Paris, l'*Alliance* regardait d'un œil admiratif les progrès de la *Fédération* américaine.

Après la crise vécue par celle-ci en 1905-1906, la progression reprit assez régulièrement jusqu'à la guerre. A partir de 1911, vingt nouveaux groupements se formaient chaque année et les Comités passèrent de 66 (1910) à 104 (1913). En 1913 la *Fédération* patronna le premier Congrès des professeurs de français aux Etats-Unis. 125 Collèges et Universités étaient représentés[1], 300 au Congrès de 1915 et 500 à celui de 1917 à Chicago[2]. Joseph Bédier en 1913, Ferdinand Buisson en 1915 et 1917 se déplacèrent pour saluer le Congrès et témoigner ainsi de la sollicitude de l'Université française et des pouvoirs publics.

Si ceux préposés à l'enseignement du français tendaient à mieux rassembler leurs forces, ils se devaient d'autant plus d'agir de la sorte que l'allemand, sauf sur la côte est, devançait le français dans les établissements de type High Schools en 1910 : 12 % des élèves apprenaient le français contre 24 % l'allemand[3].

Mais, outre les conférences et les cours gratuits de français offerts par certaines *Alliances*, des sections fonctionnaient comme de quasi-bureaux de renseignements, tel celui de New York ouvert en 1909 afin de recevoir et guider de jeunes Français, puis celui de Seattle fondé par Auzias de Turenne. Et en 1910, la *Fédération* met en place un bureau à Paris (6 ans avant la même décision prise de l'O.N.U.E.F !) pour aider les étudiants américains dont Mario Roques fut le responsable ;

1. *B.A.F.*, n°133, juillet 1913.

2. Renseignements tirés dans la brochure de la Fédération Alliance française des Etats-Unis et du Canada, Congrès de 1917.

3. Renseignements tirés de Kennet Mac-Kenzie, « the study of french in the Middle West », in Fédération de l'Alliance française aux Etats-Unis et au Canada. Compte Rendu du Congrès de langue et littérature françaises tenu au Collège de la ville de New York, 27-28 mars 1913, Secrétariat de l'A.F., 104 p., pp. 23-27 Il signale qu'en 1904, aucune High School du Wisconsin ne proposait le français.

L'Université de Columbia (NY) se retrouve au cœur des initiatives multiples prises par le puissant Comité local ; des cours gratuits y sont donnés par la Fédération, des grands débats littéraires et historiques (« La Révolution française a t-elle échoué » ?) s'y déroulent dans le cadre (théâtralisé) d'un procès accusatoire... [1]

L'alliance de New York reste la plus puissante en termes d'effectifs (852 personnes) avec celle de Montréal et ses 400 familles ; suivent San Francisco (590), Philadelphie (340), Boston (303), Cincinnati (271).

La *Fédération* américaine, toute imprégnée de ce pragmatisme dont on crédite les mœurs anglo-saxonnes, ne cessa ainsi d'innover dans ses méthodes d'action, de l'invention des tournées de conférences à la réunion du premier Congrès de professeurs de français, de la mise en place de bureaux de renseignements aux grandes conférences-spectacles.

Un pôle émergent : celui des pays de langue française

En septembre 1905, devant près de 500 personnes, un *Congrès international pour l'extension et la culture de la langue française* se tint à Liège (où se dressait l'Exposition Universelle) à l'initiative de Maurice Wilmotte[2], grand romaniste belge, ancien élève de Gaston Paris et professeur à l'Université de Liège. Le lieu de convocation choisi le faisait bien entendre : il s'agissait avant tout d'encourager la résistance du français en Belgique devant les progrès constants du flamand[3], mais aussi d'organiser de manière plus résolue un

---

1. Renseignements tirés du texte de Gilbert Chinard , «Le premier demi-siècle de la Fédération de l'Alliance française », in *Le Cinquantenaire de la Fédération de l'Alliance française aux Etats-Unis et au Canada 1902-1952*, Alliance Française, 1952, 84 p., pp.28-76.

2. Voir son portrait dans Gustave Cohen, Ceux que j'ai connus, *op. cit.*, pp. 119-124.

3. Voir le rapport manuscrit anonyme et sans date (vers 1900) sur le mouvement flamingant in *Anvers Consulat, Carton 39*, A.M.A.E.N. Ce mouvement progresse depuis 1870 ; porté concurremment par le parti catholique et le parti libéral, il obtient peu à peu des mesures d'égalité linguistique (depuis 1895, les actes officiels sont bilingues). Il est devenu

front de résistance francophone partout dans le monde, et notamment au sein des institutions scientifiques internationales (congrès internationaux)[1]. Ce pôle franco-belge dont Wilmotte fut l'infatigable animateur[2], ne s'en tint pas là car il poursuivit la démarche à Arlon en 1908, à Gand en 1913. Par ailleurs, il présidait la *Ligue nationale pour la défense de la langue française* fondée en 1911 et dont le combat le plus pressant, à la veille de la guerre, portait sur le refus de la flamandisation de l'Université de Gand.

A Liège, la cause fut-elle perçue comme trop étroitement liée au problème linguistique belge ? Les grandes personnalités attendues (Anatole France, Anna de Noailles, Hanotaux, Jules Claretie) ne se déplacèrent pas. En revanche, Paul Meyer, Salomon Reinach, Jules Gautier, le chef de cabinet du M.I.P.,

---

gallophobe (érection de monuments aux morts pour commémorer la résistance des paysans à la conscription de 1798) et une partie des flamingants a noué des liens avec l'Allemagne à travers la revue Germania. Une Association française pour la vulgarisation de la langue française en Flandre vient alors de se créer pour tenter de s'opposer à ce courant d'opinion.

1. Voir Anne Rasmussen, « L'Internationalisme belge au miroir de la France (1890-1914) », in Marc Quaghebeur et Nicole Savy (dir.), *France –Belgique (1848-1914) Affinités et ambiguïtés*, Bruxelles, Labor, 1997, pp.105-122. Ce pôle cherche à promouvoir une institutionnalisation de certaines disciplines dans un cadre international (sociologie) et à promouvoir le français comme langue commune dans les grands congrès scientifiques ; au lendemain du Congrès d'Arlon (1908), Wilmotte créa l'Entente scientifique internationale pour l'adaptation d'une langue auxiliaire, destinée à soutenir le français comme langue scientifique internationale.

2. Dans une lettre (non datée mais des années 1920-1921) à Poincaré, Paul Neveux louait ainsi Wilmotte : « [...] je prendrai la liberté d'accompagner demain soir M. Wilmotte, professeur à l'Université de Liège [...] il est héroïque de rallier en Flandre, et avec le lointain espoir de futures revanches, nos derniers bataillons. ; il est sage aussi d'affirmer nos victoires wallonnes [Poincaré était sollicité par Wilmotte pour se rendre à Liège]. Car ce sont les Liégeois qui ont fondé toutes les associations de Belgique, de Hollande et d'Allemagne [...] D'autre part, je n'oserai jamais dire devant Wilmotte tout ce que je pense de lui. Tous les amis de notre langue et de notre littérature ont été par lui groupés. Ce jeune savant est un sociologue, un romanisant doublé d'un bel écrivain : ses succès d'orateur en ont fait là-bas une sorte de Caro [...] », *NAF Poincaré 16011, feuillet 34*, Bibliothèque Nationale Département des Manuscrits.

donnaient malgré tout à la délégation française une assez bonne figure. Par la voix de son secrétaire général, Léon Dufourmantelle, l'*Alliance française* fut conviée à présenter les résultats de son action. Parmi les vœux élaborés afin d'étendre la propagation du français et portés à l'approbation de l'assemblée générale, on enregistrait le souhait d'une réforme modérée de l'orthographe, la nécessité de favoriser les méthodes modernes d'enseignement du français et de donner aux auteurs du XIXe une meilleure place dans les manuels scolaires[1]. Vœux un peu trop techniques, de spécialistes de l'enseignement, dira-t-on. Peut-être, mais après tout, les relais de l'*Alliance française* à l'étranger comptaient, pour l'essentiel d'entre eux, des professeurs. De Van Hamel et Salverda de Grave aux Pays-Bas au professeur Salmon en Grande Bretagne ou au lecteur de français Mansuy, le créateur du Comité de Varsovie en 1910. A l'issue du Congrès de Liège, un « bureau » permanent fut créé et, trois ans plus tard, un Congrès similaire fut organisé à Arlon[2]. Un des débats les plus animés de cette réunion tourna autour de la « pornographie » chère à une certaine littérature française (Paul de Kock et Pierre Louÿs) et sur les moyens de parer à sa diffusion. Une section scientifique, nouvelle par rapport au Congrès de Liège, plaida en faveur de la constitution d'un organisme spécial d'édition qui traduirait tous les ouvrages scientifiques étrangers afin de les rendre accessibles.

Dans cet ensemble de pays de langue française, on vit donc s'esquisser une amorce de francophonie, et lors de la séance solennelle du 15 décembre 1910, en Sorbonne devant 5 000 personnes, furent réunis, sous la houlette de l'*Alliance*, des poètes d'Haïti, du Canada, de la Suisse romande et de Belgique[3].

---

1. *BAF*, n°102, 15 octobre 1905.
2. Congrès international pour l'extension de la culture et de la langue française. Arlon-Luxembourg-Trèves, *op cit.*, p.45
3. Cf. *Alliance française. Poètes étrangers de Langue française*, Paris, Alliance française, 113 p.

Un bilan mitigé, voire un échec : les colonies

L'*Alliance* était née du sein même des colonies ; la Tunisie l'avait engendrée et le Sénégal et l'Algérie lui donnèrent ses premiers Comités en 1884. De ce brillant départ, il reste une impression de demi-échec en 1914. Encore que, la Tunisie dans les années 1880, Madagascar ou le Maroc au début du siècle, aient permis une intéressante mobilisation de l'*Alliance*. Dans ce dernier pays, le Comité de Tanger fonde une école en 1899, puis deux autres en 1900 et 1901. En 1904, 5 000 F leur sont accordés grâce au fonds de 25 000 F attribué en 1901 par l'Institut (prix Hubert-Debrousses)[1].

Mais la faillite progressive de l'association en Algérie marque son insuccès le plus cuisant ; et en Indochine, la situation ne fut guère meilleure. Ainsi, lors de l'Assemblée générale de 1888, Pierre Foncin dénonçait le retard pris dans la scolarisation des enfants musulmans en Algérie. En 1891, il se rendit à Alger pour défendre la cause de l'école pour les indigènes. Il la plaida inlassablement à l'*Alliance*, dans les milieux coloniaux qu'il fréquentait de près, ou dans les tribunes les plus variées offertes à sa disposition, revues et quotidiens. Il prend place incontestablement aux côtés du recteur d'Alger, Jeanmaire (1884-1908), ou de Georges Hardy, parmi les rares et tenaces apôtres de la scolarisation généreuse à destination des colonisés. Un de ses articles parus dans le *Temps* du 4 septembre 1897 énonce avec une noble gravité des convictions qui honorent encore aujourd'hui leur porte-parole :

> « [...] la seule excuse possible de la conquête blanche est un devoir correspondant au droit qu'elle s'est arrogée ; et ce devoir qu'assume toute métropole est non seulement de protéger matériellement ses sujets mais d'entreprendre, d'essayer tout au moins leur éducation progressive, de les aider à gravir un à un les degrés que nous avons franchi nous-mêmes depuis l'époque des cavernes [...] reconnaissons d'ailleurs et très volontiers que la seule fondation d'écoles n'est pas une panacée universelle, ni un remède d'une efficacité absolue pour la pacification des esprits et que ce

1. *BAF*, n°95, 15 janvier 1904.

remède fait partie d'un traitement général nécessaire dans son ensemble [...][1] »

Ce fut la politique d'un Gallieni, au Soudan, puis à Madagascar, qui correspondit le mieux aux attentes de l'*Alliance.* Dans l'île de l'Océan Indien, celui-ci conçut une organisation pyramidale des écoles françaises qu'un Camille Guy (1860-1929), membre de l'Alliance et devenu gouverneur du Sénégal [2](1902-1907), reprit à son compte dans cette colonie en 1903[3]. Le *Bulletin* de l'association retrace fidèlement l'action du conquérant du Soudan puis de Madagascar et ne lui marchande jamais l'espace d'un compte rendu[4] ou l'hommage du groupe, sans compter l'aide modeste de l'association au début de la conquête française. Au Tonkin, l'inspecteur des Colonies et futur membre du CA, Salles, fut l'un des créateurs de l'*Enseignement mutuel* des Tonkinois, cours du soir pour adultes, en 1892. Mais là, comme en Algérie, le CA fait entendre sa déception devant l'attentisme scolaire des autorités.

Paradoxalement, c'est en France que l'*Alliance* a pu jouer un rôle notable en faveur de la colonisation. Le grand nombre de conférences consacrées à ce thème par les divers Comités, surtout lors de la conquête de la Grande Ile de l'océan indien en

---

1. *Le Temps*, 4 septembre 1897.
2. Agrégé d'histoire-géographie, entré en 1895 au Ministère des Colonies comme chef du service géographique et des missions, il entame à partir de 1902 une deuxième vie, celle d'un administrateur colonial, du Sénégal, à la Réunion (1908-1910, de la Guinée (1910-1913) à la Martinique (1915-1919), voir M.Prevost et Roman d'Amat, *Dictionnaire de Biographie française*, T. 17, p. 379.
3. Voir la synthèse de Denise Bouche, *Histoire de la Colonisation, t.2, Flux et reflux (1815-1962)*, Paris, Fayard, 1991, 607 p., pp. 252 et sq.
4. Voir sa lettre sur les écoles du Soudan in *B.A.F*, n°20, nov-déc. 1887 et l'article rédigé par Pierre Foncin et consacré à « la langue française à Madagascar », in La Langue française dans le monde, *op.cit.*, pp. 169-180. Gallieni établit la liberté scolaire (ce qui avantagea les écoles catholiques françaises au détriment des missions anglo-saxonnes protestantes) et décréta la double obligation , d'une inspection des écoles et de l'enseignement du français. Sur Gallieni, et sa très habile démarche de soldat-publiciste en quête de relais médiatiques dès le début des années 1880 (*Le Temps, La Revue des-deux-Mondes*, Le Tour du Monde, l'Alliance), voir Marc Michel, *Gallieni*, Paris, Fayard, 1989, 363 p., p. 99, p.135., p.141.

1895 et de l'avancée au Maroc au début du siècle, a sans nul doute contribué à rendre plus populaire, du moins à faire mieux connaître en métropole une certaine réalité coloniale.

3.Les points forts de l'Alliance

Cinq caractéristiques très générales quant à l'influence exercée à l'étranger par l'*Alliance* peuvent être répertoriées.

Une présence française à l'étranger, parfois unique et mêlée au milieu local

Dans la mesure où l'émigration française au XIXe siècle fut relativement étroite, l'*Alliance* demeure, parfois, dans certaines régions du monde, un des seuls organes francophiles présents sur un territoire donné et insérés dans le tissu des relations quotidiennes propres à celui-ci. La grande enquête de la Statistique Générale de la France sur « Le nombre des Français à l'étranger et sur les institutions qui leur viennent en aide à la veille de la guerre » donne le chiffre de 1 450 000 personnes dont 600 000 installées dans les pays étrangers[1]. Celles-ci, par grandes masses géographiques, étaient ainsi réparties

Tableau n° 9 :
la population française émigrée à l'étranger en 1914

Europe	Afrique	Asie	Am. du Nord	Am.du Sud	Oceanie
269. 000	17 000	10 000	162 000	138 000	4 000
40 000 en G.B.					
80 000 en Belgique					
64 000 en Suisse					
20 000 en Espagne					

1. Voir le *Bulletin de la Statistique générale de la France, t. IV*, oct. 1914-juillet 1915, Paris, Alcan, 396 p., pp. 120-167.

Or, que dire de la maigre présence française en Perse (150 Français), ou sans chercher aussi loin, en Scandinavie (700 personnes dont 60 seulement en Suède), en Roumanie (600 personnes) ou en Bulgarie (200 personnes) ? L'établissement d'un Comité de l'*Alliance (*celui de Jassy en Roumanie par exemple*)*, ou d'une école/bibliothèque subventionnées par elle (la « bibliothèque française d'Uppsala »), instaure ou permet d'instaurer un type de contact avec le milieu local qui aille au-delà des rencontres d'un jour ou d'une soirée mondaine d'ambassade. Car, qu'un modeste professeur de français, une de ces « institutrices françaises », si nombreuses entre l'Oural et le Danube entre 1900 et 1930, affinées par l'exil et la solitude à la façon de Henriette Renan ou d'une Athanaïs Michelet, s'installent un jour dans une ville et ouvrent son cours de langue, combien de destinées individuelles marquées à vie par ce contact ? N'avançons pas pour réponse des chiffres à plusieurs zéros : l'action culturelle vaut, surtout, par la qualité des liens qu'elle fait naître. Comme l'enseignement dont parla l'auteur de la *Sorcière*, elle ne peut être qu'une « Amitié » ; et ce furent souvent ces anonymes français qui la prodiguèrent au gré de leurs périples. Ainsi, en 1914, la Russie comptait 2 000 enseignants, et un « Home pour les institutrices » avait ouvert dans la capitale en 1903.

L'étoffe de la France à l'étranger, tissée par ces sans-grades isolés, nulle enquête ne peut véritablement en reconstituer la moire. Au hasard des témoignages, on saisit le profil à peine esquissé d'acteurs de cette histoire culturelle : celui de Mlle Souvestre par exemple, fille d'Emile Souvestre, et qui tenait un petit pensionnat français sur la côte est, où la deuxième fille de Théodore Roosevelt fit un séjour[1]. Longtemps, le Français à l'étranger fut un maître d'escrime ou de danse, voire un coiffeur ou un cuisinier, il devint de plus en plus un maître d'école ou un professeur et, à certaines occasions, le représentant d'une association installée là-bas, loin, à Paris, et appelée *Alliance française*... A Samara en 1914,

1. Voir Fernand Baldensperger, *Une vie parmi d'autres*, *op.cit.*, p.113.

le Comité reposait sur deux familles françaises, à Nijni Novgorod, le président du Comité est le seul français de la ville[1]. Mais, cas peut-être plus révélateur, serait celui de Jules Bailly-Comte (1873-1928). Ce licencié ès lettres, professeur au collège Sainte Barbe, part en Russie pour occuper la chaire de français à l'Institut Smolna. Remarqué par le grand-duc Constantin, il fut chargé de l'instruction de ses fils (1905-1915). Inspecteur de la *Classe française* où se formaient les futurs professeurs de l'enseignement secondaire, chargé de cours de littérature française au Lycée impérial Alexandre, il devint en 1910 le directeur des cours de l'*Alliance* qui comptèrent 8 élèves en 1911, 35 en 1912 et 250 en 1917. Responsable de la propagande alliée pendant la guerre, il est jeté en prison par les Bolcheviks et échappa de peu à la mort, contrairement aux deux vice-présidents et au secrétaire de l'association (tous trois Français)[2].

Le refuge de minorités actives en faveur de la France

Minorités de Français expatriés ou d'Etrangers francophiles et francophones, l'*Alliance* pouvait compter sur l'une ou l'autre de celles-ci, parfois sur les deux. La combinaison des deux types se vérifie peu à peu en Amérique Latine où se trouvaient d'assez importantes communautés françaises, au Mexique (4 000), en Argentine (40 000 personnes dans le seul B.A.), au Chili (9 800 en 1907). Le succès assez tardif de l'*Alliance* en Argentine, après 1905, illustre bien la convergence entre des émigrés français prêts à secouer, enfin, une certaine torpeur culturelle, et des autochtones avides d'ouverture culturelle. En effet, la situation vécue dans les années 1880 par ces migrants, basco-béarnais pour leur majorité, n'avait rien de bien brillant à certains égards. Un publiciste constatait le détachement croissant des liens et l'oubli de la patrie chez les fils d'immigrés en raison de circonstances diverses : du problème représenté par le service militaire à la faiblesse du réseau consulaire, les fils

1. Voir Saint-Pétersbourg Ambassade, Série A, Carton 528, A.M.A.E.N.
.2 Voir sa notice nécrologique dans *R.AF*, n°37, Avril 1929.

qui maintenaient les liens avec la France se faisaient de plus en plus ténus[1]. On le voit, une des fonctions de l'*Alliance* fut, indirectement, de ramener vers la Mère-Patrie ces Français de l'extérieur, tant au Chili qu'en Argentine. Toutefois, dans les pays dépourvus de colonies françaises significatives, les Comités restaient évidemment dominés par les membres autochtones. En Bohême, l'*Alliance* comptabilisait 11 % de Français en 1887 et 5,5 % en 1910[2]. Dans ce pays, l'*Alliance* prenait soin d'éviter les sujets politiques ; ainsi en 1889 la conférence de Paul Melon sur le Germanisme se transforma en causerie sur « la langue française dans les Balkans »[3]. Ce profil (délibérément) bas avait au moins le mérite de maintenir sur le terrain culturel une présence francophile.

Dans les pays scandinaves où le français était en voie d'élimination au début du siècle, les Comités palliaient, de manière certes imparfaite, la faible position du français dans l'enseignement secondaire. Le cas norvégien, avec ses 7 groupes en 1918 (Christiana, Drammen, Arendal, Larvik, Bergen, Tromso, Trondhjem), dont 4 organisent des cours du soir, est à citer à ce titre[4].

L'Alliance représente la France dans une perspective idéale

Propager la langue et la culture françaises par le biais d'écoles et de livres, existe t-il de meilleure lettre d'introduction pour assurer le crédit de son pays ? L'*Alliance* eut là une intuition d'une portée vraiment incalculable. Les missives de certains directeurs d'écoles, dans le Levant notamment, ne disent pas autre chose. On pourrait mettre en doute ce type de témoignage, forcément intéressé si l'on veut, ou le mettre au compte d'une certaine rhétorique « orientale » ; mais l'objection critique n'est pas toujours à la bonne hauteur du témoignage.

---

1. Emile Daireaux, « La colonie française de Buenos-Aires », *Revue-des Deux-Mondes*, 15 octobre 1884, pp.879-907.
2. Stéphane Reznikov, Francophilie et identité tchèque (1848-1914), op. cit.
3. *Ibid*, p. 548.
4. Rapport sur l'enseignement en Norvège, 14 septembre 1918, *S.O.F.E, Carton 141*, A.M.A.E.N.

Celui donné par ce maître d'école arménien, Chirinian, qui pendant 54 ans enseigna le français à ses compatriotes, et dont le discours d'inauguration du Comité de l'*Alliance* à Ada Bazar en juillet 1913 égrène les petites boules phosphorescentes de son chapelet français :

> « [...] c'est à la France que le genre humain doit le progrès en toute chose, de sorte que, sans entrer dans les détails, je puis dire sans crainte que l'avancement des sciences dans toutes les branches, les découvertes et les inventions les plus utiles sont en grande partie le fruit du génie français [...] il est temps de donner à cette culture les soins nécessaires pour le plus grand profit du pays [...] .[1]»

Une plate-forme pour l'action centripète ou centrifuge du Quai d'Orsay

Dans les pays amis de la France, l'action de l'*Alliance* s'exerce en effet de manière centripète afin d'appuyer et, éventuellement, approfondir, la politique menée par les diplomates ; les succès obtenus en Angleterre entre 1904 et 1914 (on passe de 3 à 26 Comités), mais aussi en Russie où 20 Comités existent en 1910, attestent bien un renforcement du politique par le culturel. Le cas russe semble intéressant dans la mesure où l'*Alliance* connut là des succès sur le tard. On ne comptait que 4 Comités en 1903 (Omsk, Vladivostok, Irkoutsk, Ekaterinoslav), puis le mouvement s'amplifia. Moscou comptait dans son Comité 1 200 personnes et Kiev, 250[2]. A la veille de la guerre, dans le supérieur (rôle de l'Institut de Saint Pétersbourg) mais aussi dans le secondaire grâce à quelques administrateurs

---

1. Rapport sur la création du Comité Alliance française à Ada Bazar à L'Ambassadeur de France , juillet 1913, *Constantinople Ambassade, Carton 701*, A.MA.E.N. Une autre lettre, du 7 septembre 1913, précise que l'école où enseigne Kevork Chirinian accueille 98 enfants (dont 40 arméniens, 26 musulmans) et on n'y parle que le français.
2. Paul Gerbod, « D'une Révolution l'autre : les Français en Russie de 1789 à 1917 », *Revue d'études slaves*, fascicule 4, 1985, pp. 605-620.

soucieux de mieux organiser les professeurs de français (à Kazan, Varsovie), la langue française était en progrès[1].

D'une autre façon, dans des pays qui n'étaient pas forcément politiquement liés avec la France, mais qui entendaient limiter la prépondérance commerciale allemande, soit toute la zone balkanique jusqu'aux Dardanelles, Anatole Leroy Beaulieu constatait les progrès du français dans les années 1906-1909[2].

En revanche, les pays engagés avec la France dans des contentieux (Allemagne) ou jaloux de leur indépendance (Belgique, Pays-Bas) ou économiquement peu concernés par elle (Bohême), ou culturellement dominés par l'Allemagne (Suède) exigeaient de l'*Alliance* soit de la prudence, soit de la persévérance.

L'Alliance, une structure d'enseignement et de pratique de français alternative

Dans l'ensemble des pays qui offraient des cours de français, l'enseignement souffrait de maux assez universels, quel que fût le cas géographique et quelque époque choisie : approche strictement philologique, faible aisance linguistique des maîtres, désintérêt total pour des cours de civilisation. Les Comités de l'*Alliance* compensaient, à leur façon, les lacunes de cette première formation tout en lui assurant un prolongement bienvenu. Si la Tchécoslovaquie tend après 1918 à améliorer le niveau de l'enseignement du français, la situation dans des pays aussi différents que les Etats-Unis et la Grèce révèlent des carences persistantes. Dans ce dernier exemple, les anecdotes ne manquaient pas sur le climat de joyeux passe-temps durant la classe de français, de ces élèves grecs qui dénouaient habilement le cordon des pantalons longs (à la mode ancienne)

1. Voir l'article rétrospectif de Jules Patouillet, « Les relations intellectuelles entre la France et la Russie », *Revue de Paris*, 15 mars 1920, pp. 429-448. Le curateur de l'arrondissement scolaire de Varsovie se montre très actif entre 1912 et 1914 : envoi d'élèves-maîtresses en janvier 1914 en France et organisation d'un Congrès des professeurs de français.

2. Anatole Leroy Beaulieu, « La Langue française et les révolutions d'Orient », *Revue des Deux-Mondes*, 15 avril 1909, pp. 832-871.

de leur professeur femme... Avant 1940, il n'y avait, par exemple, aucun inspecteur de français en Grèce et le Conseil Supérieur (grec) de l'Instruction Publique était lui aussi dépourvu de représentant attitré du français[1].

Derrière des chiffres d'adhérents assez abstraits, de toute façon délibérément vagues (on parle de 50 000 membres depuis les années 1905 jusqu'en 1914), et au-delà de ces énumérations (Comités nouveaux) conquérantes dont les Secrétaires généraux émaillaient à plaisir leurs discours d'Assemblée générale annuelle, il convenait, sans que nous ayons pu nous dispenser totalement nous-même, d'égrener à notre tour des listes, de donner des exemples concrets du fonctionnement de l'*Alliance* replacée dans le mouvement plus vaste de la présence française à l'étranger. Comme toutes les batailles, les batailles culturelles ne sont pas seulement gagnées par les stratèges, les maréchaux d'Empire, mais aussi par tous ces sergent-chefs ou ces voltigeurs à la pointe du combat : à l'étranger, ce furent ces petites minorités de professeurs ou d'instituteurs/trices, secondées parfois par une colonie française plus ou moins étoffée, qui animèrent le plus souvent les écoles, les cours du soir ou les cercles et clubs français. C'est d'elles dont il fallait parler pour comprendre le succès global de l'*Alliance*.

1. Roger Milliex, « Note sur l'enseignement du français dans les gymnases de l'Etat hellénique », non daté, [1945], *Athènes Ambassade, Série B, Carton 91*, A.M.A.E.N.

Chapitre IV

Les problèmes de l'Alliance

L'Europe n'admettait pas volontiers que les Allemands puissent avoir d'autres missions que celle de commenter l'Iliade et de disséquer les coléoptères

Hillebrand, *La Prusse Contemporaine,* 1867.

Pour une association, passés les premiers temps de l'enthousiasme, son élan, elle doit le prolonger, son mot d'ordre, il faut le faire durer. La *Ligue de l'Enseignement*, par exemple, fut confrontée au début des années 1890 à une crise de recrutement et dut baisser sa cotisation de 13 F à 6 F.[1] En dépit de l'imprécision des sources et des déclarations passablement enjolivées[2], il semble bien que l'*Alliance*, sur le territoire métropolitain et dans les colonies, n'ait jamais dépassé 20 000 adhérents. Chiffres modestes en comparaison de ceux du *Grand Orient* en 1914 (35 000) ou des Sociétés de Gymnastique (100 000), ils compromettaient toute la politique de subventions généreuses aux écoles. En 1885, le siège parisien distribuait 26 190 F, et 67 000 F seulement en 1894. En comparaison des 4 millions versés en 1893 par la succursale française de l'Œ*uvre de la propagation de la foi,* l'écart paraît vertigineux s'il n'était compensé par les subsides des Comités à l'étranger.

---

1. Jean-Paul Martin, *La Ligue de l'Enseignement et la République. Des origines à 1914, op.cit*, p.64. A Paris, les adhérents passent de 2230 (1881) à 1000 (1891).

2. Le Congrès de 1893 fait état de 25 000 adhérents. Dans une note rédigée en 1909 à destination du M.A.E., le Chef des services de l'Alliance, Duflot, donne le chiffre de 35 000 adhérents en 1896. Rien ne peut faire comprendre ce saut soudain. Voir cette note de 7 pages, in *Série C administrative 1908-1940, Carton 466*, A.M.A.E.P.

En 1892, eu égard à l'organisation du siège central, Pierre Foncin avouait qu'une seule section, celle du Levant, fonctionnait réellement, et que la section Afrique n'existait que de nom alors que la section Amérique Latine était encore à créer. On comprend qu'il se révélait bien nécessaire de tisonner l'enthousiasme des premières années.

Pour l'heure, il reste difficile de percevoir les dessous de l'organisation interne de l'association où, là comme ailleurs, les conflits de personnes ne manquèrent pas. Mais, de toute évidence, le rappel constant des difficultés de la propagande à mener d'un côté, de l'autre, l'objurgation permanente à la mobilisation afin de faire face aux poussées menaçantes de la concurrence linguistique étrangère, ne favorisaient pas l'auto satisfaction des membres dirigeants.

1.Problèmes internes : les limites du recrutement

Les tentatives répétées en faveur de l'établissement d'une meilleure propagande ont occupé en permanence la direction de l'*Alliance*. Tous les quatre à cinq ans, une volonté de relance se manifestait et des initiatives nouvelles voyaient le jour : grandes conférences de prestige des années 1888-1889 avec la « matinée Renan » et la conférence Jules Simon en 1888, suivie l'année suivante de celle de Brazza à la Sorbonne, série de conférences, entre 1894 et 1897 dans les grandes Ecoles de l'Etat et devant les étudiants catholiques, dans les lycées et écoles primaires supérieures de Paris et de Seine-et-Oise, création des conférences hebdomadaires parisiennes en 1904.

Cependant, l'association peinait à se déployer sur tout le territoire et à diffuser son credo à l'intérieur de certains milieux sociaux précis.

Les milieux récalcitrants

Les résultats laborieux de la propagande au sein des grandes cités économiques avaient déjà été notés. Qu'en 1891, ni Le Havre, ni Rouen, ni Lyon, pas plus que Nantes ou Lille n'aient été conquises[1], rend bien la difficulté de la tâche. Seules Marseille et Bordeaux eurent d'emblée des Comités dynamiques. Les meilleurs de ceux-ci se trouvaient, en général, dans des petites villes (Moulins, le Quesnoy, Guéret, Châteauroux[2]) où la diffusion des idées pouvait se révéler certainement plus commode. Mais l'échec le plus notable tient sans doute à la faible diffusion de l'*Alliance* auprès du public de l'école primaire. Non que le problème ait été ignoré et que nul remède n'ait été préconisé. Le point fut débattu au « Congrès de la propagande » de 1893[3]. Certains membres firent remarquer que diverses associations, anglaises ou autrichiennes, dévouées à la propagation de la langue et des idées nationales, distribuaient des sommes supérieures à 500 000 F grâce à leur impact dans les milieux de l'école primaire (« sou » des écoles). Qu'un tel système fût adopté par l'*Alliance française,* et ses ressources seraient donc multipliées par cinq. Un inspecteur primaire, et président du Comité le plus dynamique de l'association, celui de Châteauroux, Dubuc, fit connaître les résultats très favorables de la propagande menée dans les milieux du primaire ; des conférenciers s'étaient adressés avec grand succès aux élèves de l'école normale de l'Indre. Le modique prix de la cotisation (6 F), s'il ne posait pas en apparence de problème majeur pour les instituteurs, ne pouvait pas concerner les enfants. Aussi imagina-t-on la publication d'une revue trimestrielle illustrée, l'*Alliance française illustrée*, souscrite par abonnement collectif de 10 personnes, après versement d'une cotisation individuelle d'un sou par mois. Or le nouveau journal interrompit assez vite sa publication. Aussi devant cet échec, propose-t-on, quelques années plus tard, en 1898, de sonder le public des *Sociétés de cours d'adultes*. Il ne paraît pas que la démarche ait été approfondie.

---

1. Rapport de Pierre Foncin, *B.A.F.*, n°35, janv-mars 1891.
2. En 1912, Lyon a 150 adhérents, moins que des Comités tels Le Quesnoy, Saint-Amand ou Guéret.
3. Cf. *B.A.F.*, n°44, janv-mars 1893.

Le vieillissement des membres

Un autre grand problème rencontré par l'association fut celui du vieillissement de ses membres et de l'insuffisant renouvellement générationnel. Entre 1900 et 1909, beaucoup de Comités fondent de moitié comme celui de Dijon qui passe de 101 à 50 adhérents[1], ou disparaissent (dont Grenoble, Bayonne, Cognac, Angoulême, Mont-de- Marsan). En 1914, l'effectif français ne représenterait plus que 13 000 personnes[2]. A la veille de la guerre, les quasi quinquagénaires tels Henri Hauser ou Albert Malet, incarnaient presque la jeunesse de l'*Alliance*... Les trentenaires ne se pressaient pas dans ses couloirs, contrairement aux années 1880. Henri Hauser suggèra de mobiliser davantage les universitaires provinciaux de telle sorte qu'ils partent faire des conférences à l'étranger d'une part et qu'ils fassent un effort de recrutement en France d'autre part.

Le rapport Chervin en 1898

Un des rares documents polémiques sur la vie interne de l'association que l'on ait retrouvé, concerne le rapport d'un membre du CA, le docteur Chervin, qui fit une publication particulière de ses observations critiques[3]. Sans doute motivé par une opposition à Pierre Foncin[4], le texte passe au crible les incohérences de gestion (frais d'administration trop lourds, total des cotisations non enregistrées, livres envoyés et perdus) et les accrocs dans la bonne gestion collective de l'association (beaucoup de membres du CA ne viennent pas aux réunions et 1\5 seulement de ceux-ci se retrouvent à l'Assemblée générale annuelle). Si la question des frais excessifs d'administration, semble un peu forcée (en 1893, on ne compte que 3 personnes

---

1. Dossier sur le Comité de Dijon en 1909, *Boîte 4/79/2, Dossier 35-4 7a*, AAF.
2. Chiffre donné dans une lettre du 2 mai 1914, *Boîte 4/1/6-1, Dossier 35-4-3*, AAF.
3. Assemblée générale de l'Alliance française du 21 février 1898. Observations présentées par le Docteur Chervin, Paris, 1898, 40 p.
4 Le texte l'accuse de ne pas avoir créé de « Comité modèle » dans son arrondissement parisien, *Ibid*.

pour l'ensemble du secrétariat aidées par deux commis et un garçon de bureau), les remarques s'avèrent plus plausibles quant aux heurts dus à certaines défaillances de la démocratie interne. Le Myre de Vilers ou Herbette s'éloignèrent au fil du temps. Mais il demeure une autre source, plus profonde sans doute, du dissensus interne ; certains membres ne se reconnaissaient pas dans la politique d'expansion mondiale suivie au fil des ans par l'association. Ainsi que l'avouait le Myre le Vilers en 1905 :

> « peu à peu notre propagande s'est étendue au-delà de Suez, dans les contrées où nous avions des intérêts politiques engagés ; puis aux colonies et dans les centres d'émigration de l'Espagne, de l'Argentine, du Chili. Aujourd'hui, elle comprend la Norvège, le Danemark, la Bohême, la Russie, l'Angleterre, le Canada, les Etats-Unis, l'Allemagne. Comme vous le dîtes si justement, son ambition est mondiale ; vous disiez aller encore plus loin, la rendre humanitaire et sociale. Je ne blâme pas vos généreuses ambitions, mais beaucoup de nos collègues qui ne partagent pas ces vues, ne consentiront pas à s'imposer des sacrifices personnels pour un vain triomphe. Ils veulent un but défini et national ; ils refusent de s'engager dans des entreprises dont les conséquences les inquiètent [1] ».

Toutefois, en dépit de toutes ces réserves, comment ne pas admirer ces hommes groupés par Pierre Foncin dans les années 1880 ; contrairement au propos mélancolique de Mathurin Régnier, si le poil avait blanchi, leurs désirs gardaient tout l'éclat de la jeunesse.

2.Les problèmes externes : la concurrence étrangère

L'Italie

La concurrence italienne parut longtemps la plus inquiétante. D'une certaine façon, il existait au sein de certaines élites de la Péninsule une parenté secrète avec les propos tenus par leurs

1 Lettre de Le Myre le Vilers, 24 novembre 1905, *Boîte 4/1-6/1, Dossier 35-4-3*, AAF.

homologues français : la vision d'une « mission italienne » mondiale, portée par un Goberti (1843) par exemple, sous-tendait les projets les plus ambitieux. En l'occurrence, le projet mondialiste trouvait en Méditerranée, où vivaient 900 000 Italiens, ses contours les mieux circonscrits. Et jusqu'à la guerre de Crimée, l'italien avait été la langue véhiculaire dans l'Empire turc. Par la suite, son déclin fut constant, à la mesure de celui rencontré par l'Italie sur la scène extérieure. Mais après presque un demi-siècle de recul, couronné par le désastre d'Adoua, la première décennie du XXe siècle correspondit à une mutation profonde de l'atmosphère politique et morale. Une politique expansionniste, le « tripolisme », succéda à la timidité et au « recueillement » antérieurs[1]. Toutefois, sur la question du soutien apporté aux écoles italiennes à l'étranger, les gouvernements adoptèrent assez tôt des positions volontaristes. Cette orientation fut soutenue par une association dont les objectifs s'apparentaient à ceux de l'*Alliance* : la *Dante Alighieri* (1889)[2]. Considérée, à la façon de Herder, comme la meilleure expression du peuple, la langue italienne devenait le baromètre de la vitalité de la nation et l'instrument d'une politique de conquête. Née dans les milieux irrédentistes (triestins notamment), la *Dante Alighieri* se reconvertit vers 1895, sous les auspices de l'historien Pasquale Villari, à la fois dans la défense de la puissance italienne au Levant et dans la protection des immigrants en Amérique. Elle compte 60 000 adhérents en 1912 regroupés en Comités, en Italie et à l'étranger. En Tunisie, plusieurs groupements (Tunis, Sfax, Monastir et Sousse) tentent de maintenir « l'italianité » par le

---

1. On pourra consulter la thèse de Daniel Grange, *L'Italie et la Méditerranée (1896-1911)*, Rome, Ecole française de Rome, 1994, 2 vol., 1702 p. et aussi, du même, « La découverte de la presse par la Consulta », in *Opinion publique et politique extérieure*, Rome, Ecole française de Rome, 1981, 691 p., pp. 491-530.

2. Nous suivons un exposé de Daniel Grange, « la Dante Alighieri au service du projet national », Journée d'études organisée par le Centre d'Histoire du vingtième siècle et le Groupe de recherche sur l'histoire de l'Italie contemporaine, 15 juin 2001, Paris. Voir également sur la Dante Alighieri, le Chapitre XV dans L'Italie et la Méditerranée, op.cit., pp. 661 et sq.

biais de l'aide aux écoles laïques. De cette orientation, les gouvernements reprirent le schéma et apportèrent les premiers financements publics importants.

Salonique est l'une de ces régions où la concurrence était intense entre France et Italie. Si les populations bulgares et grecques qui disposaient de leurs propres écoles se révélaient moins intéressées par des établissements étrangers, la population juive en revanche devint un des enjeux entre les grandes puissances étrangères. Et les Turcs de la ville semblaient prêts à suivre le meilleur offrant ; déjà deux journaux, jusque-là rédigés en français grâce à une subvention, avaient commencé une propagande en faveur des Italiens et des Allemands[1]. La présence, entre septembre 1909 et octobre 1910, d'un consul italien très dynamique, Primo Levy, suscita de grandes craintes chez les Français. De la construction d'un gymnase pour l'école communale italienne au soutien de la Dante Alighieri locale, de l'ouverture d'une agence commerciale à l'organisation de fêtes, le consul oeuvra avec détermination mais sans vraiment entamer les positions scolaires françaises.[2] A Smyrne en 1907, le chargé d'affaires français fait état d'une dépense de 1,5 M de F. depuis 3 ans pour diverses constructions, écoles et hôpitaux.[3] Or Smyrne était d'autant plus important qu'elle était devenue le centre de l'action des congrégations italiennes, de plus en plus défavorables au traditionnel « Protectorat religieux français [4] ».

1. Lettre de M. Choublier du Comité de l'Alliance française de Salonique au Secrétaire général de l'Alliance, 11 mai 1910, *Constantinople Ambassade, Carton 701*, A.M.A.E.N. Cependant l'école turque Terekki, à qui le consul italien proposait des maîtres, préféra s'adresser au lycée de la Mission Laïque.
2 . Note sur le départ de Primo Levy , 4 novembre 1910, in *Rome Quirinal, Série A, Carton 745*, A.M.A.E.N.
3. Note, 17 juin 1907, in *Rome Quirinal, Série A, Carton 745*, A.M.AE.N.
4. Cf. Daniel Grange, « Religion et politique au Levant avant 1914. Le cas Italien », *Relations internationales*, n°27, automne 1981, pp.277-301. La remise en cause décisive du protectorat français intervint en 1901 à Jérusalem quand les religieux allemands et italiens obtinrent de passer sous la protection de leurs consuls. Depuis 1889-1890, les missionnaires allemands en Chine avaient obtenu ce privilège. Cf. Mgr Delacroix (dir.), *Histoire universelle des Missions catholiques, t.3, Les Missions contemporaines (1800-1957)*, Paris,

Beaucoup de missions changèrent de pavillon et abandonnèrent la protection française pour se rallier à celle de l'Italie : Salésiens de Smyrne, Mineurs Conventuels de Constantinople, Andrinople et Caragatch, Sœurs franciscaines de Dédéogatch.[1] Les Consuls français durent de plus en plus abandonner leurs bancs d'honneur dans les églises catholiques du Levant ! En 1905 un accord franco-italien avalisa cette tendance et autorisa les religieux italiens à passer sous protection italienne si la demande était spontanée.

En dépit de cet activisme, le français dans le Levant gardait de fortes positions. En Egypte, au début du siècle, les enfants des notables de la colonie italienne étaient envoyés de préférence dans des écoles étrangères. A Smyrne, également, les choix de scolarisation effectués par les Italiens privilégiaient les écoles françaises.

L'Allemagne

Entre 1870 et 1914, l'Allemagne est restée en permanence le point d'interrogation de la nation française. Observation méticuleuse de son système universitaire au tournant des années 1880, analyses inquiètes de ses méthodes commerciales dans les années 1900, constat angoissé d'une progression de la langue allemande dans le monde, la « crise allemande de la pensée française » tourne bel et bien à la hantise.

L'un des vecteurs de cette puissance allemande était de nature intellectuelle, la science et le livre allemands, jouissaient d'un prestige incomparable dans nombre de pays ; et l'Allemagne se voulait « l'institutrice des nations » : 'Germania docet', l'affirmation orgueilleuse se faisait entendre dans toutes les *aula* universitaires du monde. L'édition allemande était

---

Grund, 1957, pp.106-107. Cf. Joseph Hajjar, *Le Vatican-La France et le Catholicisme oriental*, *op. cit.*, pp.75-276. Le 31 août 1905, un accord à l'amiable (le Vatican n'ayant pas soutenu les Français) entre les gouvernements français et italien mettait fin (par un accord de droit international) au Protectorat français en Orient.

1. Note du Chargé d'Affaires Boppe à Constantinople, 8 janvier 1906, *doc. cit.*

universellement louée pour l'efficacité de son organisation commerciale à l'étranger. Un professeur hollandais rappelait en 1920 la mainmise de la librairie allemande sur l'Université locale avant la guerre :

> « [...] le livre allemand nous est présenté de la manière la plus engageante. Les éditeurs ont l'habitude d'en envoyer une grande quantité aux libraires hollandais dès leur apparition pour les offrir à leur clientèle. Les exemplaires qui ne sont pas vendus rentrent en Allemagne. Par la suite de cette méthode, beaucoup de livres passent du magasin de l'éditeur sur la table du savant, du politique, de l'érudit. Au contraire l'éditeur français ne se donne pas la moindre peine [...] »[1].

Cette situation de prééminence était encore plus accentuée en Russie où le marché du livre étranger faisait l'objet d'une organisation allemande poussée. Les exportations de livre bon marché, notamment de dictionnaires, le rôle de maisons installées directement dans l'Empire (Marks, Wolff, Zikman à Riga surtout), et qui publiaient des manuels en allemand, reléguaient assez loin derrière le livre français[2]. Quant aux Etats-Unis, l'écrivain et conférencier Hugues le Roux, au retour de son voyage américain, livrait une statistique propre à révulser le syndicat de la Librairie française : sur les 175 libraires étrangers installés dans ce pays, tous seraient Allemands[3]. En outre, au côté du livre germanique en Amérique, se tenaient les bataillons serrés des professeurs. Lanson, lors de son séjour de trois mois à Columbia en 1911, l'avait noté après d'autres visiteurs. Mais le mouvement gagnait également l'Amérique Latine selon le publiciste Wagner :

> « Tous les instituts scientifiques sud-américains comptent, en effet, dans leur corps enseignants des professeurs et des savants d'Iéna, d'Heidelberg, et de Gottingue. Il est regrettable que la langue française, qui n'a pourtant rien à

1. De Vries Feyens, « L'Alliance française en Hollande », *Revue de l'Alliance française*, 15 octobre 1920.
2. « Diffusion du livre français. Russie et Sibérie », *Chronique de la Bibliographie de la France*, n°24, 13 juin 1919, pp. 138-140.
3. *B.A.F.*, n°110, octobre 1908.

envier aux nuageux et orgueilleux docteurs d'Outre-Rhin, n'y soit pas représentée de même [1] ».

Cette emprise intellectuelle et scientifique se manifestait tout particulièrement au Chili, à l'Institut Pédagogique, mais aussi en Extrême-Orient, au Japon après 1870 (enseignement de la Médecine) ou en Chine, quand celle-ci demanda, à partir de 1900, des enseignants allemands[2]. Dans l'Empire Ottoman, c'était la remarquable vitalité de l'archéologie allemande entre 1900 et 1914 (de la Babylonie jusqu'à l'Asie Mineure où les Allemands fouillent successivement Pergame, Magnésie du Méandre, Priène, Milet et Didymes) qui obligeait les Français à sortir enfin de leur torpeur, en 1913-1914, avec l'amer constat de la disparition de leur « éden archéologique » du milieu du XIXe siècle[3].

De plus, l'image glorieuse de la Science germanique était renforcée par l'extraordinaire dynamisme commercial et industriel de l'Empire. Qu'ils sont nombreux ces livres et articles, depuis l'ouvrage de Schwob, le *Danger allemand* (1896), consacrés rageusement à l'inventaire des méthodes commerciales allemandes, à ces guides commerciaux, ces travaux de statistiques, ces catalogues ou manuels techniques, mais aussi à l'incommensurable habileté et ténacité du représentant de commerce allemand, voire au système de crédit à long terme[4]. Auguste Bréal, dans un article du *Temps* en

1. Emile R. Wagner, *L'Allemagne et l'Amérique Latine*, Paris, Alcan, 1917, 323 p., p.262.

2. A la Faculté de médecine de Tokyo, les cours se font en allemand, et en 1910, l'Université de Pékin appelle des universitaires allemands. Voir Manfred Abelein, *Die Kulturpolitik des Deutschen Reiches ..., op.cit.*, pp.109-110.

3. Voir sur les progrès de l'archéologie allemande et le sursaut français de 1913-1914, Nicole Chevalier, *La recherche archéologique française au Moyen Orient, op. cit.*, pp. 102-111.

4. Cf. Henri Andrillon, *L'Expansion de l'Allemagne et de la France*, Angoulême, Imprimerie militaire, 1909, 298 p. ; Ernest Tonnelat, L'Expansion allemande hors d'Europe, Paris, Armand Colin, 1908, 277 p. ; voir aussi le cours pionnier d'Henri Hauser à l'Université de Clermont sur « les causes du développement de l'industrie en Allemagne », in *Revue des*

juin 1911 consacré au commerce allemand en Andalousie, rapportait le propos, plein de bon sens, d'un Andalou :

> « [...] de negocio, hacen lo malo, lo regular, lo corriente, lo bueno y lo excelente. Lo hacen todo y no se pierdan nada [...][1] »

La réussite commerciale présente faisait augurer des futurs succès de la langue allemande, notamment au Levant quand l'Allemagne se vit confier le chemin de fer sur Bagdad. Mais, étrangement, la synergie escomptée ne joua pas en faveur de l'allemand[2], et le français conserva son statut de langue véhiculaire, employé aussi bien par les employés ferroviaires que par les officiers turcs instruits par les officiers de Guillaume II. De même, la colonie allemande de Constantinople afin de divulguer avec plus de sûreté ses nouvelles, se voyait contrainte de publier en 1908 une version française de son nouveau journal, l'*Osmanische Llyod.*

Quoi qu'il en soit des succès obtenus, il se produisit à partir de 1898 un incontestable effort en faveur des écoles. Les crédits doublèrent et passèrent de 135 000 marks à 300 000. Désormais les écoles secondaires rentraient également dans le champ des aides[3]. Et à partir de 1906, des « écoles de propagande », pour des non-Allemands, virent le jour : 10 dans l'Extrême-Orient et 7 dans le Proche-Orient. Cependant en 1913, dans une lettre adressée au professeur Lamprecht, le Chancelier Bethmann-Hollweg méditait ouvertement sur les limites de cette diplomatie culturelle allemande[4].

Cours et Conférences, 10 février 1899, pp. 639-646 (description, notamment des succès de l'industrie électrique à l'étranger).

1. « Le commerce, ils font le mauvais, le moyen, le bon et l'excellent, ils font tout et ne perdent rien. », in Auguste Bréal, « Le commerce allemand en Andalousie », *Le Temps*, 8 janvier 1911.

2. Voir Klaus Kreiser, « Le rôle de la langue française en Turquie et la politique culturelle allemande au début du XX è siècle », in Hâmit Batu et Jean-Louis Bacqué-Grammont (dir.), *L'Empire ottoman, la République de Turquie et la France*, *op.cit*, pp. 405--417.

3. Nous suivons Manfreid Abelein, *Die Kultur politik des deutschen Reiches ...*, *op. cit.*, pp. 105 et sq.

1. Voir cette lettre dans notre Mémoire d'Habilitation, *L'Alliance française ou la diplomatie de la langue ...*, *op.cit.*, p.111.

De surcroît, en France, beaucoup de propos alarmistes étaient lancés sans véritable examen. Ainsi, dans l'étude des progrès réalisés par la langue allemande, le rôle des colonies d'émigrants allemands était souvent mis en exergue par les publicistes français. En partie vérifié pour le cas du sud-Brésil, l'exemple des Etats-Unis en revanche, démentait la validité d'une assertion trop générale. L'observateur attentif pouvait en effet conclure à un déclin de l'allemand dans la population américaine d'origine germanique.[1]

Les pays anglo-saxons

Au Brésil, la prépondérance économique anglo-saxonne orienta dès l'avant 1914 un flux d'étudiants (ingénieurs) vers les Etats-Unis[2]. De même, en Haute Egypte, les missions anglo-saxonnes étaient actives au début des années 1890. Mais c'était en Extrême-Orient où l'anglais progressait inexorablement. L'*Alliance* s'était contentée d'un Comité à Shanghai en 1912, fondé par Charles Maybon, le créateur et directeur (jusqu'en 1920) de l'*Ecole municipale française*. Le Japon en 1873 avait envoyé 200 à 300 étudiants dans des institutions américaines. En Chine, des établissements universitaires conçus sur le modèle américain, tel Yale-en-Chine, essaimèrent[3]. Les Missions protestantes connaissent leur apogée entre 1890 et 1914 avec une orientation sociale marquée, aussi bien au

---

1. Ernest Tonnelat, *L'expansion allemande hors d'Europe, op.cit.*, pp.1-90. La volonté de maintenir la langue allemande et de créer des centres d'études germaniques, dans les régions du Centre (Cincinnati et surtout Milwaukee), eut surtout pour but d'assurer aux migrants un meilleur statut social et non de favoriser la propagande pangermaniste. Tonnelat note par ailleurs qu'aucun Allemand n'a conquis de position à l'Université. Ce qui éliminerait le professeur Nitze (fils d'allemand) qui monta à Chicago, à partir de 1909, un fort département ... d'études françaises ; Voir ainsi l'article de Franck L Schoell, « Le français à l'Université de Chicago », *Revue de l'enseignement français hors de France*, n°8, février 1921.

2 Ministre de France au M.A.E., 4 octobre 1908, *Série Amérique 1897-1918, dossiers généraux, Carton 45*, A.M.A.E. P.

3 Jean Heffer, *Les Etats-Unis et le Pacifique. Histoire d'une frontière*, Paris, Albin Michel, 1995, 505 p., p.167.

Japon (Université de Doshisha) qu'en Chine (Collège d'enseignement supérieur à Dengzhou en 1882). Dans ce dernier pays, les effectifs du supérieur ne cessent de progresser, avec 2 000 étudiants en 1920, et ceux du primaire et secondaire quadruplent entre 1907 et 1920 pour atteindre 200 000[1].

La comparaison des diverses formes d'action culturelle extérieure peut conduire à ce propos : l'Italie, l'Allemagne élaborèrent elles aussi des éléments de « projection » extérieure. La première dès la fin des années 1880, la seconde vers 1900, s'efforcèrent de renouer, à travers une politique scolaire, les liens entre les nationaux expatriés et la Mère-Patrie ; voire tentèrent, dans le cas allemand, de former des élites étrangères sur le modèle intellectuel national. Mais seule la France eut une « politique culturelle », réconciliation d'une politique de recherche scientifique à l'étranger déjà ancienne (Ecole française d'Athènes) et d'une politique d'enseignement de la langue au sein même des nouveaux Instituts ou dans les Comités de l'*Alliance*, largement ouverte sur des publics les plus divers (scolaires, universitaires, élites cultivées), et mise en œuvre par un ensemble d'acteurs, privés (*Alliance*, *Mission Laïque*, Congrégations) et publics (Instituts), plus ou moins coordonnées entre eux. Cette exportation des mœurs et idées françaises via la langue dépendait certes du prestige de l'Etat exportateur, mais elle relevait également de la qualité des objets exportés et de la convenance de ces exportations aux goûts ou coutumes de la clientèle locale. L'*Alliance*, déployée souplement selon des modalités locales, autorisait ce travail d'accommodation au terrain particulièrement délicat, tout en assurant au propos de Carducci sur « le rôle historique de la langue française [qui] est de servir de liens entre les nations », une prolongation concrète.

Durant tout le XIXe siècle, à d'assez longs intervalles et pour des motifs différents, il n'a pas manqué de se répandre une certaine *acedia*, un sentiment de doute profond quant à la

1. *Ibid*, pp.177-179.

vitalité française. De Michelet en 1846 qui craignait pour son pays le destin d'une future Atlantide à Maurras, rentré désespéré de son voyage de 1896 en Grèce, un grand froid semblait, par périodes, pétrifier les volontés. Dans ces temps de perte de substance, sans précédent au cours de l'histoire du pays, quand de 1871 à 1914 la population passe de 37 à 39 millions (37 à 67 en Allemagne), l'idée de décadence française saisit nombre de grands esprits. Mais il est non moins vrai qu'on vit périodiquement s'allumer de grands feux capables de réchauffer les cœurs et de mettre un mouvement inusité dans le corps de la Nation. L'*Alliance française* fut bien l'un de ces foyers où vinrent s'éclairer tous ceux qui se refusèrent à sécher de dépit après 1870. Et au temps d'Armand Fallières et des 500 000 rentiers attachés à l'épargne prudente et aux horizons familiers, elle représentait la contrepartie audacieuse, curieuse du vaste monde, dont un grand pays a besoin. En face de la France du « poêle Godin », se tenait celle des *Boursiers Albert Kahn* (1898). Il n'était pas d'ailleurs impossible, parfois, de les réconcilier : Giraudoux, chantre de Châteauroux, demanda à l'Ecole Normale de lui servir de clé des champs en lui accordant une bourse de voyage !

En se tenant sur le terrain, éminemment fédérateur en France, de la langue, de son exemplarité, l'*Alliance* satisfaisait une vaste ambition centripète : renforcer la cohésion sociale au sein d'un pays en cours d'acculturation aux valeurs républicaines et nationales et ressouder les élites autour d'un projet commun dynamique. En effet, la période 1870-1914 coïncide avec un apogée des politiques de mobilisation interne (via les grands réseaux de formation et ceux de la communication imprimée de masse) et de projection externe, quand la majorité des forces vives d'un pays sont rassemblées dans la « cage de fer » du National. Que les élites lettrées et érudites aient, aussi intensément, après 1870, et par-delà les tensions politiques du tournant du siècle, communié dans cette politique de redressement intellectuel et moral, doublée d'une profonde conviction d'une triple supériorité spirituelle héritée (France « très chrétienne », France « classique », France des Lumières et de la Révolution française), nous en avons une intéresssante preuve quand on envisage les chiffres de la traduction à la fin du siècle : la réticence à traduire autrui (5 % de traductions en moyenne) ou alors la capacité de se l'annexer subtilement, par le biais de traductions qui permettent de véritables réinterprétations de quelques-uns de ces « beaux étrangers » tels que d'Annunzio ou Nietzsche[1], contribuent à éclairer le climat dans lequel l'*Alliance* a pris son essor : ce fut l'âge d'or du nationalisme où, selon la forte théorisation d'un Gellner, culture et politique fusionnèrent. Un Ortega y Gasset, en 1924, un des acteurs importants du renouveau du cosmopolitisme intellectuel après 1918, reconnaissait d'ailleurs que la période 1870-1914 avait été celle de la « nationalisation du type de l'intellectuel »[2].

Mais qu'une association privée fût comptable d'une bonne part des intérêts culturels français à l'étranger, la démarche ne pouvait être plus habile et plus féconde. Aux antipodes des pensées de Maurras ou Barrès, au moment où s'opérait le décrochage de puissance et de dynamisme, vers 1860-1880, il n'était plus temps de garder les yeux fichés au sol pour mieux y reconnaître ses tombes et de se rencogner sur soi-même. Ces multiples Comités à l'étranger, mais aussi ces Cours de vacances parisiens n'étaient pas seulement un cadre anonyme qui reçoit des visiteurs indifférents, mais bien plutôt une vaste maison qui accueillait les amis dispersés de la France.

Grâce à un dispositif décentralisé, souple, peu coûteux pour le Quai d'Orsay, à ses initiatives pionnières dans le domaine de la politique universitaire extérieure, l'*Alliance* dessina les contours d'une politique culturelle moderne. Que n'a t-elle pas inventé en la matière ? Des cours de vacances aux tournées de conférences, du soutien au livre français aux bourses pour

---

1. Nous suivons là les fortes analyses de Blaise Wilfert dans sa thèse sur *Importation littéraire en France à la fin du XIXe et début du XXe siècles*, soutenue à Paris I en Mai 2003.

2. Voir la reproduction de son article de décembre 1924 dans la Revista de Occidente in *Aurore de la Raison historique*, Paris, Klincksieck, 1989, 377 p., pp.127-134. Etudiant, en 1907, en Allemagne, il cite la méconnaissance totale de Bergson parmi les grands philosophes germaniques.

locuteurs étrangers, les traites tirées au XXe par le dispositif de la diplomatie culturelle sur ces méthodes d'action mises au point par l'*Alliance* pourront difficilement être remboursées à leur juste valeur.

Celle-ci fut donc l'aiguillon bienvenu pour l'administration des Affaires Etrangères qui, individuellement d'abord, collectivement par la suite dans les années 1905-1910, se haussa à la bonne hauteur des enjeux d'une diplomatie plus ambitieuse et plus efficace. En effet, la centralisation croissante des activités diplomatiques à la veille de 1914 plaçait de plus en plus l'action combinée des consuls et de l'*Alliance* sous la coupe des services centraux du M.A.E.

Enfin, l'*Alliance*, par les personnalités telles que celles des Foncin, Lavisse, Hauser ou Brunot, nous révèlent un type d'intellectuels que l'on pourrait qualifier « d'intellectuels républicains. » Contrairement à l'intellectuel « dreyfusard » (associé à une cause universaliste), ou l'intellectuel « engagé » (dans une lutte déterminée), tous deux éloignés du pouvoir ou en butte à celui-ci, l'intellectuel « républicain » se retrouve dans une posture d'expertise quand l'Administration ne dispose pas encore de compétences dans des domaines nouveaux de l'action publique[1]. Janus bifrons, pour l'analyse il emprunte les connaissances de l'intellectuel alors que, pour l'action, il est lié à l'acteur politique. La République, entre 1880 et 1940, a eu ses intellectuels « organiques » dans des domaines les plus variés, de la politique de recherche scientifique (Perrin, Borel) à ceux de la politique universitaire (Lavisse) et de la politique culturelle extérieure (Foncin). Dans l'invention de cette dernière, finalement, une tendance de fond s'affirme bel et bien, à rebours de certaines analyses sociologiques telles que celles

1. Christophe Charle, *La République des Universitaires 1870-1940*, Paris, Le Seuil, 1994, 506 p., pp.305-306.

données par Christophe Charle[1] : la proximité entre les élites politiques républicaines (en partie issues des « capacités ») et les élites intellectuelles permet de modeler de manière novatrice cette politique d'expansion intellectuelle à l'étranger.

1. Christophe Charle, *Les Elites de la République*, Paris, Fayard, 1987, 556 p.

DEUXIÈME PARTIE

DE LA GRANDE GUERRE AU DÉBUT DES ANNÉES TRENTE : LA CULTURE AU SERVICE DE LA PUISSANCE FRANÇAISE

Chapitre I

L'Alliance française et la culture de guerre (1914-début des années vingt)

La Grande Guerre, au dire de Romain Rolland, fut avant tout l'affaire de deux « castes ». L'une disposait souverainement des corps, l'autre construisait inlassablement un corpus de représentations censé donner au conflit une signification (messianique) irréfutable. Cet ensemble d'idées et de sentiments, les historiens l'inventorient aujourd'hui sous le nom de « culture de guerre »[1]. Celle-ci touche, certes, à ce qu'il est coutume d'appeler propagande, tout en la débordant de manière multiforme. Pendant le conflit et durant ses lendemains, l'*Alliance*, tout autant que les nombreux Comités ad hoc formés pour la circonstance (les Comités « confessionnels » notamment), assuma un rôle très actif de propagandiste et, en collaboration avec le M.A.E., participa à la « guerre des mots », fit usage des « armes psychologiques », oeuvra à la « lutte culturelle », tout vocable employé alors par les contemporains. Cette nouvelle organisation de la diplomatie culturelle donna naissance en novembre 1915, en tant qu'organisme de coordination et d'impulsion, à la *Maison de la Presse,* dispositif conçu par Philippe Berthelot[2]. De son côté, l'Etat allemand

1. Sur la notion de « culture de guerre », voir Stéphane Audoin-Rouzeau Annette Becker, *14-18 retrouver la guerre*, Paris, Gallimard, 2000, 272 p., p.122.
2. Sur quelques aperçus concrets de son fonctionnement et surtout sur celui de la personnalité controversée de Berthelot, voir *Paul Morand, Journal d'un attaché d'ambassade 1916-1917*, Paris, Gallimard, 1963, 299 p. Sur la mise en place progressive des services de propagande au sein du Quai, du « Bureau Ponsot » en août 1914 à « l'Office de Propagande » de Etienne Fournol au début 1915, voir Jean Baillou, Les Affaires Etrangères et le corps diplomatique français, *op. cit.*, pp. 336 et sq. et Jean-Claude Montant, *La*

consentait lui aussi à une considérable mobilisation des moyens de la propagande, en dépensant 3,5 millions de marks jusqu'en 1919 ou en créant un service tout spécialement chargé de la propagande, dont un bureau spécial chargé de traiter le problème précis de la « responsabilité dans la culpabilité de la guerre »[1]. Précisément, l'un des débats récurrents au sein du M.A.E. porta sur la nécessité ou non d'une action de « propagande à l'allemande ». La boursouflure dont celle-ci faisait parfois preuve, le vide et le trop d'espace entre les paroles et les pensées, entre les pensées et les personnes, laissaient bon nombre de diplomates sceptiques quant à ses vertus. L'ambassadeur à Washington, J. Jules Jusserand, se fit l'écho le plus éloquent (de même Barrère à Rome ou Geoffray à Madrid partagèrent initialement ce doute) de cet état d'esprit.

Les hommes forts de l'*Alliance* avaient toujours été proches du pouvoir républicain, et leur mobilisation dans la nouvelle « croisade » idéologique animée par l'ensemble des intellectuels[2] ne se fit pas attendre. Quelques-uns d'entre eux, tel que Henri Hauser, jouèrent un rôle important dans les cabinets ministériels, d'autres, tel que Paul Labbé, le futur secrétaire général de l'*Alliance*, se consacrèrent à la direction de Comités de propagande comme *l'Effort de la France et des Alliés*. L'*Alliance* ne menait-elle pas en effet, déjà, sa propre « croisade » ? La guerre des militaires dut alors lui paraître comme la prolongation, par d'autres moyens, de la lutte

---

Propagande extérieure de la France pendant la Première Guerre Mondiale : l'exemple de quelques pays neutres, Thèse de l'Université de Paris I, 1988, 1901 p. ; du même, on pourra consulter aussi l'article « l'organisation centrale des services d'information et de propagande du Quai d'Orsay pendant la Grande Guerre », in *Les Sociétés européennes et la guerre de 1914-1918*, Nanterre, 1990, 495 p., pp.135-143.

1. Paul Gordon Lauren, Diplomats and Bureaucrats The first institutional responses to twentieth century diplomacy in France and Germany, Stanford, Stanford University, 1976, 294 p., pp.201-202.

2. Voir l'article de Jean François Sirinelli qui évalue sur le moyen terme (l'entre-deux guerres), les retombées de cet engagement massif (pacifisme, méfiance à l'égard des pouvoirs) : « Les Intellectuels français et la guerre », in Jean-Jacques Becker et Stéphane Audoin-Rouzeau (dir.), Les Sociétés européennes et la guerre de 1914-1918, *op.cit.*, pp.145-161.

soutenue depuis des décennies contre l'idiome germanique. Pour certains, peu nombreux il est vrai, « frapper à la tête », par la suppression de l'enseignement de l'allemand, permettrait d'isoler définitivement l'Allemagne[1]. Ernest Lavisse ou Alfred Coville, le directeur de l'enseignement secondaire au M.I.P., condamnèrent âprement l'irréalisme de telles vues.

1.La période du conflit et les activités de l'Alliance

Activité générale

Hormis la publication d'un *Bulletin de guerre*, l'essentiel des activités de l'*Alliance* pendant la guerre concerna celles menées par les Comités à l'étranger. Ceux-ci versent d'ailleurs, en 1917, la somme relativement élevée de 279 675 F[2]. En France en revanche, l'association paraît vivoter ; quelques rares Comités organisent des conférences (Marseille, Dieppe, Nice), les cotisations déclinent et tombent à 22 187 F en 1917, et seuls les cours de vacances réouverts en 1915, bien que très ralentis (100 personnes en 1915 et 50 en 1917) tentent de renouer avec

1. Paul Mieille, *L'allemand après la guerre. L'anglais et le français langues internationales*, Tarbes, Imprimerie Lescamela, 1915, 34 p. Ce professeur d'anglais du lycée de Tarbes déclencha ainsi un vif débat à l'intérieur de la *Revue de l'enseignement des langues vivantes* durant toute l'année 1916. Aucun des intervenants dans ces échanges ne se rallia aux idées de Mieille, par souci de précaution bien entendue (connaître l'ennemi passe par l'enseignement de son idiome); mais le professeur de langue et littérature italiennes à la Sorbonne, Hauvette, plaida en faveur d'un affaiblissement de l'allemand au profit de l'espagnol et de l'italien. Voir aussi Martha Hanna, *The Mobilization of intellect French Scholars and writers during the Great War*, Cambridge-London, Harvard University Press, 1996, 292 p., pp.162 et sq. Elle évoque l'audition de Coville devant une commission parlementaire en 1915, et celui-ci soutint la thèse des vertus éducatives de l'allemand. Cependant, dans les années vingt, l'allemand reflua devant l'anglais : en 1922-1923, il y avait 34 candidats pour le DES d'anglais contre 5 en allemand (p.226).
2. Rapport sur la situation financière de l'Alliance française : exercice 1917, 8 p.

la pratique de l'avant-guerre. A l'étranger, le bilan se révèle moins sombre. Dans les premiers temps de la guerre, le dédain à l'égard de la « réclame » aurait-il incité le *Quai* à laisser agir des organismes privés tels que les Chambres de Commerce et l'*Alliance* [1]? Les Archives consultées ne paraissent pas contenir de telles instructions et, au contraire, donnent le sentiment que l'*Alliance*, dans certains pays neutres (Scandinavie), fut parfois mise en demeure de freiner ses activités afin de ne pas éveiller des critiques ; cette prudence paraît l'emporter, du moins dans certains pays neutres, géographiquement proches de l'Allemagne (Hollande, Suisse, Danemark)[2].

Cependant, l'association du Boulevard Raspail continuait son travail et maintint, à certains endroits, un bon niveau d'activité. Ces manifestations de vie de l'*Alliance* pouvaient être certes distinguées selon qu'elles touchaient les pays alliés ou les Neutres.

Chez les premiers, la Russie enregistre, jusqu'en 1917, une assez bonne activité des Comités. Les cours de français donnés dans la capitale russe progressent nettement ; de 8 en 1911, les effectifs passent à 35 en 1912 et 250 en 1917. A Moscou, le Comité enregistre de beaux succès et les adhérents passent de 683 (1915) à 1 400 (1916), avant de retomber à 180 en 1919.[3] En province, des Français à la tête des Comités locaux se consacrent à la propagande. A Odessa, à côté des cours du soir (200 élèves), les conférences sur la guerre sont nombreuses. Ailleurs, cependant, la tâche peut s'avérer plus délicate, comme à Samara par exemple. Le secrétaire du Comité, Michel Grand-Clément, professeur de français à l'école réale, fait part à la fin de 1917 des difficultés rencontrées. Journaux et clubs de la

1. Ce qu'affirme Jean-Claude Montant, *La Propagande extérieure de la France pendant la Première Guerre mondiale : l'exemple de quelques pays neutres*, *op.cit.* ; voir aussi du même auteur son article, « l'organisation centrale des services d'information et de propagande du Quai d'Orsay pendant la Grande Guerre », in *Les Sociétés européennes et la guerre de 1914-1918*, op. cit.

2. Jean-Claude Montant, La Propagande extérieure de la France pendant la Première Guerre mondiale, *op.cit.*, pp.1502-1523 bis.

3. *R.AF.*, n°, 15 octobre 1920.

bonne société fermés, salle de cours et bibliothèque réunies dans une pièce de 24 mètres carrés, présence allemande importante (prisonniers de guerre), les obstacles ne manquent pas devant le secrétaire qui, contre vents et marées, commence en février 1918 des conférences sur les « salons du XVIIIe » (!)[1]. Quelques mois plus tôt, à Bakou, en juin 1917, le secrétaire de l'*Alliance*, Roubaud, signale un peu les mêmes difficultés, la faible mobilisation réalisée (60 personnes), la nécessité pendante d'obtenir du matériel de propagande (films et photos)[2].

Dans les pays anglo-saxons, où les contraintes étaient moindres, la propagande de l'association se développa de manière inégale. Si en Grande-Bretagne un ralentissement d'activité se produisit, il n'en va pas de même au Canada et aux Etats-Unis. Dans ce dernier pays, la francophilie semble progresser rapidement, au moins sur la côte est, et la Marseillaise devint vers 1917 le second hymne patriotique. L'*Alliance* paraît avoir maintenu une bonne activité dont témoignent, en 1916, les 22 nouveaux Comités. Les tournées de conférenciers se poursuivirent et celle du professeur de droit, de La Pradelle, avait quelque aspect inédit ; pour la première fois un non-littéraire était ainsi sollicité. Quel peut avoir été l'impact des groupes de l'*Alliance* sur l'opinion publique américaine ? Fin 1915, son ancien président, James H.Hyde, aurait souhaité davantage d'allant de sa part. Les papiers des divers agents du *Quai* ne parlent guère d'eux, sinon de la presse locale, et de la nécessité de toucher enfin « l'Américain moyen » du Middle West. Ainsi Stéphane Lauzanne partit en mission en septembre 1916 pour imaginer une action plus incisive dans ces milieux de la grande presse que le *laisser-faire* prôné jusque-là par l'ambassadeur Jusserand. Et en février 1917, afin de provoquer un choc décisif, et en contournant les positions de

1. Lettres du secrétaire AF de Samara au Comte de Chevilly, 29 décembre 1917 et 8 février 1918, *Saint-Pétersbourg Ambassade, Série A, Carton 528*, A.M.A.E.N.
2. Secrétaire du Comité AF de Bakou au Comte de Chevilly, 24 juin 1917, *Ibid.*

l'ambassadeur, Bergson fut envoyé auprès de Wilson (le philosophe-roi légitimé dans le choix de l'intervention par l'un des plus grands penseurs de l'époque) ; on sait l'incomparable persuasion d'une parole et de ces « yeux avec un feu bleu s'élevant par saccades comme un feu de rampe »[1].

L'*Alliance,* sans prétendre toucher le grand public ni influer sur les « décideurs », fut néanmoins active. Pour l'avenir, le très dévoué secrétaire général de la *Fédération*, Louis Delamarre, peut-être à la suite de l'Exposition de San Francisco (1915)[2] en partie organisée par ses soins et le Comité local de l'Alliance quant à la dimension strictement intellectuelle et artistique (à quoi se réduisit la présence française in fine), imagine même de conférer à celle-ci un rôle de coordination de tous les acteurs culturels français aux Etats-Unis ; il propose à ce titre de lui confier la fonction de Centrale de renseignements (sur la vie universitaire française, sur les voyages vers l'hexagone, le livre français) tout en maintenant ses activités spécifiques d'organisation de groupes mondains.[3]

Incontestablement durant ces années, la progression de l'*Alliance,* en particulier sur la côte ouest (après l'Exposition de San Francisco) et du français en général dans les établissements secondaires, où de 130 000 élèves en 1914, les effectifs passèrent à 540 000 en 1924, traduisit la chaleur du sentiment pro-français en Amérique du Nord.

---

1. D'après Léon-Paul Fargue, cité par Paul Morand, Journal d'un attaché d'ambassade, *op. cit.*, p. 250. Sur les trois « missions » de Bergson et surtout pour ses rencontres avec Wilson lors de sa première mission américaine, on consultera Philippe Soulez, *Bergson politique*, Paris, PUF, 1989, 409 p.

2. La France exposa des produits de ses manufactures nationales, des tableaux, des sculptures, des œuvres sélectionnées de ses meilleurs artistes (Ecole de Barbizon, les Orientalistes à la manière de Gérôme, les Impressionnistes ; Le Cirque de Seurat et le Père Tanguy de Van Gogh soulevèrent une vive admiration), une sélection de livres. Une partie de ces objets fut vendue (produit de 100 000F) et les autres circulèrent dans plusieurs villes américaines, voir *Jocelyne Rotily, Artistes américains à Paris 1914-1939*, Paris, L'Harmattan, 1998, 463 p, pp. 84-90.

3. Louis Delamarre, « Relation avec les Collèges américains et l'Alliance française », in *Fédération Alliance française des Etats-Unis et du Canada. Congrès de 1917 de langue et littérature françaises*, pp.7-15

Au Canada, le frémissement francophile datait des années 1913-1914 quand fut créé le Comité d'Otawa et recréé celui de Toronto en 1914. Puis, apparaissent ceux de Vancouver (1915), Winnipeg (1916) et Victoria[1]. A contrario, la *Fédération de Grande-Bretagne et d'Irlande* ne parvint pas à maintenir l'élan de l'avant-guerre. Les conférences déclinèrent puis s'interrompirent en 1916 ; le projet d'établissement d'une grande bibliothèque sombra et, en général, les concours se raréfièrent jusqu'à la fin de la guerre. Mais tout comme Louis Delamarre, son équivalent en Angleterre, le professeur Salmon, échafaudait les plans d'une réorganisation globale de l'infrastructure culturelle française.[2]

Mais, incontestablement, l'une des meilleures situations géographiques étaient bien incarnées par l'Amérique Latine où le « trend » favorable de l'avant-guerre suivait son cours. L'Argentine poursuivait sa progression : apparition de plusieurs Comités en province (Rosario, Bahia Blanca, La Plata), des examens toujours plus courus d'une année sur l'autre (556 personnes en 1918) et au prestige croissant (le Président Irigoyen remit en 1918 le 1er prix au lauréat du diplôme supérieur), des cours du soir à Buenos-Aires sans cesse plus nombreux (42)[3]. Dans un pays comme le Mexique où l'Allemagne se montrait très entreprenante, l'*Alliance* délégua des conférenciers, tel que le docteur Potel, pour soutenir la propagande française qui, selon le chargé d'affaires, Dejean, en avait bien besoin :

« Quand je suis arrivé ici au commencement de l'année dernière [1918], la propagande allemande battait son plein ; les Anglais et les Américains avaient à peine des salons de lecture et de propagande. Je suggérais aux principaux membres de la colonie de louer en plein centre un local où nos brochures de propagande seraient à la

1. Bonin, consul général de France au Canada au M.A.E., 15 avril 1918, *S.O.F.E., Carton 132*, A.M.A.E.N.

2. Rapport sur les œuvres françaises de la circonscription du Consul général de France à Londres adressé au M.A.E., 22 avril-6 mai 1919, 68 p., *S.O.F.E., Carton 141*, A.M.A.E.N.

3. Alliance française, Comité de Buenos-Aires, Assemblée Générale 22 mars 1918, B.A., Pech et Girard, 25 p.

disposition du public : comme toujours la colonie répondit généreusement à mon appel. Le Salon de lecture ouvrait le 8 août et ne désemplissait pas [...] Maintenant que la guerre est finie, l'Alliance est rentrée dans son rôle principal, l'enseignement du français. Je ne considère pas cependant que la propagande doit cesser entièrement : le salon de lecture sera maintenu provisoirement ; prochainement enfin la bibliothèque de l'Alliance française sera assez importante pour que des livres puissent être prêtés moyennant garantie, et une bibliothèque roulante fonctionnera »[1].

La propagande imprimée de l'Alliance

La guerre donna lieu avant tout à une immense accumulation de brochures, livres et albums, à une inlassable guerre de l'imprimé à laquelle les intellectuels apportèrent une contribution zélée. Ce fut le temps des brochures, du libelle court et simplificateur, fiévreusement répandu par milliers d'exemplaires. Et dans cet exercice, les universitaires se précipitèrent les premiers dans l'accomplissement de ce travail, jugé à leurs yeux, non seulement patriotique mais aussi, paradoxalement, scientifique. On connaît ce qui fut l'une des collections les plus fameuses de ces brochures, dirigée par Emile Durkheim et Ernest Lavisse, chez Armand Colin, sous le titre « Etudes et Documents de Guerre ». Neuf textes parurent à partir de 1915, vendus à un franc ou cinquante centimes, traduits en plusieurs langues, et écrits par certains des plus grands universitaires français du moment.[2] Mais dès août 1914, Berger-Levrault annonçait la publication de ses « Pages d'histoire », suivi par Bloud et Gay et ses « Pages actuelles » commises à l'instigation du Comité catholique. Or l'association

1. Note du Chargé d'Affaires de France à Mexico au M.A.E., 13 avril 1919, *S.O.F.E., Carton 132*, A.M.A.E.N.

2. Deux textes par Durkheim, un par Lavisse (avec Andler), un par Seignobos, un par A. Weiss, deux par Bédier, un par A.Reiss, un par Andler. Les textes oscillent entre 25 pages et 80. Voir la thèse de Philippe Olivera, *La Politique lettrée en France Les essais politiques (1919-1932)*, Université de Paris I, 3 vol., 2001, 780 p +436p. d'annexes, sous la direction de Christophe Charle, p.67 des annexes pour la collection Armand Colin. et pp.531 et sq. pour le chapitre « la mise en guerre de la guerre ».

du Boulevard Raspail- qui mérite vraiment son nom alors puisque son immeuble fonctionne à partir de 1915- adopta une voie différente de la brochure polémique en publiant son *Bulletin de guerre de l'Alliance française*, recueil de renseignements sur les faits militaires et économiques, compilation d'informations sur l'Allemagne ou les pays neutres, rédigé avec une retenue de ton, assez rare pour l'époque pour être notée. Si à l'Institut, selon Alfred Rébelliau, certains académiciens proches des nationalistes font un peu grise mine devant cette publication moins passionnée que beaucoup d'autres, ailleurs, on la loue pour cet effort de modération.[1] Un publiciste nazi en 1940, Edmund Halm, parla même d'une publication remarquable qui nuisit gravement à l'Allemagne[2]. Un Comité formé de sept universitaires regroupait Jacques Zeiller (doyen de l'Université de Fribourg), Edouard Jordan (historien), Lucien Gallois (géographe), Edmond Huguet (professeur de Lettres) remplacé par Augustin Fliche (historien), Antoine Meillet (linguiste), Lucien Lévy-Bruhl (philosophe) et Alfred Rébelliau (historien).

Dès novembre 1914, cette équipe publiait ce bulletin de 16 pages en français et en espagnol. A partir du numéro 4 une version allemande est proposée dont Rébelliau soulignait l'importance :

« Il va falloir soigner 1) la traduction car ce n'est pas seulement la Suisse allemande que nous allons toucher ; ce serait l'Allemagne elle même 2) soigner la propagande. Et tâcher d'avoir pour les cantons allemands de la Suisse des annuaires et des renseignements de tout genre »[3].

---

1. Le fonds Lévy Bruhl conserve un bordereau de lettres reçues par Rébelliau entre novembre 1914 et mars 1915 (essentiellement d'Amérique Latine) qui donne quelques échos des sentiments éveillés par la lecture du *Bulletin* ; par exemple une lettre du Comité de l'Alliance à Perth, le félicite de son ton et précise que le Sunday Times en donne régulièrement des extraits, in *Fonds Lévy-Bruhl*, IMEC.

2. Edmund Halm, *Die Alliance française. Der Weltbund des französischen imperialismus*, Berlin 1940, cité par Jean-Claude Montant, La Propagande extérieure de la France ..., *op.cit.*, p.30.

3. Lettre d'Alfred Rébelliau à Lucien Lévy-Bruhl, 12 novembre 1914, *Fonds Lévy-Bruhl*, IMEC.

L'argent fut débloqué à la suite d'un Conseil des Ministres en novembre 1914 qui décida d'accorder une subvention (240 000 F) à la Chambre de Commerce de Paris afin de publier un *Bulletin* et des brochures. Dans la mesure où le président de la Chambre de commerce en question n'était autre qu'un membre de l'*Alliance française*, David Mennet, cette dernière fut donc choisie pour être en charge de cette publication bi-mensuelle ; quant aux brochures, Armand Colin se chargea de la collection « Etudes et Documents de guerre » dont les titres furent publiés en 1915-1916[1]. Au premier novembre 1915, huit millions d'exemplaires du *Bulletin* avaient paru, traduits en six langues et 1 273 000 exemplaires pour les brochures publiées en neuf langues[2]. Ce bulletin polyglotte poursuivit son activité jusqu'en juillet 1919. Il fut ainsi une des premières publications françaises à faire connaître les sympathies américaines pour le grand public français et européen. Au total 38 371000 exemplaires du *Bulletin* furent édités. Dans certains cours de l'*Alliance*, celui de Valladolid en janvier 1915 par exemple, il devint un commode outil de traduction/explication pour les élèves…

2. La culture de guerre et les projets de réorganisation dans la diplomatie culturelle

La guerre, mais encore davantage la période de l'immédiat après-guerre, donnèrent lieu fort souvent à un activisme « culturel » débridé. Chacun, pourvu d'une minime compétence, voulut s'improviser chargé de mission et diplomate en herbe. Mais l'Etat lui-même encouragea le mouvement en envoyant ses généraux, entre 1919 et 1922, aux

---

1 .Lettre du Président de la Chambre de Commerce de Paris au M.AE., 10 novembre 1915, *Papiers Berthelot PA AP 10, Carton 1*, A.M.A.E. P. Poincaré a dû appuyer de tout son poids cette subvention comme l'indique cette lettre de Rébelliau du 9 janvier 1920 : « Le Bulletin polyglotte de l'AF a cessé de paraître. Les rédacteurs n'ont jamais oublié qu'on vous a dû de naître et de s'accroître, et de travailler avec quelques bons résultats », in *Fonds Poincaré*, NAF 16014, feuillet 146, Bibliothèque Nationale.
2. Ibid.

quatre coins du monde pour de vastes tournées de propagande, en transformant quelques grands anniversaires de l'année 1922 (tricentenaire de la mort de Molière, centenaire de la naissance de Pasteur) en commémorations politiques. Cependant le meilleur de cet « esprit de 1919 » (Gilles Le Béguec) se retrouve dans les quelques initiatives novatrices qui tentèrent alors d'unir plus solidement pensée et action afin d'améliorer l'efficience des méthodes de travail dans la diplomatie culturelle. Car si selon certains analystes, la France avait sans doute gagné la guerre, son organisation de propagande jugée souvent inconsistante, mal coordonnée, mal centralisée, ne paraissait guère une contributrice de choix dans cet heureux résultat. Le M.A.E., quant à lui, adopta une circulaire dès le 28 janvier 1918, dans laquelle il demandait à ses agents de lui donner matière à établir un bilan des relations intellectuelles entre la France et l'étranger.[1] Cette inquiétude réformatrice se justifiait d'autant plus à ses propres yeux, que l'Allemagne paraissait vouloir gagner la bataille de la paix en continuant l'intense propagande des années de guerre.

Réorganisation de l'enseignement français à l'étranger et de l'enseignement pour les étrangers

L'Alliance offrait à l'étranger, et en France à travers ses cours de vacances de Paris, un dispositif d'enseignement largement répandu, mais de valeur inégale. Or, les universitaires invités à esquisser des perspectives nouvelles pour l'expansion intellectuelle française eurent tendance à proposer des plans ambitieux dans lesquels l'Alliance tenait une assez minime place, ou à tout le moins une place secondaire.

D'Espagne et de l'universitaire bordelais Pierre Paris, directeur de l'Institut français à Madrid, provinrent des projets précis de refonte du dispositif français local d'enseignement et de culture. Fin 1915, il propose à l'ambassadeur français en poste à Madrid la création d'un *Office de l'enseignement du*

1. Matériaux contenus dans S.O.F.E., Carton 141, A.M.A.E.N.

français en Espagne[1]. L'idée majeure vise à surveiller et contrôler efficacement le réseau des écoles françaises pour lui assurer son plein rendement, et éviter ainsi les divisions, ou compenser les faiblesses individuelles. Le collège de l'*Alliance* à Alicante suscite justement l'irritation de Paris :

« [...] le collège est une honte pour la France [...] il vaudrait certainement beaucoup mieux n'avoir pas d'école que d'en avoir une si misérable [...] les bâtiments sont dans un état lamentable de vétusté, de délabrement et de saleté ; le mobilier scolaire est partout disloqué [...] une soi-disante bibliothèque est un tout petit cabinet sombre où je n'ai pas aperçu de livres ; une classe de physique et chimie a pour tout matériel quelques tubes dans une vitrine poussiéreuse [...] [2].»

Et cette surveillance, rajoute Pierre Paris, doit être confiée à un *Office* placé sous la surveillance de l'Ambassadeur. C'était là écarter les tutelles traditionnelles, celles de l'*Alliance*, du bureau des écoles ou des rectorats de Bordeaux et Toulouse :

« [...] lui seul peut se rendre compte sur place des vices, des lacunes, et aussi des besoins de ces institutions, et lui seul peut donner la nécessaire impulsion, dans le sens le plus juste, à des œuvres faites pour servir, en même temps que les intérêts particuliers des familles françaises établies en Espagne, les intérêts supérieurs et l'influence de notre patrie. Naturellement, l'autorité de l'ambassadeur s'exercerait par l'intermédiaire d'un inspecteur désigné ou tout au moins agréé par lui, et responsable vis-à-vis de lui [3]. »

Finalement, après les réserves du M.I.P., l'Ambassadeur Geoffray consentit au principe d'une « visite générale » annuelle, renouvelable ultérieurement, et sans référence à une inspection de type universitaire. Il n'en restait pas moins chez Paris de fortes préventions à l'égard du contrôle exercé par l'*Alliance* sur ses établissements. Celle-ci pouvait en effet, parfois, déléguer une personnalité tenue à une inspection d'établissements, mais sa tutelle demeurait trop ponctuelle. Pierre Paris parvint en tout état de cause à renforcer le réseau

---

1. Lettre de Pierre Paris à l'Ambassadeur de France à Madrid, 31 décembre 1915, *Madrid Ambassade, Série B, Carton 519*, A.M.AE.N.
2. Lettre de Pierre Paris à l'ambassadeur de France à Madrid, 7 février 1916, *Madrid Ambassade, Série B, Carton 384*, A.MA.E.N.
3. Lettre de Pierre Paris à l'Ambassadeur de France, 31 décembre 1915, *doc. cit.*

scolaire français (création du lycée français de Madrid, augmentation d'écoles françaises) et les subventions augmentèrent considérablement (de 111 525 F en 1918 à 1 205 000 F en 1921, pour osciller autour de 800 000 à la fin des années vingt)[1].

Rechercher une meilleure efficience de l'enseignement français à l'étranger, la réflexion cheminait dans l'esprit du nouveau responsable de L'O.N.U.E.F., en juin 1916, Charles Petit-Dutaillis. D'emblée, il tenta de poser les fondements d'une politique culturelle (ré) organisée autour des universitaires ; organisation systématique (donner des cours de langue, proposer des conférences prestigieuses), rationnelle (regrouper les nationalités dans tel ou tel établissement) et humaine (soigner l'accueil) de l'enseignement pour étrangers en France; rationalisation des missions à l'étranger ; pilotage et coordination par les Instituts à l'étranger de toute la politique d'expansion intellectuelle.[2]

Une autre proposition, suivie elle d'une réalisation, à mi-chemin d'une politique universitaire à l'étranger et d'une politique intellectuelle extérieure globale, mérite l'attention, celle de Paul Desjardins, le fondateur des *Décades de Pontigny* (1910-1939)[3]. Ce merveilleux catalyseur des volontés éparses que fut Desjardins, imagina, lui aussi, dans une lettre adressée à Ferdinand Brunot, une rationalisation de l'action culturelle française, à la fois sur la forme (les « missions » à mieux préparer) et surtout sur le fond (les traits de la France à graver de manière irrécusable) :

« [...] Je lui [au Commissaire général de l'information et de la propagande] ai fait part de mon plan d'une Direction centrale

---

1. Voir l'ouvrage de Antonio Nino, *Cultura y Diplomacia. Los Hispanistas franceses y Espana 1875-1931*, Madrid, Casa Velasquez, 1988, 481 p., p. 441.
2. Note de Charles Petit-Dutaillis « sur l'expansion intellectuelle à l'étranger par l'action universitaire. Quelques notes sur les directives à suivre », 1 septembre 1916, *70 AJ, Carton 1*, Caran. Par ailleurs, il livre à la *Revue politique et parlementaire* d'avril et mai 1917 un article de synthèse consacré aux « Conditions de notre expansion intellectuelle ».
3. Nous nous permettons de renvoyer à notre ouvrage, *Paul Desjardins et les Décades de Pontigny*, Villeneuve-d'Ascq, Septentrion, 2000, 327 p.

(professionnelle) des missions universitaires françaises à l'étranger ; celles-ci partant étourdiment et faisant parfois d'étranges besognes- je l'ai su, toi sans doute aussi- faute de préparation, d'expérience, de discipline- et il est, lui dis-je, d'un intérêt infini que l'idée que la France propose d'elle-même aux alliés, aux neutres, à tous les autres, soit nette, exacte, simple et qu'il y reconnaissent un principe d'avenir : il faut donc ici, à Paris, rassembler les universitaires autorisés et dévoués et les constituer en un Directoire des missionnaires à l'étranger. Pour donner à cette entreprise forme pratique, on fera chaque mois un Manuel de l'action universitaire française hors de France, contenant des directions, des suggestions, des plans, des documents ; de la sorte les leçons, conférences, lectures, auditions seront guidées, alimentées, unifiées. Le plan a paru bon. Le Manuel en question paraîtra aux frais des Affaires Etrangères à partir du 25 octobre. J'en serai le secrétaire de rédaction [...] mais non sans toi, sans Lanson, Denis, Andler, CH V. Langlois, Jullian etc. que puis-je. Mais ce qui revient à toi, c'est la Direction pour l'enseignement de la langue française (considérée comme un moyen de pénétrer l'originalité propre de notre peuple) [...]. [1]»

D'avril 1919 à décembre 1920, parut *La Civilisation française Guide pour l'explication des choses de France.* Alternaient les cours (ceux de Lanson en 1915-1916), les enquêtes (sur le fait religieux en France, sur les bibliothèques), des exposés (Hauser, Demangeon), des témoignages divers, les différentes chroniques, politiques (Guy-Grand), sociales (Maxime Leroy), musicales (Gabriel Marcel). Paul Desjardins visait ainsi à donner le visage exact de la France et des Français.

Quant à Ferdinand Brunot, avec l'aide enthousiaste du vice-recteur de l'Académie de Paris, Lucien Poincaré, qui avait dû faire face, déjà, au début de 1919, à la demande de formation de 1 000 soldats américains, il créa à la Sorbonne ce que lui réclamait Paul Desjardins : des « Cours de civilisation française » dispensés durant quatre mois (sur deux semestres) apparaissent en novembre 1919 ; puis une « Ecole de préparation des professeurs de français à l'étranger » ouverte à des étudiants (es) français et étrangers naît en novembre 1920.

1. Lettre de Paul Desjardins à Ferdinand Brunot, 15 septembre 1918, *Fonds Brunot, Correspondance, Carton 7780*, Bibliothèque de l'Institut.

Pour les Cours, l'enseignement rappelait ce que Brunot avait déjà mis en place à l'*Alliance* pour ses cours d'été ; ils comportaient une épaisse tranche historico-littéraire, une section de phonétique, des lectures à haute voix assurées par Jacques Copeau et les acteurs du Vieux-Colombier, et les sections habituelles de vocabulaire, de grammaire et d'orthographe.[1] Ils reçurent, chaque été, au début des années vingt jusqu'en 1925, quatre à cinq cents étudiants américains.

La réorganisation des moyens de l'action intellectuelle à l'étranger

Les réflexions diverses qui portaient alors sur la nécessaire réorganisation de la propagande française à l'étranger furent alors souvent marquées par un esprit de rationalisation fortement teinté de dirigisme. De façon un peu paradoxale, en dépit de l'échec (retentissant) de la propagande germanique à l'égard des Etats-Unis, beaucoup d'observateurs français estimaient que l'Allemagne avait gagné la bataille des esprits ; les premiers bilans dressés sur les appareils français d'action psychologique mis en œuvre durant le conflit furent souvent très critiques ; la *Maison de la Presse* essuya un tir nourri, son désordre stigmatisé, son amateurisme vilipendé. Et la recherche historique est venue à son tour, soixante-dix ans plus tard, confirmer plutôt qu'infirmer les opinions à chaud des détracteurs[2]. Sans doute aussi, les difficultés à exploiter la victoire devaient-elles inspirer ce type d'argumentation pessimiste en 1919-1920.

---

1. Voir le programme contenu dans, *La Civilisation française*, avril-mai 1920, pp. 481-488.
2. Voir la conclusion de Jean-Claude Montant, La Propagande extérieure de la France pendant la Première Guerre Mondiale..., *op.cit.*, pp.1502-1523 bis. Outre la faiblesse financière de la propagande française, son travail montre le peu d'imagination parfois déployée par celle-ci, sa cécité relative eu égard à sa faible capacité d'écoute vis à vis des diplomates en poste, son organisation contestable jusqu'à l'apparition, en 1918, du Commissariat à la Propagande dirigé par Klobukowski.

Un des exemples révélateurs de cet état de pensée est apporté par un article publié dans la *Revue de Paris* en mai 1919 par un contributeur anonyme[1]. L'auteur reconnaissait les mérites de l'organisation allemande (continuité, direction ferme, articulation) et dénonçait vigoureusement toutes les carences françaises quand la propagande s'était révélée sans esprit de suite et pusillanime. Pour l'avenir, il souhaitait la mise en œuvre d'une organisation extrêmement centralisée, dirigée à Paris par un « ministère de la propagande » et relayée à l'étranger par deux types d'acteurs. D'une part, des « comptoirs intellectuels » (dirigés, pour l'auteur, surtout par les universitaires des Instituts culturels) seraient la pièce maîtresse de cette pyramide culturelle française à l'étranger ; en fonction des pays, ces comptoirs s'orienteraient vers telle ou telle voie (chaires d'archéologie dans les pays « classiques », chaires de science/droit/médecine dans les pays moins développés). D'autre part, la population des Français expatriés serait *systématiquement* (ce que réaliseront les Nazis dans les années trente) regroupée au sein de « comités centraux de propagande » dans les grandes villes (dizaine de personnes, uniquement françaises) et de comités locaux dans de plus petites cités. Aussi, ce projet ne mentionnait nullement les francophiles qui eussent pu aider les efforts culturels français à l'étranger. L'*Alliance* n'était d'ailleurs, de manière significative, qu'indirectement citée, et ce à travers un exemple tout négatif[2].

Mais un autre projet ambitieux, plus prospectif sans doute, émane du directeur de L'Institut de Florence, Julien Luchaire.

---

1. L. B., « La propagande, son but, ses moyens, ses hommes », *Revue de Paris*, 1er Mai 1919, pp. 199-224.
2. Il cite une lettre d'un australien de Melbourne qui se plaint de l'Alliance : « [....] je suis épris de la langue, de l'esprit, du style, de l'âme des écrivains de votre patrie [...] je m'associai à l'Alliance française d'ici. L'expérience fut tout à fait malheureuse, peut-être à cause de ma timidité, mais personne ne me parlait, sauf quelques amis Anglais ou Australiens. Je suivis les soirées pendant deux ou trois saisons, mais je n'entendis d'autres mots que les discours officiels sur l'estrade. Je me sentis trop mal accueilli et cessai d'y assiter [...] », *Ibid.*

Devant l'Académie des Sciences morales et politiques, il brossa le tableau d'une organisation intellectuelle méthodique[1]. En établissant la culture française comme auxiliaire de la culture universelle, par des moyens appropriés, la France deviendrait la grande institutrice des nations que son goût pour les idées générales, son sens de la synthèse clarificatrice, préposaient naturellement à cette ambition. Par une politique de la traduction des ouvrages français de (haute) vulgarisation, par l'organisation renforcée de ses filières d'excellence, de l'histoire littéraire à la littérature comparée, par une meilleure utilisation de ses professeurs nommés à l'étranger et des conférenciers, Luchaire proposait, en quelque sorte, de rebâtir les fondements propres à une nouvelle hégémonie culturelle française, à l'image de celle consacrée par l'Europe du XVIIIe siècle. Esprit fertile en idées, mais également de type constructeur, il achevait son propos en plaidant pour la création d'un organisme central chargé d'irriguer tous ces canaux : l'*Office national des Relations Intellectuelles*. Celui-ci, point capital, devrait être indépendant du *Quai*. Sujet délicat en effet, envisagé de manière différente selon la position des protagonistes de l'action culturelle à l'étranger, la question de la conduite de celle-ci, ne manquait pas de susciter des rivalités entre Administrations (M.I.P. et M.A.E.), entre acteurs privés ou semi-privés (comme l'O.N.U.E.F.). L'idéal eût consisté peut-être à ne rien ajouter mais améliorer l'existant, ainsi que le proposait Fernand Baldensperger :

« Que nous faut-il en somme ? Nul rouage administratif nouveau, mais un peu plus d'aisance dans le jeu des anciens mécanismes ; pas d'organes essentiels à créer, mais bien plutôt quelques cloisons étanches en moins ; et en plus, une adaptation plus étroite des moyens aux fins, plus d'esprit de suite, d'objectivité et de souplesse, sinon dans nos habitudes d'esprit, du moins dans notre politique intellectuelle.[2] »

---

1. Julien Luchaire, « L'expansion intellectuelle de la France et les Instituts français à l'étranger », *Séances et travaux de l'Académie des Sciences morales et politiques*, t. 91, 1er semestre 1919, pp. 528-547.
2. Fernand Baldensperger, *Note sur les moyens d'action intellectuelle de la France à l'étranger*, Paris, Imprimerie L. de Matteis., 1917, 66p., p. 63.

Quelques années plus tard, en août 1922, quand au sein de la SDN se crée la *CICI* (Commission internationale de la Coopération Intellectuelle), les idées de Luchaire trouvèrent leur aboutissement partiel, mais dans un cadre international et non national, après que lui et ses amis (Léon Bourgeois, Paul Appell) eurent vaincu les réticences du Quai d'Orsay à l'égard de l'internationalisation des choses intellectuelles. Les diplomates refusèrent de prime abord tout abandon de souveraineté sur les questions d'enseignement qui aurait été susceptible d'entamer la prééminence culturelle du pays. Mais à l'été 1921, l'hostilité officielle française s'estompe, les problèmes éducatifs sont alors en effet écartés de la future organisation intellectuelle de la SDN. Surtout, tant du côté de Léon Bérard, le ministre de l'Instruction Publique que de Briand, le Ministre des Affaires Etrangères, il est envisagé d'utiliser un organisme nouveau qui, d'une part, marginaliserait l'*Union des Associations Internationales* d'inspiration belge et plutôt internationaliste, et qui de l'autre, selon les termes de Bérard :

« permettrait de contribuer à l'expansion de la pensée française dans le monde [1] »

Dans la perspective française, à l'image de ses attentes et objectifs traditionnels en matière d'influence culturelle, les questions intellectuelles traitées à la SDN relevaient donc de manière indissociable, à la fois de sa sécurité et de sa prééminence. Afin de consolider ces deux terrains, la diplomatie culturelle française durant l'entre-deux-guerres exerça une action constante.

On le voit, il ne manquait pas d'acteurs prêts à assumer le leadership d'une diplomatie culturelle française consciente d'elle-même, de son but et de ses moyens. En effet, il résultait assez clairement de l'issue du conflit, l'abaissement matériel de

1. Cité par Jean-Jacques Renoliet, « La France et la création de la commission internationale de la coopération intellectuelle (1919-1922) », in René Girault et Gérard Bossuat, *Europe brisée Europe retrouvée Nouvelles réflexions sur l'unité européenne au XXe siècle*, Paris, Publications de la Sorbonne, 1994, 431 p., pp.65-87.

la France sur de nombreux points ; plus que jamais, pour un pays investi d'une supériorité provisoire dans le domaine politique, la politique de puissance devait mettre à son service ces armes de longue portée représentées par la culture et la langue françaises. Les outils de cette politique étaient, eux aussi, mieux cernés dans leur rendement respectif, davantage hiérarchisés dans leur articulation souhaitable. La guerre avait passé à l'étamine les méthodes d'action et aiguillonnait les réformateurs de tout poil : à vrai dire beaucoup de Français avaient vécu la guerre, mais quelques-uns seulement la pensèrent. Parmi ceux-ci, quelques universitaires se détachent en vertu de leur lucidité ou de leur dynamisme, Petit-Dutaillis, Desjardins, Luchaire. Sur ce fond de toile des projets pour l'après-guerre, où chaque profession empile le sien, des milieux du Livre (projet d'un *Musée du Livre*), à celui de l'administration des Beaux Arts (créer des « saisons » françaises dans les grandes villes à l'étranger), dans un contexte où, de surcroît, les Comités d'action culturelle à l'étranger, ont proliféré, l'*Alliance* semble désormais un acteur parmi bien d'autres. L'impression de déclin serait toutefois un peu trompeuse, et l'association du Boulevard Raspail gardait des atouts dont elle allait pouvoir se prévaloir dans le grand débat à venir sur la direction de la diplomatie culturelle d'une part, et sur les auxiliaires privés privilégiés de l'action menée par les pouvoirs publics d'autre part. Cependant, clairement, son action semblait dorénavant subordonnée à l'initiative universitaire impulsée par les Instituts à l'étranger.

Quoi qu'il en soit, ce climat d'effervescence des années 1918-1919 dément l'appréciation pessimiste portée par le livre de Lucien Romier en 1925 sur « l'encrassage » des esprits :

> « [...] Les grandes guerres nationales dépriment le niveau moral, l'activité spirituelle et toutes les forces du peuple. Loin d'épurer la société et d'y précipiter le renouvellement des idées, comme on le croit d'ordinaire, la guerre encrasse les organes de la nation et en retarde l'évolution intellectuelle [1][...].»

1. Lucien Romier, *Explication de notre temps*, Paris, Grasset, 1925, 289 p., p.255.

Or, si la Guerre avait obscurci, sur certains points, les cerveaux, elle les avait, sur d'autres, singulièrement éclairés, quand elle rendit évidente la nécessité pour un pays d'agir en permanence pour présenter la meilleure image de soi. Les projets de Paul Desjardins ou de Julien Luchaire, démenti direct aux paroles de Romier, allaient-ils passer le cap de l'immédiat après-guerre et inspirer une action durable ? En tout état de cause, l'enjeu d'une ambitieuse diplomatie culturelle française à mener fut d'emblée fermement tracé.

Chapitre II

La diplomatie culturelle en debat dans les années vingt

Qu'est-ce que l'esprit français ?[1]

Si l'ordalie du champ de bataille avait vu le triomphe de l'« esprit français », l'exploitation de la victoire, pensait-on, rendait nécessaire sa plus large expansion pour l'édification durable du monde entier. Mais dans le champ de la diplomatie, là comme ailleurs, les nécessaires changements provoqués par la guerre semblaient condamner les anciennes méthodes (« la diplomatie au feu de bois »[2]) et leurs fidèles dépositaires (l'internationale des Chancelleries). Wilson, en stigmatisant la « diplomatie du secret », au nom d'une diplomatie de la place publique, ne fit pas peu dans le discrédit général attaché à tous les Messieurs *de Norpois*. En 1920, Edouard Herriot, sensible à l'esprit du temps, publia un bon compendium des propositions réformatrices de l'heure dans son ouvrage, *Créer*. Il ne se faisait pas faute, évidemment, de dénoncer le vieux et le suranné dans le métier de diplomate et de plaider pour la « nouvelle diplomatie » de l'opinion publique :

---

1. Célestin Bouglé Pierre Gastinel, *Qu'est-ce que l'esprit français ?*, Paris, Librairie Marcel Rivière, 1920, 101 p. Il s'agit d'un recueil de textes de Rivarol, Mme de Staël (France du goût et de la conversation), Victor Considérant (France militaire), Quinet (France au service de l'Humanité), Proudhon (France de la liberté), Boutroux (la pensée française et l'idéal classique) ou Bergson (l'enseignement français et ses vertus de clarté et de composition).
2. Paul Claudel, « Le Vieux Quai d'Orsay », in *Œuvres en prose*, Paris, Bibliothèque de la Pléiade, Gallimard, 1965, 1627 p. , pp.1252-1255.

« [...] Le vieil instrument diplomatique a pu suffire jadis pour assurer les relations des gouvernements. Il faut, désormais, des méthodes autrement intelligentes et vivantes pour assurer le contact entre les peuples. Une fois encore, nous demandons, pays par pays, un programme et un plan. [...] nous ne devons pas laisser le soin de la représenter aux seuls diplomates professionnels, à des agents qui ignorent souvent tout de la vie populaire, prompts à réduire en formules les problèmes que pose l'incessant développement des nations [1] ».

Ainsi la vieille administration du *Quai,* au centre des polémiques, dut d'un côté affronter la contestation menée par tous les multiples acteurs de la diplomatie culturelle, ceux récemment improvisés « missionnaires » culturels durant la guerre, ou ceux plus anciens tels les universitaires de l'O.N.U.E.F. ; de l'autre, elle avait à répondre de la modernisation souhaitée des moyens globaux de l'action à l'extérieur, notamment sur les questions économiques et de la presse[2]. Cependant, la guerre avait précisément permis la mise en œuvre d'un organisme novateur tel la *Maison de la Presse*, premier du genre dans l'administration du *Quai* à s'ouvrir à toutes sortes de personnalités non diplomates (Massigli, François-Poncet) issus du journalisme ou de l'université[3].

Bien que l'*Alliance* dans ces débats ne paraisse, ni pouvoir peser directement sur les orientations du pouvoir politique, ni même de taille à rivaliser avec les organismes administratifs d'impulsion (M.I.P., M.A.E.), elle demeure en revanche un instrument essentiel de la diplomatie culturelle rénovée qui se

1. Edouart Herriot, *Créer*, t.2, Paris, Payot, 1920, 376 p., p.352.
2. Sur les critiques adressées au Quai, et les tentatives pour y répondre, voir Maurice Vaïsse, « L'adaptation du Quai d'Orsay aux nouvelles conditions diplomatiques (1919-1939)», *Revue d'histoire moderne et contemporaine*, Janvier-mars 1985, pp. 145-162. La question de la presse était abordée par André François-Poncet dans *l'Opinion* du 28 janvier 1922 dans un article intitulé « Réorganisons la propagande ». Il préconisait la réorganisation de l'agence télégraphique Havas et la création dans les ambassades d'un « bureau de presse ».
3. Jean Claude Montant, La Propagande extérieure de la France pendant la première guerre mondiale : l'exemple de quelques neutres européens, op. cit, p. 246.

dessina dans les années vingt. Car, sur un point au moins, un consensus s'était assez largement réalisé qui assignait à la France le devoir d'exercer sur le monde l'emprise culturelle la plus large, devoir d'autant plus impératif qu'il était perçu aussi comme tel par la plupart des Etats durant l'entre-deux-guerres : le « rayonnement culturel » devint l'un des nouveaux impératifs diplomatiques, et des pays peu familiers (Angleterre[1], Suisse) de ces problématiques s'y rallièrent eux aussi. Aux oreilles des Français, le propos du Lieutenant-général Sir Arthur Currie, commandant des troupes canadiennes, ne pouvait pas mieux sonner, quand il parla de la France comme :

« Un crible qui doit tamiser toutes les idées [2] »

Puissance politique incontestable mais profondément fragilisée, il lui fallait d'autant plus mobiliser les ressources culturelles qu'elle avait perdu celles de l'épargne (43 milliards de franc or en 1914), si décisives dans la diplomatie de l'avant-guerre, et qu'il y avait à étayer de manière crédible le projet de grande puissance. En 1920, tentative pour mieux coucher le spirituel dans le lit du temporel, le Ministre de l'Instruction publique, André Honnorat, adressa une circulaire à tous les présidents des Chambres de notaires pour leur rappeler l'utilité d'une propagande en faveur des dons auprès de l'Université. Pour aider celle-ci à gagner la bataille de la paix, Barrès se dépensa de son côté, aussi bien au Parlement (discours du 11 juin 1920) que par la plume — *Pour la Haute intelligence française*-, afin de favoriser la modernisation de l'Université française, notamment celle de ses outils bibliographiques. Jamais peut-être le mécénat universitaire ne vécut d'aussi fastes années, des Rothschild qui versèrent 10 millions en 1921 à la marquise Arconati-Visconti qui légua 12 millions à la Sorbonne

1. Carl Doka, *Les relations culturelles sur le plan international*, Neuchatel, Editions de la Baconnière, 1959, 399 p., pp. 21-34. L'Angleterre formule dès 1923-1925 une politique éducative pour ses colonies et en 1926, elle envoie en Argentine un inspecteur chargé d'examiner les écoles anglaises et du personnel à la nouvelle université du Caire.

2. Cité par Edouard Herriot, *Créer*, *op. cit.*, p. 324.

en 1923, aux dons multiples (12 millions) produits par la « journée Pasteur » du 27 mai 1923[1].

En dépit des difficultés suscitées par la nécessité d'appréhender un monde neuf, demeuraient cependant pour la France un certain nombre de cartes maîtresses (prestige universitaire, rayonnement littéraire et artistique, avance en matière de politique culturelle à l'étranger dont témoignent les innombrables demandes de postes à l'étranger auprès de l'*Alliance* en 1919-1920[2]) qui compensaient la perte de certains atouts traditionnels (déclin des aristocraties européennes francophones, montée du nationalisme linguistique, concurrence accrue de l'anglais). Si la partie s'annonçait prometteuse, elle s'avérait certainement délicate. Aussi, les débats furent les plus vifs afin de choisir les hommes et les administrations les mieux à même de porter le projet culturel français à l'étranger.

1. Le Quai et la mise en œuvre du patrimoine culturel

Le rôle du S.O.F.E.

Organisme rattaché à la *Direction des affaires politiques et commerciales*, ce nouveau service n'obtint pas le statut de Direction autonome qu'il acquit seulement en 1945 par le biais de la nouvelle *Direction Générale Relations Culturelles*. Il fut

1. Renseignements in « Préface de Charles Moureu de l'Institut », in Maurice Barrès, *Pour la Haute intelligence française*, Paris, Plon, 1925, 282 p., pp. I-XXIV.

2. Demandes de femmes (veuves parfois, jeunes filles de la petite bourgeoisie souvent) et d'hommes désireux de goûter une nouvelle vie après l'expérience de la guerre. Ainsi cette lettre d'un professeur de 8ème au lycée de Bordeaux avant la guerre : « j'en suis revenu [de la guerre] avec un besoin d'action qui n'est plus satisfait. Le milieu étranger me paraît offrir aux énergies comme un champ à conquérir ou à garder à l'idée française. Je vois dans cette lutte comme le prolongement de l'autre. Hors de France, il me semble que je pourrai me dépenser plus largement, plus utilement et avec plus de satisfactions .», *Boîte 4/18-21/4, Dossier 35-4-18*, AAF.

toujours peu fourni en personnel, à l'image de l'ensemble de l'administration du *Quai,* en situation constante de sous-effectifs durant l'entre-deux-guerres : 9 personnes seulement étaient comptabilisées en 1939[1].

Quatre sections avaient été constituées, la Section universitaire et des Ecoles, la Section littéraire et artistique (livres, spectacles vivants), la Section des œuvres diverses (aides aux associations dont l'*Alliance*), la Section de l'image, du tourisme et du sport. Le Service disposa à sa création de 17 millions et, entre 1920 et 1922, aida à la création de l'*Institut de Prague* (1920), de multiples chaires (Riga, Poznam, Cracovie, Varsovie, Bucarest, Belgrade, Zagreb, Sofia, Budapest, Brno), tout en engageant du côté de la Section littéraire et artistique un effort en direction de la diffusion des revues (800 000 F), des bibliothèques, des expositions du Livre (Stockholm, Florence).[2] En 1922, le budget des Œuvres fut de 20.541000 M. et pour 1923, 3O,5 en 1924, 34 en 1929, 38 en 1933. En dépit de l'inflation, ces chiffres, par rapport aux 1,8 M. des *Œuvres* en 1912, traduisent l'ampleur des changements survenus et le SOFE concentrait en 1923 19 % des crédits du Ministère au lieu des 10 % de 1913. En 1945, autre après-guerre propice aux grandes résolutions, on s'émerveillera alors du

1. Ce chiffre est apporté par Amédée Outrey, « Histoire et Principes des Affaires Etrangères », *Revue française des Sciences politiques*, n° 4, 1953, pp. 714 -738. On peut également se reporter à Jean-Claude Allain Marc Auffret, « Le Ministère des Affaires Etrangères. Crédits et effectifs pendant la IIIème République », *Relations Internationales*, n°32, Hiver 1982, pp. 405-446, qui donnent 12 Agents en 1923, 10 en 1933 et 8 en 1939.

Voir aussi les (aigres) souvenirs de la future Mme Bidault, la 1ère femme (de rang A) entrée au ministère, et qui fut affectée en 1930 au SOFE. Elle parle de « dix fonctionnaires [qui] accomplissaient pourtant un travail considérable », in Suzanne Bidault, *Par une porte entrebâillée ou comment les Françaises entrèrent dans la Carrière*, Paris, La Table ronde, 1972, 225 p., p.47. Ces chiffres seraient à comparer aux 500 personnes qui travaillent actuellement à la Direction Générale de la Coopération internationale et du Développement.

2. Rapport de M. de Castellane « sur l'organisation des services de propagande », *Chambre des Députés, séance du 30 juin 1922, n° 4632*, 27 p.

« demi-milliard Laugier [1] » obtenu par le nouveau Service des Oeuvres... Toutefois, passé le temps de l'exceptionnel budget global du M.A.E. en 1920 (x 5 des crédits par rapport à 1913) et des consistants exercices des années 1921-1923 (x 2,5), l'histoire de cette petite administration n'est que le long écho de plaintes amères sur la pauvreté des budgets alloués ; les années trente, avec la montée de la propagande nazie, accusèrent le déficit traditionnel du SOFE en termes de moyens matériels. Rien ne sonne plus misérablement que cette description par Maurice Genevoix de retour d'une tournée au Canada en juillet 1939 :

« [...] Les consulats dépourvus, les lots de périodiques dépareillés et malpropres, le manque de livres, l'absence de locaux, tant de velléités avortées ou miteuses, humiliantes au regard des prodigalités hitlériennes, des assiduités averties du régime mussolinien. Il [Jean Marx] savait tout cela mieux que moi, le déplorait, et se débattait corps et âme pour pallier ces désastreuses carences.[2] »

Le S.O.F.E. fut donc l'impécunieux, quoiqu'attentif, régisseur de la culture française exposée sous toutes les latitudes, mise en valeur de manière systématique dans toutes ses formulations, du livre au spectacle théâtral, de la conférence littéraire aux expositions de peinture. Dans ce dernier domaine, l'*A.F.A.A.* fut elle aussi subordonnée au SOFE et ses 250 correspondants en 1923 mis en relation avec les diplomates[3].

Par chance, les années 1920-1930 coïncidèrent avec une extraordinaire floraison littéraire et artistique et les Maurois, Copeau ou Duhamel allaient avantageusement remplacer les maréchaux en tournée de conférences, tels en 1921 Mangin en Amérique du Sud (centenaire de l'Indépendance), Foch aux Etats-Unis ou Fayolle au Canada, et en 1922, Joffre au Japon.

---

1. Chantal Morelle, *Henri Laugier un esprit sans frontières*, Paris-Bruxelles, Bruylant-L.G.D.J., 1997, 414 p., p.227. Laugier fut le directeur du SOFE en 1944, qui allait devenir la Direction générale des services culturels en 1945.
2. Maurice Genevoix, « préface », in Suzanne Balous, L'action culturelle de la France dans le Monde, op.cit., pp. 7-10.
3. Bernard Piniau avec la collaboration de Ramon Tio Bellido, *L'Action artistique de la France dans le monde*, Paris, L'Harmattan, 1998, 220 p., pp.29-31.

Dans un temps où le désir d'information était inversement proportionnel au temps disponible, la conférence (mais aussi la revue et l'hebdomadaire culturel) rencontrait un succès sans pareil selon Gaston Rageot, qui parlait à cet effet d'une « socialisation mondaine de l'intelligence[1] ». Les écrivains français devinrent dans l'entre-deux-guerres les missionnaires les plus en vue de la diplomatie culturelle et le voyage de Paul Valéry à Berlin en 1926 resta un des épisodes marquants des relations internationales de l'époque.

La littérature au service de la diplomatie culturelle

Le climat moral de l'après-guerre n'était plus guère favorable aux valeurs d'impérialisme, politique, mais aussi bien culturel. Les amitiés étrangères, pensait-on, devaient être désormais fondées sur des accords moraux, sur des échanges égalitaires d'idées, sur la connaissance mutuelle des choses de l'esprit. La France intellectuelle aurait dorénavant à s'ouvrir aux autres productions de l'esprit portées par les grands savants et écrivains étrangers, sous peine de se voir taxée d'arrogance et de continuer à mériter le jugement infamant d'un Björnson à la fin du siècle précédent : la « France, Chine de l'Europe ».

Ainsi, la Sorbonne à l'automne 1922 décernait le titre de docteur *honoris causa* à des savants (Pirenne, Pio Rajna, Michelson) et à quelques grands hommes politiques (Masaryk, Benès). De même, tandis que l'on accueillait des lycéens (nes) tchèques, l'on tenta en contrepartie de diffuser l'enseignement du tchèque dans ces mêmes lycées.[2] Et si l'action culturelle devenait de toute évidence plus délicate à mener, plusieurs

1. Gaston Rageot, «Conférences et conférenciers », *Le Temps*, 30 décembre 1922.

2. L'idée fut lancée en 1920 par Etienne Fournol, membre de l'Alliance. Les lycées de garçons de Nîmes et Dijon et le lycée de filles de Saint-Germain reçurent des élèves tchèques (jusqu'en 1923) et leurs professeurs chargés de l'enseignement du tchèque. Ceux-ci pouvaient ainsi proposer cet enseignement de langue étrangère aux élèves français, voir *L'Europe Centrale*, 25 décembre 1926, n° 12, pp. 233-234.

signes révélaient de surcroît la remise en cause de l'hégémonie traditionnelle de la culture française.

A la grande indignation des Français, la conférence de la Paix marqua le glas du pluri-séculaire monopole de la langue nationale dans les enceintes de la Diplomatie. L'anglais obtint droit de cité[1] à côté du français au moment où, ni Wilson, ni Llyod George, ne parlaient français... Toutefois, il advint que cette revendication fût, soit tournée pour les traités de Saint-Germain, Trianon et Sèvres (version française faisait seule foi), soit récusée, à Locarno par exemple, mais aussi dans d'autres cadres tel celui du congrès international des étudiants organisé en 1919 qui choisit le français comme langue officielle. Et sur la blessure infligée par ce traité de Versailles bilingue, certains amoureux de la langue française s'empressaient d'appliquer un précieux baume. Parmi ceux-ci, les deux cas, pour distincts qu'ils fussent, révélaient une même fascination pour le français, celui de la future impératrice japonaise qui choisissait d'apprendre exclusivement la langue de Molière, ou celui du Brésilien De Souza-Dantas, qui proposait l'adoption du français comme « seconde langue nationale et comme moyen de communication internationale » afin de permettre au Brésil d'accéder au rang de puissance mondiale, ne manquent pas d'attrait.[2] Le premier président des *Pen-Clubs*, John Galsworthy, plaidait lui-même la cause du français :

« J'estime donc à tout prendre que le français est la langue qu'il conviendrait de choisir [comme langue internationale]. Le français est encore la langue de la diplomatie et a encore, sur le continent européen, le pas sur les autres langues ; il est par excellence une langue littéraire et stabilisée [...] c'est une langue claire, agréable,

---

1. Voir James Brown Scott, *Le Français langue diplomatique moderne*, Paris, Pédone, 1924, 327 p., pp.22-23. Wilson eut recours à deux arguments ; l'anglais était parlé par 50% de la population mondiale et il était déjà la langue diplomatique du Pacifique.

2. Voir Claire Fourquet, *Paul Claudel au Japon : mythe et réalité (1921-1927)*, Mémoire de DEA de l'I.E.P. Paris, sous la direction de Jean-François Sirinelli, 2000, 185 p., pp. 93-94 ; et Manuel Gahisto, « la question du Français au Brésil », *Revue de l'Amérique Latine*, vol.1, 1924, pp.543-547.

précise et, comme telle, le meilleur intermédiaire universel de la traduction littéraire et scientifique [1] ».

Sur un autre point, la reconnaissance de la place éminente de la langue et littérature françaises tirait parti du cosmopolitisme inhérent à l'affirmation des nouvelles nations ; celles-ci, à côté de leur dimension autocentrée (repliement sur soi, exaltation des racines), étaient aussi régies par une tendance cosmopolite liée à leur désir d'entrer en contact avec autrui et de se livrer au grand jeu des influences subies et exercées[2]. Vingt ans après l'arrivée de Picasso (octobre 1900) et de Joyce (1920) à Paris, ville qui fomentait toutes les révolutions secrètes de l'art, les artistes venus de Varsovie ou de Rio furent alors, à leur tour, magnétisés par le halo (une gaieté inventive) parisien, [3]ou favorablement impressionnés par les facilités de la vie quotidienne permises par une monnaie forte : 40 000 Nord-Américains et 30 000 Sud-Américains séjournaient à Paris en 1927.

Quant au volontarisme culturel français, il s'appuyait surtout sur la vive conscience d'incarner toujours un pouvoir majeur dans les Lettres et les Arts ; s'il existait depuis la fin du XIXe siècle une *Weltlitteratur,* la littérature de France en était le plus beau fleuron, pour son riche passé et son présent

---

1 John Galsworthy, « préface » à *l'Annuaire international de la traduction*, Paris, Rieder, 1935, cité par Alexandre Arnaoutovich, *Le Français comme langue internationale*, Paris, PUF, 1936, 16 p., note 1 p. 9.

2. Ce que le grand slavisant Antoine Meillet, peu suspect a priori de mépris envers les « petites langues », reconnaissait dans un texte qui plaidait en faveur de l'adoption de « langues secondes » : « mais la multiplicité des petites langues actuellement employées en Europe cause de grands embarras et prépare des crises qu'il sera difficile de résoudre, car elle va contre les tendances générales de la civilisation », in *Les Langues dans l'Europe nouvelle*, Paris, Payot, 1918, 340 p., p. 279.

3. Voir Maria Delaperrière et Antoine Marès, *Paris 'Capitale culturelle' de l'Europe Centrale ? Les échanges intellectuels entre la France et les pays d'Europe Médiane,* Paris, Institut d'Etudes Slaves, 1997, 238 p. Pour l'Amérique Latine, voir les pages de Denis Rolland, La crise du modèle français, op.cit., pp.143-148. A noter dans les deux cas, la place du surréalisme dans cette internationale artistique dont le foyer était parisien.

munificent[1]. Le sommaire (éblouissant) du numéro de reprise en juin 1919 de la NRF, la revue littéraire peut-être la plus influente en Europe durant vingt ans, rassemblait Claudel, Gide, Valéry, Proust, Fargue, Duhamel ; celui de juillet 1919, les noms de Péguy, Schlumberger, Romains, Thibaudet, Giraudoux, Drieu la Rochelle. Sans doute, aucune littérature étrangère n'offrait une gamme d'accents aussi richement nuancés. L'exemple des traductions de littérature en Tchécoslovaquie renseigne utilement sur la vogue française ; en 1931, 35,2 % (c'est un pic) des ouvrages littéraires traduits l'étaient du français. Les nouveaux auteurs prisés sont Maurois (surtout, et plusieurs éditions d'un même ouvrage sont fréquentes), Colette, Roger Martin du Gard, Jules Romains (les 9 volumes des *Hommes de bonne volonté* parurent à un rythme accéléré entre 1937-1938), Duhamel mais aussi Henry Bordeaux, Pierre Benoît, Jacques de Lacretelle ou Simenon[2]. De plus la rapidité (un an de décalage) avec laquelle sont traduites quelques-unes des principales œuvres de l'entre-deux-guerres français confirme le rayonnement littéraire hexagonal au pays de Benès[3].

Avec quel faste, le centenaire de la naissance de Pasteur ou le tricentenaire de la naissance de Molière ne furent-ils pas traités ! Le 15 janvier 1922 à la Sorbonne, en présence d'Alexandre Millerand, Léon Bérard, 44 délégués d'Etats étrangers furent rassemblés. A Varsovie, en présence de l'Université, à Copenhague, e+n présence du Roi, à Budapest, sous les yeux du régent Horthy, de grandes soirées Molière eurent lieu. En Egypte, outre Molière et Pasteur, et pour faire

1. Voir les pages de Jean-Pierre Rioux et Jean-François Sirinelli, « Le Temps retrouvé », in *Le Temps des masses Le Vingtième siècle Histoire culturelle de la France*, Paris, Le Seuil,1998, 404 p., pp. 165-182.
2. Georges Pistorius, *Destin de la culture française dans une démocratie populaire La Présence française en Tchécoslovaquie (1948-1956),* Paris, Les Iles d'Or, 1957, 285 p., pp. 180-181.
3. Ibid, pp. 182-183. *Du Voyage au Bout de la Nuit* aux *Vases Communicants* de Breton, des *Célibataires* à *La Jument Verte.* Il y eut aussi de grandes traductions de poésie : Charles d'Orléans (1931),Villon (1934), la poésie de Rimbaud transposée en vers tchèques par Nezval en 1931, Charmes (1933).

encore meilleure figure, on commémorait le centenaire de la découverte de Champollion. Pour accompagner ces événements, le Ministère proposait des outils standards (conférence-type) et des films. Il n'est jusqu'à Paul Souday pour s'agacer de la négligence de l'Académie française, absente à l'inauguration de l'Académie belge de langue française, et dépourvue de correspondants étrangers[1]. Or justement, à rebours de cette politique de superbe du Quai Conti, l'une des grandes originalités de la vie intellectuelle française dans l'après-guerre consista à ouvrir plus largement ses fenêtres sur le monde extérieur, à multiplier les collections d'auteurs étrangers, à fonder plusieurs revues de tonalité européenne et à se faire la plaque tournante de toutes les formes de coopération intellectuelle. N'est-ce pas le pétillant Julien Luchaire qui fut le maître d'œuvre et le premier directeur de l'Institut International de Coopération Intellectuelle, fondé à Paris en 1924, et ouvert en 1926 [2]? La Maison franco-japonaise de Tokyo (1924) inaugurée par Claudel n'avait-elle pas de son côté offert son cadre aux autres pays européens et assumé ainsi un programme et une identité post-nationalistes ?[3] Certes, on avait là une forme subtile d'impérialisme culturel, mais certainement aussi une vraie xénomanie, celle d'une époque et d'hommes qui éprouvèrent la passion de l'autre. La situation d'un Valery Larbaud révèle fort bien les ambiguïtés de ce tropisme international qui oriente une partie des élites intellectuelles françaises dans le milieu des années vingt ; dans une lettre sur les « périodiques littéraires » consacrée à la conception d'une revue idéale, et insérée dans la revue de son ami Jean Royère, *Le Manuscrit autographe*, il concentre, tel un parfait cristallin,

1. Paul Souday, « Les deux Académies », *Le Temps*, 18 février 1920. En revanche, *Le Temps* du 25 septembre 1922 notait avec satisfaction que les cérémonies du centenaire de l'Ecole des Chartes et de la Société asiatique avaient réuni toute une élite étrangère.
2. Sur la Coopération Intellectuelle dans le cadre de la SDN, on verra Jean-Jacques Renoliet, *L'Institut International de Coopération Intellectuelle (1919-1940)*, Université de Paris I, 1995, 3 t., 1125 p.
3. Claire Fourquet, Paul Claudel au Japon, *op. cit.*, p. 24.

ouverture à autrui et forme subtile d'une fierté littéraire française incoercible :

« [presque 1/3 de la revue serait consacré à l'étranger ; les deux autres tiers à la France] ; Cette partie [étrangère] occupe les 2/3 du dernier tiers de notre journal -mettons deux pages- chaque semaine ces deux pages sont consacrées, ou bien à la production littéraire d'un grand domaine linguistique, ou bien à celle des 2 ou 3 domaines de moyenne étendue ou moins actifs. Je vois aussi, de temps en temps, une colonne consacrée aux études françaises dans les domaines linguistiques étrangers. Ces études dont on ne nous parle guère, sont souvent très importantes. Le *Racine* de Lytton Strachey, le tout récent *Maupassant* d'Ernest Boyd [...] tous les ans on pourrait donner une bibliographie des livres, en français, ou en langue étrangère, parus sur des sujets de littérature française[1]. »

A ce titre, l'initiative de Lucien Maury, spécialiste de la Scandinavie et (futur) animateur chez Stock de l'importante collection recréée en 1925, *Le Cabinet Cosmopolite*, en faveur de la création d'« attachés littéraires » (tout comme il existait des attachés militaires ou des attachés commerciaux), apparaît révélatrice d'un état d'esprit nouveau dans le domaine culturel, à la fois plus curieux d'autrui et plus lucide sur les réelles capacités françaises à se faire entendre de l'Etranger. Une grande enquête fut lancée sur ce thème dans la *Minerve française*, de septembre 1920 à novembre 1920. Pour Maury, l'attaché littéraire aurait à coordonner, dans un pays donné, l'effort commercial en faveur du livre français et à éclairer sur les réalités intellectuelles locales. La proposition, hormis Maurice Mignon qui avait précisément joué ce rôle « d'attaché culturel » avant la lettre (ceux-ci naissent entre 1945 et 1949) en Italie durant la guerre, laissa dans l'ensemble un peu perplexe la plupart des personnes sollicitées. Soit pour le danger d'une énième création administrative (Henri Hauser) à l'étranger ; et pour certains, mieux valait s'en remettre aux diplomates

1. Valery Larbaud, «Périodiques littéraires», in « Valery Larbaud et les revues littéraires », *Revue des Revues*, n° 12-3, 1992. Cette référence est contenue dans la thèse de Blaise Wilfert, *Paris, la France et le reste ..., Importation littéraires et nationalisme culturel France 1885-1930*, sous la direction de Christophe Charle, Paris I, 2003, p. 250.

pourvus d'instructions précises dans ce domaine (Ducrot, le directeur de Gauthier-Villars, Gustave Geffroy, Jean Variot, Alfred Jolivet, ancien lecteur à Christiana). Soit pour des raisons inverses, qu'une action trop liée à l'ambassade et sujette à la qualification de propagande (Benjamin Crémieux, Baldensperger) serait improductive. En fait, l'une des recommandations les plus fréquentes, porta sur la pleine utilisation des Instituts français et des universitaires (de Jacques Copeau à Pierre de Nolhac, conservateur du musée Jacquemart-André, du sénateur Laferre à Jean Alazard, maître de conférences à Grenoble, ou Albert Thibaudet). Enfin quelques réponses affichaient un plus grand pragmatisme. C'était le cas de Henri Bédarida[1], lecteur de français à Bologne, qui préconisait, selon le degré de francophilie des pays, la mise en jeu de tel ou tel acteur (Ambassade, Institut ou *Alliance française*). De même Emile Bertin, de l'Académie des Sciences, ou Louis Léger (tous deux membres de l'association), estimaient qu'il fallait plutôt utiliser l'*Alliance*. Dans la conclusion du numéro du 15 novembre 1920, Lucien Maury préférait clore sur les quelques points d'accord dégagés par l'enquête : il fallait une action « expérimentale », éloignée de toute considération de propagande, et prioritairement impulsée par les Instituts[2].

Que l'*Alliance* ne fût pas complètement ignorée dans une telle enquête, donne une bonne indication de son rayonnement. Toutefois, il faudrait encore comparer son rôle avec celui de tous les autres acteurs privés dont l'intervention dans le grand jeu de la diplomatie culturelle n'avait cessé de se renforcer depuis la guerre.

Découronnée par la récente montée en puissance des Instituts, l'association du Boulevard Raspail devait se garder maintenant des prétentions manifestées par toutes les foisonnantes organisations associatives.

---

1. Henri Bédarida, « Enquête sur l'institution d'attachés littéraires français à l'étranger, I », *La Minerve française*, 15 septembre 1920, pp. 653-675.
2. Lucien Maury, « Conclusion de l'enquête », *La Minerve française*, 15 novembre 1920, pp. 442-450.

2.L'Alliance, une association précieuse pour le M.A.E. : une francophilie discrète mais utile

Le propos du Légat de France à Copenhague, le 24 novembre 1918, sur le rôle séminal de l'*Alliance*, pourrait être choisi en exergue du nôtre :

« [...] il est une œuvre pleine de vitalité qui a courageusement défendu notre cause à Copenhague et dans les provinces danoises : c'est l'*Alliance française*. Son siège se borne à une chambre où l'on a classé sa bibliothèque ; il conviendrait d'offrir au Comité, qui se préoccupe d'avoir un immeuble avec salle de conférence, une forte somme, qui permettrait, une fois donnée, de fonder un centre d'influence français où s'installerait plus tard aussi le cas échéant la Chambre de commerce française le jour où nous aurons sur place 4 négociants français [1]. »

On le voit, l'*Alliance* édifie des (modestes) temples où le culte bien visible d'une France assez intemporelle, celle des Arts et des Lettres, pieusement entretenu par des desservants fidèles, ne fait pas obstacle, parfois, à un engagement plus polémique. Entretenir durablement un réseau d'amis d'une part, d'autre part les mobiliser (ponctuellement) de manière plus politique quand la nécessité l'exige (pendant l'affaire de la Ruhr, sur le problème des dettes à l'égard des Etats-Unis[2], lors des crises des années trente), le réseau des différents Comités apparaissait un outil commode, pour peu qu'on en fît une utilisation précautionneuse, dans la défense et la promotion très générale de l'entité France.

---

1. Télégramme n°708 du Légat de France à M. Klobukowski, 24 novembre 1918, *Série Z Europe (1918-1940)*, Danemark, Carton 33, A.M.A.E.P.

2. Le Vice-président de la Fédération américaine, Frank Pavey écrivit un ouvrage en 1922 pour plaider la cause française ; et en 1928, le secrétaire du Comité de Philadelphie, Oswald Chew, fit de même dans un livre collectif. Voir Alain Dubosclard, *La Fédération de l'Alliance française aux Etats-Unis*, *op. cit.*, p. 148.

En avril 1936, l'ambassadeur Laboulaye n'hésitait pas, lors du Congrès annuel de la Fédération, à défendre la position de son gouvernement lors de la crise rhénane :

« [...] en lisant avec attention le Mémorandum français du 8 avril, qui répond au Mémorandum allemand du 31 mars, on ne peut tout d'abord marquer d'être frappé de la maîtrise d'elle-même et de l'attachement profond à la cause de la paix dont la France a fait preuve. [...] sans manquer à la fermeté qui s'imposait à elle, ni sacrifier sa dignité, la France, en présence d'une violation patente d'un traité librement consenti, ne s'est laissée aller à aucune mesure extrême [...][1]. »

En effet, il existe la tentation récurrente chez certains diplomates de tirer parti *directement* des *Alliances* ; elle comportait ses limites évidentes, à long terme, au-delà des bénéfices immédiats attendus. S'exposer au péché de propagande et discréditer des Comités à l'étranger, dont l'indépendance, tant par rapport au siège central de Paris qu'à l'égard des officiels français, était un gage d'une action sereine au long cours, à l'abri des bourrasques et des polémiques, c'était mettre à mal l'autonomie (relative) indispensable du culturel vis-à-vis du politique. Ce fut là, on l'a vu, la position constante préconisée par l'ambassadeur Jusserand durant la guerre. Le président de la Fédération américaine, Frank Pavey (1923-1939), la fit sienne, un peu tardivement, au début des années vingt, après s'être d'abord opposé au diplomate sur ce point :

« Si l'organisation existe pour servir de relais à une propagande française à caractère politique de ce pays, je peux dire sans réserve ou hésitation que, en tant que citoyen américain, je n'accepterai plus aucun lien avec elle et quitterai mes fonctions de responsable dans chacune des sociétés franco-américaines qui lui sont affiliées [...] [2]»

L'intransigeance ici affichée, et mise in petto en pratique à l'encontre de certaines activités du *Bureau français de*

1. Discours de l'Ambassadeur de France Laboulaye au Congrès annuel de la Fédération de l'Alliance française, 18 avril 1936, *New York Consulat, Carton 25*, A.M.A.E.N.

2. Cité et traduit par Alain Dubosclard, L'Action culturelle de la France aux Etats-Unis, *op. cit.*, note 1 p. 175.

renseignement (1922-1925) de Gaston Liebert[1], devait néanmoins poser des problèmes beaucoup plus graves à la fin des années trente quand il y eut à s'opposer plus ou moins ouvertement à la propagande hitlérienne, voire à celle de Vichy.

Dans l'immédiat après-guerre, il saute aux yeux que l'apolitisme officiel des *Alliances* relevait davantage d'une pétition de principe que de la réalité. Ainsi, à proximité de Copenhague, un autre diplomate, le ministre Delavaud, s'employait à la renaissance de l'*Alliance* en Suède. Rentrée en sommeil durant la guerre, elle tentait de susciter autour de ses activités un nouvel élan :

« L'*Alliance française* de Stockholm vient de reprendre la série de conférences qu'elle donne chaque mois [...] notre compatriote, M. le Pasteur Serfass a parlé de la cathédrale de Reims [...] cette conférence accompagnée d'une série de projections qui faisaient ressortir à la fois les merveilles artistiques de la cathédrale et les ravages qu'elle a subis, a produit une forte impression [...] Le nombre des adhérents qui était de 600 environ en mai dernier est actuellement de 700 [...] Parmi les dernières inscriptions quelques-unes sont très caractéristiques du mouvement de sympathie qui amène à nous non seulement ceux qui ne manifestaient pas jusqu'ici de sentiments francophiles mais même certains germanophiles [...] Les Suédois apprécient beaucoup les conférences et en particulier celles qui sont données sur des sujets de guerre, pourvu que le sujet soit traité avec le tact qui convient en pays neutre [...] c'est ainsi que Mlle de Viemes, nièce de Mgr Baudrillart, venue donner dans les grandes villes de Suède une conférence sur la « Vie à Paris pendant les bombardements » a remporté un franc succès [...] [2].»

Bien souvent donc, la reprise d'activité de l'*Alliance* s'opérait sous les regards attentifs des diplomates. L'ambassadeur au Brésil, Couty, ne tarissait pas d'éloges sur son travail :

---

1. En Mai 1924, Pavey n'hésita pas à distribuer dans le grand public (notamment dans la presse Hearst très anti française) une lettre-circulaire qui s'en prenait à la supposée volonté de mainmise du Bureau de renseignement sur l'Alliance de New York. Voir *New York Consulat, Carton 25*, A.M.A.E.N.
2. M. Delavaud, Ministre de France à Stockholm au M.A.E., 5 novembre 1919, *Stockholm Ambassade, Série 200-2040, Carton 102*, A.MA.E.N.

« [...] Acte de propagande suivie, continue, durable, utile et profitable, et par là même, hautement préférable aux manifestations accidentelles, éphémères et souvent stériles. Les cours de l'A.F. constituent à Rio de J. une oeuvre comparable à la formation et l'entretien du Lycée français qui compte autant mais pas beaucoup plus d'élèves. Or le gouvernement de la République a consacré plusieurs centaines de mille francs à sauver le Lycée français de la faillite [...] Mais l'entreprise poursuivie depuis plus de 25 ans par M Auguste Petit est loin d'avoir reçu de tels subsides [...] [1].»

Pratique habituelle avant 1914, tombée un peu en désuétude ensuite, il arrivait que les consuls continuassent à jouer les pères fondateurs de Comités et fassent office de conseillers culturels de choc. On rencontre cette situation au tout début des années trente, au Canada, quand le consul général crée ou aide à la création des Comités de Canadiens français dans des zones anglophones (Edmonton, Sherbrooke, Regina, (re) fondation de Winnipeg)[2], ou avec le consul général de San Francisco, Méric de Bellefon, dans le milieu de cette décennie, remarquable animateur culturel dans l'ouest américain.

Tout le prestige de l'association, la sympathie naturelle des diplomates, ne signifiaient pas un aveuglement de tous à son endroit. Des propos parfois critiques revenaient aux oreilles des Agents du *Quai*. En l'occurrence, c'est un ancien membre de l'*Alliance*, Ferdinand Brunot, parti en mission en Scandinavie en 1922, qui ne se priva de quelques piques :

« [...] Au Danemark, il est visible que l'*Alliance* et le *Cercle français* sont franchement en concurrence ou pour mieux dire en rivalité [...] il faut le reconnaître franchement, l'absence à l'Alliance d'hommes qui sont considérés comme les piliers de notre culture est extrêmement fâcheuse [...] le prestige de la France ici est considérable, et il y a lieu d'en tirer parti

a) pour cela il faut éviter de fournir aucune occasion à nos ennemis de nous dénigrer, et à cet effet d'écarter résolument les médiocres qui vont bavarder un soir à la surface des choses, et nous

1. Ambassadeur Couty au M.A.E., 2 février 1921, *SOFE, Carton 129 bis*, A.M.A.E.N.

2. Sandrine Beteau, *La Politique culturelle de la France à l'égard du Canada dans l'entre-deux-guerres*, Maîtrise d'Histoire sous la direction du Professeur Nouailhat, 1989, 251 p., p. 34.

font un tort immense […] le contrôle de l'Alliance ou du Ministère doit être très sévère […]

b) aux conférences isolées, il faut substituer, ou du moins ajouter, des exposés en série qui apportent des vues sur un ensemble, et dont le souvenir reste longtemps agissant […] [1]»

Mais, pour justifiées qu'aient été ces réserves, le M.A.E. accorda un appui financier puissant au Siège central de l'*Alliance* en 1920 avec une subvention de 500 000 F, ramenée en 1921 et 1922 à 400 000 F (mais assortie d'une allocation exceptionnelle de 350 000 F de la Caisse des Jeux pour cette dernière année afin de solder les 150 000 F encore dus à l'Université de Paris pour l'acquisition du terrain du Boulevard Raspail), 250 000 F en 1923. A ces sommes, il fallait ajouter celles versées par le Service des Œuvres aux divers groupements de l'*Alliance*, soit 246 000 F en 1922[2]. Il allait de soi que la contrepartie d'un tel engagement passerait par un plus grand contrôle de l'Etat. Une circulaire confidentielle adressée en 1926 par le Président du Conseil, Ministre des Affaires Etrangères, aux agents diplomatiques et consulaires l'indiquait :

« L'*Alliance française* […] est en mesure d'apporter un concours efficace au développement de notre influence hors de nos frontières. En présence des concurrences partout actives des propagandes étrangères, il importe toutefois de rechercher quels nouveaux modes d'action pourraient être demandés à l'*Alliance française*. En conséquence, j'attacherais du prix à être exactement renseigné par vous sur la situation présente, la composition, le rôle et les possibilités de développement des groupements de l'*Alliance française* existant dans le pays de votre résidence […] je vous serais obligé de m'indiquer toutes suggestions que vous jugerez utiles en vue de l'orientation future de ces groupements […] vous auriez à préparer chaque année, d'accord avec les groupements d'*Alliance française*, un programme concret répondant aux circonstances locales. J'étudierais les moyens de vous permettre la réalisation des propositions ainsi établies en prévoyant des affectations précises lors de l'attribution des subventions […] [3].»

---

1. Rapport sur le voyage en Scandinavie, *Fonds Brunot, Carton 7793*, Institut.
2. Voir la note de la Direction des Affaires politiques et commerciales, 7 mars 1923, *SOFE, Carton 54*, A.M.A.E.N.
3. Document cité par Albert Salon, *L'action culturelle, op. cit.*, p. 195.

Mais, dans cette volonté d'un exercice de contrôle rationalisé, se lisait en filigrane toutes les attentes placées en une association jugée apte à rendre les services les plus étendus. Prendre le cas de l'*Alliance française* de Téhéran en 1920-1921, de son *Bulletin* récemment créé depuis janvier 1920, et unique imprimé (local) français dans le pays, de sa bibliothèque de 3 000 volumes qui venait de recevoir les 17 et 15 volumes de l'*Histoire de France* de H. Martin et de Michelet, les 9 volumes des *Œuvres Complètes* de Hugo ou les 21 volumes de J.J. Rousseau, de ses conférences auxquelles assistent le Président du Conseil du pays[1], donne une image concrète de ces petits foyers de culture française, disséminés, fragiles bien souvent, mais présents et mobilisables pour une cause plus grande qu'eux. Et que dire d'une autre région du monde aussi décisive que l'Amérique, où le SOFE. se contenta, en permanence, de faibles investissements (11 % en 1921, 6 % en 1924, 8,7 % en 1933) dans la conviction que les dépenses privées d'associations telles l'*Alliance* suffiraient à la nécessité.

Eu égard à l'avant-guerre, les deux grandes tendances dans le domaine de l'action culturelle à l'étranger, confirmation d'une tendance née autour de 1908-1912, révélèrent l' affirmation progressive d'un nouvel organe administratif au sein du *Quai* (le S.O.F.E.) et le déploiement des Instituts français. Mais désormais ces Instituts, parfois fondés à l'origine par des universités de province, et donc relativement indépendants, passèrent sous la coupe du M.A.E. Quant aux créations, elles relevaient le plus souvent de considérations politico-scientifiques comme dans le cas des divers Instituts d'Europe Centrale ; et les universitaires fondateurs, tel un Ernest Denis, auraient eu bien du mal à établir le départ entre science et politique.

N'exagérons cependant pas la puissance de cette tutelle politique et morale exercée par la dizaine de personnes au sein du SOFE. L'étroitesse numérique de celui-ci suffit à elle-même

1. Voir la note du Ministre Bonin au M.AE, 1 mai 1920, et les deux notes du capitaine Ducroq [attaché militaire] sur l'activité de l'Alliance, avant 1919, et en 1919-1920, sans date, *SOFE, Carton 60*, A.M.A.E.N.

pour relativiser sinon sa capacité d'action du moins ses pouvoirs de contrainte. Ce dispositif institutionnel, auquel il faudrait adjoindre l'O.N.U.E.F., a paru alors suffisamment séduisant et efficace pour justifier d'être copié par la République de Weimar. En 1920 pour répondre à la création du SOFE, elle fonde l'*Abeitlung 6* de l'Auswärtiges Amt en charge des questions culturelles internationales, et en 1926, elle crée l'équivalent de l'ONUEF avec le *D*.A.A.D[1]. De même, le gouvernement espagnol crée en 1921 l'*Office des Relations Culturelles* à l'instigation d'une minorité d'universitaires (dont surtout Américo Castro) et d'intellectuels, un peu à la façon du schéma français quand l'*Alliance française,* peuplée d'hommes de l'Alma Mater, avait aiguillonné avec succès le M.A.E[2].

Si la bonne fortune de l'*Alliance* devenait ainsi en grande partie tributaire de la vitalité de ces deux acteurs culturels, elle gardait malgré tout ses atouts propres, ceux d'une action globalement apolitique, préservée, dans l'ensemble, des pressions gouvernementales ou diplomatiques, et menée sur le long terme. Car la propagande, récusée en théorie mais dans la pratique toujours plus ou moins affirmée, soulevait quelques interrogations. Victor Bérard soulignait les dangers de ces manifestations culturelles prestigieuses dont la France s'était fait une image de marque :

« [...] nous avons trop souvent la preuve de la satiété et presque de la lassitude que cause chez nos meilleurs amis, chez nos disciples les plus fidèles cette manie un peu naïve que nous avons depuis trois ans d'aller imposer à domicile nos étalages de vérités ou de beautés, nos goûts et nos exemples. Nos offensives littéraires, scientifiques et artistiques, autant que nos entreprises guerrières fatiguent l'humanité

1. Voir Kurt Düwell, *Deutchlands auswärtige Kulturpolitik 1918-1932*, Köln, Böhlau, 1976, 402 p.

2. Voir Antonio Nino, « origenes y despliegue de la politica cultural hacia America Latina », in Denis Rolland Lorenzo Delgado Edouardo Gonzales Antonio Nino Miguel Rodriguez (dir), *L'Espagne, la France et l'Amérique Latine. Politiques culturelles, propagande et relations internationales XX e*, Paris, L'Harmattan, 2001, 495 p., pp.25-163 (pp. 31-32).

et lui font croire à notre désir d'impérialisme intellectuel, comme à nos ambitions d'entreprise militaire. [1] »

Aussi les concours de toutes ces associations privées s'avéraient éminemment précieux. Incontestablement, l'*Alliance* sortit de la guerre avec un fort vent arrière dans les voiles : son budget fut multiplié par six entre 1919 et 1922, et elle distribua 2,3 millions. Et si l'action culturelle, était devenue un des objectifs majeurs de toutes les diplomaties européennes, la France qui disposait d'une longueur d'avance dans ce domaine sur ses voisins conserverait peut-être sa primauté à condition de (re) mobiliser tous les acteurs du dispositif.

L'*Alliance* fut donc mise en face de ce défi.

---

1. Tricentenaire de Molière : rapport présenté au Sénat par Victor Bérard, président de la Commission de l'enseignement, cité in *Revue de l'Enseignement français hors de France*, n°17, Janvier 1922.

Chapitre III

La reconstruction de l'alliance

Association ancienne, familière aux hommes politiques et à tous ceux engagés dans des activités intellectuelles extérieures, association dont les activités à l'étranger offraient une plate-forme de choix pour toutes les perspectives d'expansion culturelle en l'absence d'un réseau complet d'Instituts et de lycées français, l'*Alliance* profitait certes dans cet immédiat après-guerre de la crue exceptionnelle des budgets et des projets. Se laisser porter par la vague étatique était pour un temps rassurant mais s'avérait insuffisant à moyen terme. Elle avait à reconstruire, en partie, un réseau dont les pôles s'étaient inversés : les points forts de l'avant 1914 (Empire turc, Russie) se révélaient les points faibles, et émergeaient en revanche tous les pays neufs de l'Europe centrale et orientale désireux d'une présence intellectuelle française puissante. Afin de se hisser à hauteur des défis nouveaux de l'époque, l'*Alliance* devait revitaliser tous ses organes internes et moderniser (certaines) de ses méthodes. Elle parvint, non sans mal parfois, à satisfaire les attentes de ceux qui lui assignaient un rôle majeur.

1. Renouvellement des hommes

Les hommes de la direction : politisation et notabilité

De sa volonté de reprendre résolument sa marche en avant, l'*Alliance* donna un premier signe en se dotant systématiquement d'une direction prestigieuse. Contrairement à l'avant-guerre où tous les présidents (sauf Duruy) avaient été choisis dans les rangs de la haute fonction publique, ceux de l'après-guerre appartenaient au cercle très fermé des hommes politiques parvenus aux honneurs les plus élevés : Paul Deschanel (1919-1920), Raymond Poincaré (1920-1925), Paul Doumer (1925-1930). Ces deux derniers prirent à cœur leur fonction et donnèrent de leur personne en présidant régulièrement les conseils, en prenant contact avec certains collaborateurs de l'*Alliance* lors d'invitations (par Doumer) à la visite du Sénat.

Incontestablement, le patronage de l'ancien président lorrain pesa d'un poids considérable dans les discussions et choix du M.A.E. en faveur de l'*Alliance*. Poincaré resta même président de l'association durant son retour au pouvoir de janvier 1922 à avril 1924. L'octroi de la subvention de 500 000 F obtenue en 1920 par le siège central relève sans doute des appuis concertés de Deschanel et Poincaré. Une note du Secrétaire Général, Paul Labbé, adressée au Ministre des Affaires Etrangères, reconstituait le contexte dans lequel l'association avait œuvré à la sortie de la guerre :

« L'*Alliance française* qui se retrouvait dans une situation très difficile à la fin de la guerre est parvenue, sous la présidence de M. Poincaré, à des résultats qu'on n'osait pas espérer obtenir qu'après un certain nombre d'années d'efforts. En deux ans elle a complètement rétabli sa situation de 1913 à l'intérieur, elle a dépassé de beaucoup celle qu'elle avait à l'extérieur puisque, siège central et comités qui avaient fourni à l'étranger 389 000 F en 1919, 1 440 000,00 F en 1920, ont donné 2 M. en 1921 »[1].

Les chiffres de subventions (du M.A.E) n'avaient plus rien à voir avec ceux de l'avant 1914 qui se bornaient à 15 000 F. Dorénavant, avec les subventions extraordinaires de 240 000 F durant la guerre, puis avec ces 500 000 F accordés au Siège central en 1920 et les 400 000 F de 1921 – dont 60 000 F réservés pour la fondation de Ferdinand Brunot à la Sorbonne d'une école de professeurs de français pour l'étranger- l'*Alliance* émargeait largement au budget public. Nul doute qu'un Poincaré, très attentif aux questions et aux moyens de la

1. Note de Paul Labbé, 14 février 1922, *SOFE, Carton 54*, A.M.A.E.N. Et une lettre du 28 mars 1923 de Paul Labbé à Poincaré donne le chiffre de plus de 3 M. de F au titre des dépenses de 1922, Ibid.

culture- il présidait aussi l'association des *Amis de l'Université de Strasbourg* à laquelle un membre de l'*Alliance française* aux Etats-Unis, Albert Blum, fit d'importants dons- n'ait contribué efficacement à remettre en selle d'une façon aussi nette l'association du Boulevard Raspail. Il est cependant un point pour lequel Poincaré se refusa à satisfaire l'*Alliance* et un bon nombre d'universitaires : il ne bougea pas quand il fut question d'élargir la loi de 1904 en son article 2 qui dissolvait les noviciats congréganistes, à l'exception de ceux des congrégations enseignantes à l'étranger. Pendant trois ans, entre décembre 1926 et la pétition adressée à E. Herriot par 40 universitaires républicains, et 1929, l'alarme fut vainement lancée sur le vieillissement de ce personnel enseignant français, situé surtout en Amérique latine[1].

Bien qu'il fût un second choix, après que Jusserand eut décliné la présidence[2], reconnaissons néanmoins à Paul Doumer (1875-1932) des qualités égales à celles illustrées par Poincaré. Energie, passion (efficace) pour la diffusion du français à l'étranger depuis son action pionnière pour la création de l'Institut français de Saint-Pétersbourg en 1911[3], intérêt pour les questions scientifiques et universitaires en général (il veilla à la création, en 1898, de l'*Ecole française d'Extrême Orient,* préside l'O.N.U.E.F. en 1921, et fut un soutien constant pour les activités d'Henri Berr au Centre de Synthèse), il fut un président déterminé et bienveillant. Reste un dernier personnage dans cette galerie des premiers rôles, Paul Labbé (1867-1940), le Secrétaire Général de quinze années, entre 1919-1934.

1. Cf. , « Les Œuvres françaises en Amérique Latine », in *Revue de l'Amérique Latine*, 1 février 1927, p. 188.

2. Voir la lettre de Paul Labbé du 11 mars 1925 où celui-ci tente de le rassurer (sur la charge de travail) et de l'intéresser (l'Alliance doit rechercher de nouveaux moyens financiers après la baisse de la subvention publique), in Papiers d'Agent, *AP 93, vol. 132*, A.M.A.E.P.

3. Voir l'article d'Olga Medvedkova, « Scientifique ou intellectuel ? Louis Réau et la création de L'Institut français de Saint Pétersbourg », *art. cit.* Doumer fit venir de riches souscripteurs et L'Humanité (20 février 1911) fit campagne en 1911 contre « un diplomate : M. Doumer fait des affaires. Il compromet l'Université dans la finance ».

Personnalité attachante, chaleur et simplicité alliées, finesse dépourvue d'apprêt, pour autant que l'on puisse en juger sur la simple foi de ses textes (comptes rendus d'activité, notices nécrologiques), cet explorateur de la Russie des années 1900, devenu secrétaire général de la *Société de géographie commerciale de Paris* de 1905 à 1919, s'était fait connaître plus largement, à partir de 1916, par sa direction de l'association, *l'Effort de la France et ses alliés*. A la tête de l'*Alliance*, il sillonna la France et le monde[1] pendant plus de dix ans, organisa deux grands congrès de l'*Alliance* (1922, 1931) et parut rassembler avec réussite les bonnes volontés.

Le Conseil d'administration de l'Alliance : le poids des Universitaires

Le Conseil d'Administration connut au début de la décennie un net renouvellement. Décédèrent en 1921, Eugène Etienne, Henri Belin, Joseph Reinach Alfred Grandidier, Ernest Ricois ; en 1922, Denys Cochin, Frank Puaux, Jules Siegfried, le Comte de Mouy ; en 1923, Louis Léger. Au total, le Conseil d'administration est renouvelé en 1923 à 60 % par rapport à l'avant-guerre ainsi que le montre le tableau suivant :

1. Il se rend deux fois en Angleterre, en Hollande, en Tchécoslovaquie ; une fois en Suisse, en Yougoslavie, aux Etats-Unis et Canada, en Pologne, dans les pays baltes selon Maurice Bruézière, L'Alliance française, *op. cit* , p.99.

Tableau n° 11 : le CA de l'Alliance en 1923

Hommes Politiques	Hauts-fonctionnaires	Universitaires Académiciens	Publicistes Sociétés savantes	Economie	Divers
Barthou*	J. Arnavon [1]	L.Levy-Bruhl	De Persigny	J. Bourdel	Abbé Cazot
V. Bérard*	J. Léotard*	A. Meillet	H. Morand	J. Lehideux	A. Terrier
P. Delombre*	De Guichen [1]	Rebelliau	Bertin*	P. Gillon	L. Dufourmantelle *
E. Fournol	G. Dubail [1]	M. Roques	R. Koechlin	Collin Delavaud*	Prince Bonaparte*
Gay*	Privat-Deschanel	Firmin Roz	A. Hallays	Lepel-Cointet*	A. Laugel
A. Honnorat	E. Roume [1]		G. Ducrocq	H. Playoust*	J. H. Hyde*
A. Lebrun	Archinard *(Général)	P. Boyer	F. De Witt-Guizot		Israel Lévi*
G. Deschamps	G Capus [2]	F. Brunot*	P. Labbé		
	C. Guy [2]*	G. Dumas			
	Lacaze (Amiral)	H. Hauser*			
	J. Gautier [3]*	E. Huguet*			
	Grunebaum Ballin*	S. Reinach*			
	Jullemier [1]	E. Salone*			
	G. Lamy [3]*	A. Weiss			
	A Cahen [3]	P. Huvelin			
	H. Havard [3]	Izoulet*			

1 : M. des Affaires Etrangères ; 2 : Ministère des Colonies ; 3 : Ministère de l'Instruction Publique ; * : personnes déjà au CA en 1914.

Dominé par les deux catégories des hauts-fonctionnaires (26 %) et des universitaires (25 %)[1], le Conseil d'administration reflète la professionnalisation grandissante de l'action culturelle extérieure et le rôle décisif joué en son sein par les universitaires depuis quelques années. Les hommes politiques eux-mêmes sont, pour certains d'entre eux, issus du monde

1. 36% en incluant les inspecteurs généraux et les hommes politiques venus de l'Université.

universitaire. Gaston Deschamps (1861-1931) en offre un bon exemple. Normalien, ancien de l'Ecole d'Athènes, professeur au Collège de France en 1892, publiciste (au *Journal des Débats*, puis au *Temps* dès 1893, où il occupe la prestigieuse chronique 'vie littéraire'), il est élu député des Deux-Sèvres en 1919 et devint président de la Commission de l'Instruction publique et des Beaux Arts à la Chambre. Il rapporte également plusieurs projets de reconstruction d'ambassades et de légations. Battu par un député du Cartel en 1924, il consacra alors beaucoup plus de temps à l'*Alliance*.

Etienne Fournol (1871-1940), ancien député de l'Aveyron (1909-1914), sans être universitaire, n'en fut pas moins très lié à certains milieux savants, celui formé autour de *l'Institut d'études slaves* notamment dont il avait assumé en 1920 le parrainage aux côtés d' Ernest Denis. Pendant la guerre il avait secondé André Honnorat dans le pilotage de trois associations franco-scandinaves et s'était vu confier en 1915 la mise en place d'un des premiers appareils de propagande au sein du M.A.E. Installé rue Edouard VII, en liaison étroite avec la Commission des Affaires Etrangères dirigée par Georges Leygues, ce bureau travaillait tant sur le front extérieur (renouer les liens avec les Français à l'étranger) que sur le front intérieur (orienter l'opinion des correspondants de presse étrangers)[1]. Il sera régulièrement présent aux réunions de l'*Alliance,* contrairement aux absents perpétuels (Lebrun, Honnorat, Barthou).

Mais incontestablement, la force de l'*Alliance* de Paris reposait sur le dévouement, l'entregent et le dynamisme de quelques grands universitaires habitués à considérer leur métier et leur pays avec une certaine largeur de vue. Les Georges

1. Jean-Claude Montant, *La propagande extérieure de la France pendant la première guerre mondiale*, *op.cit.*, p.186 ; ce bureau devient, en novembre 1915, le Comité d'action parlementaire à l'étranger dirigé par Franklin-Bouillon qui était secondé par Etienne Fournol en tant que secrétaire. Le Quai jugea que cet organisme exerçait une sorte de concurrence à son endroit.

Dumas, Paul Boyer, Mario Roques, Firmin Roz, Lévy-Bruhl[1], Antoine Meillet, Paul Hazard (élu en 1928) connaissaient le monde, le parcouraient volontiers, et mettaient leurs compétences de savants et d'organisateurs de la science hexagonale au service de l'action culturelle extérieure en général. Ces *missi dominici* de l'université française satisfaisaient d'un même élan les attentes de plusieurs organismes auxquels ils se trouvaient rattachés. Par la vertu du mécanisme de double appartenance, à l'ONUEF et l'*Alliance* (Dumas, Hauser, Fournol, Rébelliau), au Comité France-Amérique et à l'*Alliance* (Dumas, Roz), la coordination des grands pôles de la diplomatie culturelle s'effectuait aussi, en vérité, de manière fort empirique.

En général, l'universitaire français de l'entre-deux-guerres, se retrouve de plus en plus dans la situation du « chercheur-ambassadeur » selon les analyses Christophe Charle, qu'il s'agisse des scientifiques mais surtout des littéraires ; le tropisme scientifique conjoint d'ailleurs les choix diplomatiques quand la géographie des échanges intellectuels correspond surtout à celle de la diplomatie française afin de construire un espace culturel privilégié[2]. Ainsi en 1923, six professeurs sont localisés à Columbia[3] alors que, sur l'ensemble de l'entre-deux-guerres, l'Europe Centrale et l'Amérique Latine seront les espaces de prédilection de la science française. Ou disons plutôt de la culture française. Car ces échanges universitaires ont souvent davantage relevé de l'acculturation aux mœurs intellectuelles hexagonales que de la diffusion de principes scientifiques stricts comme le notait Claude Lévi-Strauss :

« En ce sens l'amour porté par l'Amérique [du sud] à la France tenait en partie à une connivence secrète fondée sur la même

1. Lévy-Bruhl inaugure la première année de cours au nouvel Institut de Buenos Aires en 1922 ; en 1920 il s'était rendu en Extrême Orient.

2. Christophe Charle, La République des Universitaires, *op.cit.*, pp. 342 et sq.

3. Paul Hazard, « Six professeurs français à l'Université de Columbia », *Revue des-deux Mondes*, 1er octobre 1923, pp. 622-634 (Bédier, Blanchard, Emile Bourgeois, Bernard Faÿ, Edouard Roy et Paul Hazard). Il est émerveillé par le confort universitaire (vaste bureau, téléphone marchant parfaitement) conjugué à la simplicité des mœurs américaines.

inclination à consommer, et à faciliter aux autres la consommation, plutôt qu'à produire. Les grands noms qu'on vénérait là-bas : Pasteur, Curie, Durkheim appartenaient tous au passé, sans doute assez proche pour justifier un large crédit ; mais ce crédit, nous ne servions plus l'intérêt qu'en une menue monnaie appréciée dans la mesure où une clientèle prodigue préférait elle-même dépenser à investir. Nous lui épargnions seulement la fatigue de réaliser [1]. »

Grands notables de l'Université, les représentants de celle-ci au sein de l'*Alliance* relevaient pleinement de la catégorie « ambassadeur » ; eu égard à l'ancienneté et la fréquence de leurs (nombreux) voyages, ils s'établirent peu à peu dans une posture d'intermédiaires politico-scientifiques incontournables. Le plus connu de ces derniers fut peut-être Georges Dumas (1866-1946).

Normalien (camarade de promotion de Romain Rolland, Léon Brunschvicg, André Lalande), philosophe et médecin, professeur de psychologie expérimentale à l'Université de Paris, il fut l'un des principaux animateurs des échanges intellectuels entre la France scientifique et le reste du monde[2]. Au cours de 17 missions, surtout au sein du continent sud-américain, il contribua, outre ses conférences[3], à la création d'Instituts, de lycées, à l'instauration d'échanges de professeurs et d'étudiants. Et cette diffusion d'un modèle scientifique français était toujours associée à celle de la langue. Ainsi en 1922, dans un article qui se fait l'écho du « Groupement des

---

1. Claude Lévi-Strauss, *Tristes tropiques*, Paris Plon, 1955, p.97.

2. Cf. Guy Martinière, « Aux origines de la coopération universitaire entre France et l'Amérique Latine : Georges Dumas et le Brésil », *art. cit* .C'est lui qui rédige dans ce quasi programme du Cartel des Gauches que fut l'ouvrage, *La Politique républicaine*, [Paris, Alcan, 1924, 587 p.] l'article intitulé « les œuvres françaises d'enseignement français à l'étranger », vigoureux éloge des congrégations enseignantes à l'étranger ! Sur son rôle en Amérique latine, voir aussi le chapitre IV du livre de Gilles Matthieu, *Une ambition sud-américaine. Politique culturelle de la France (1914-1940)*, *op cit.*, pp. 47 et sq.

3. A la séance du 9 février 1922 de l'ONUEF, il fait état de son dernier voyage en Amérique Latine et indique qu'il a été le premier professeur étranger à prononcer des conférences suivies à l'Université de Buenos-Aires, in *70 AJ, Carton 3, registre n°3*, Caran.

universités et grandes écoles pour les relations avec l'Amérique Latine », Dumas rappelait que :

« [...] la langue française doit rester le véhicule de toute la pensée européenne : la langue et l'esprit français sont le filtre des idées de ce continent. C'est donc le français qui doit transmettre toutes les ondes spirituelles. Tout ce que les nations d'Europe, même les germaniques donnent à la culture humaine, et parce que ces efforts contiennent d'universel$ il est juste et utile que cela soit présenté sous le label français à nos amis d'Amérique. [1] »

Au Brésil entre les années dix et trente, il devint peu à peu l'interlocuteur scientifique étranger le plus important du gouvernement local. Dans les années trente, au moment où la France est en passe d'établir deux missions universitaires à Rio et Sao Paulo (1935-1939), on le voit s'interposer afin d'empêcher l'embauche par l'Université de Rio de savants allemands anti-nazis :

« Le ministre [brésilien] avait en mains une liste de 50 à 60 Allemands, tous expulsés d'Allemagne. Il m'a promis de n'en engager aucun : j'ai dit que les meilleurs expulsés avaient été engagés en Europe, et que le reste était des rossignols. Il est indispensable que nous fassions cette organisation universitaire au Brésil sans le concours d'étrangers, car tous les postes d'influence pourront être utiles en cas de guerre, et en cas de paix, marqueront pour toujours le Brésil de notre empreinte [2] ».

Porteur de références idéologiques (la Latinité et le Positivisme) chères à ce pays, très lié de surcroît au milieu dirigeant brésilien, il travailla, avec un certain succès, à prolonger l'emprise d'un modèle culturel et scientifique français.

Mais le Nord (magnétique) de beaucoup de ces universitaires de l'*Alliance* indiquait l'Est européen et plus

---

1. *Revue de l'Amérique Latine*, n°4, avril 1922, p.372.

2. Lettre à Jean Marx, 6 septembre 1935, *SOFE, Carton 443*, AMAEN, citée par Patrick Petitjean, « Dimension culturelle, influences idéologiques et images scientifiques dans l'histoire des relations scientifiques franco-brésiliennes, 1850-1940 » in Solange Parvaux et Jean Revel-Mouroz (dir.), *Images réciproques du Brésil et de la France*, IHEAL, 1991, 1057 p., pp.827-843. Finalement, aux côtés de six professeurs français, se trouveront quatre Italiens et trois Allemands.

particulièrement le monde en formation de l'Europe centrale et orientale.

Successeur de Louis Léger, on tenait chez Paul Boyer (1864-1949) deux individus en un ; le savant et fondateur-directeur de la *Revue des études slaves*, titulaire pendant presque un demi-siècle (1891-1937) de la chaire de langue russe à l'Ecole nationale des Langues orientales, acteur principal dans l'essor de la slavistique en France et à l'étranger après 1918[1], côtoyait l'intellectuel engagé, actif dans la *Ligue des droits des peuples* d'Ernest Denis ou à l'*Union pour la vérité* de Paul Desjardins. Pendant la guerre, tout un petit milieu de slavisants avait organisé de nombreuses conférences de propagande sur les pays slaves et la création de l'*Institut des études slaves* en 1919 couronna leur engagement d'érudits et de citoyens. Celui-ci, après le décès d'Ernest Denis, son co-fondateur (avec Masaryk) et premier directeur, fut dirigé par Antoine Meillet (1866-1936), un autre grand slavisant. Pendant le conflit, ce der- nier avait joué un grand rôle dans la publication du Bulletin de guerre de l'*Alliance.* A la tête de l'*Institut des études slaves,* rattaché à l'Université de Paris en 1922, il l'organisa, avec l'administrateur André Mazon, de façon à l'installer comme un pivot des relations scolaires et universitaires entre la France et les pays slaves[2].

Avec Henri Hauser, inlassable voyageur et observateur engagé, doué d'une parole et d'une plume abondantes placées sous le sceau de l'Idée française, une autre personnalité liée au monde de l'Europe centrale (il parcourt la Tchécoslovaquie en 1921, après la mort d'Ernest Denis) et orientale est en passe

1. Voir l'article d'André Mazon, « l'homme, l'organisateur », in *Paul Boyer*, Paris, Bibliothèque russe de l'Institut d'Etudes slaves, Tome XXIV, 86 p., pp.31-28. A Strasbourg, à Lyon, mais aussi à Chicago, à Alger, plusieurs enseignements du russe furent ouverts par des personnes formées à Paris.

2. Voir *l'Europe Centrale*, 19 octobre 1929, pp. 32-34. Christophe Charle et Eva Telkès dans *Les Professeurs du Collège de France Dictionnaire biographique 1901-1939*, Paris, CNRS Editions, 1988, ne mentionnent pas cette fonction de Meillet (pp. 174-176)

d'occuper au sein de l'*Alliance* une place grandissante[1]. Egalement président du *Comité de rapprochement franco-letton*, il veille au développement des institutions d'enseignement dans les pays baltes. Il accomplit en 1922 un voyage dans la région au cours duquel il prononce une conférence dans le nouvel Institut français de Tartu (Estonie) et aura la fierté d'inaugurer, en octobre 1930, le lycée de Riga.

Polygraphe comme Hauser, Firmin Roz (1866-1957) présente le profil d'un universitaire américaniste, très actif lui aussi dans diverses associations dont le *Comité France-Amérique*. Avant-guerre, il avait écrit un livre remarqué, *L'Energie américaine*, récompensé par le prix du Comité France-Amérique dont il était devenu le secrétaire en 1915 ; engagé entre juillet 1917 et décembre 1919 dans la *Maison de la Presse* comme 'chef de section'Etats-Unis, on le retrouve après-guerre dans les divers cercles de la politique culturelle extérieure. Si André Siegfried tend un peu à lui voler la vedette, il reste un des spécialistes les plus appréciés du thème nord-américain et fait paraître en 1927 (comme d'ailleurs Siegfried) un nouvel ouvrage intitulé les *Etats-Unis d'Amérique*[2].

En revanche, l'absence presque totale des hommes de lettres au sein du CA intrigue. Elle traduit certainement la persistance de choix antérieurs effectués du temps de Pierre Foncin. Mais au moment où, depuis le début du XX e, il revenait aux grands littérateurs français d'afficher le pavillon national à l'étranger, leur entrée massive dans la maison du Boulevard Raspail eût élargi les cercles de la reconnaissance accordée dans le monde à l'association.

---

1. Hauser a récemment fait l'objet d'un colloque, *Henri Hauser (1866-1946) Humaniste Historien, Républicain* , 16-17 janvier 2003, Ecole normale supérieure. Certaines communications ont abordé son rôle très important pendant la guerre au cabinet Clémentel (G.H. Soutou) ou l'importance de ses diverses publications sur l'économie mondiale des années 20 et 30 (Christian Morrison, Eric Bussière).

2. Firmin Roz, *L'Energie américaine*, Flammarion 1911, 339 p. et *Les Etats-Unis d'Amérique*, Paris, Alcan, 275 p. Ces deux ouvrages restent cependant quasi muets sur les relations franco-américaines et sur les efforts consentis par des organisations comme l'Alliance ou le Comité France-Amérique.

2 Des méthodes d'action rendues plus dynamiques

Les liens étroits noués avec certains universitaires français à l'étranger

Dans le fonctionnement de l'*Alliance* au sortir de la guerre, l'un des signes les plus intéressants des changements intervenus marque l'intervention accrue des universitaires dans la vie des Comités à l'étranger. Désormais, le lecteur (dans une université locale) ou le professeur (dans un Institut) deviennent, dans un nombre assez limité de cas toutefois, les animateurs de référence à l'intérieur d'un groupement. Aussi, il ne paraît pas légitime de présenter les instituts comme des institutions désireuses de prendre leurs distances avec l'*Alliance*[1]. Déjà, en 1910, le lecteur de français à l'Université de Varsovie, Abel Mansuy, avait été le fondateur de l'*Alliance* dans cette ville. Mais avec la généralisation de la présence universitaire française à l'étranger, d'une certaine façon, ces professeurs prirent le relais des consuls de l'avant-guerre. La souplesse de fonctionnement des instituts, le mariage de cours publics et de cours fermés notamment, leur préoccupation à l'égard du niveau linguistique nécessaire des étudiants, les rapprochaient de la structure et de la problématique *Alliance française*.

Plusieurs cas de figures peuvent alors se présenter, ceux d'un lecteur ou d'un professeur en poste dans l'un des Instituts français, ceux encore d'un instituteur/professeur dans un lycée français à l'étranger ou dans une « mission universitaire ».

Un bon exemple du rôle bénéfique d'un lecteur de français pour un Comité nous est donné par Henri Bédarida, à Bologne,

---

1. Cf La thèse de Dominique Bosquelle, *L'Allemagne au cœur de la politique culturelle de la France en Europe centrale et septentrionale dans l'entre-deux-guerres*, Thèse de l'Université Aix-Marseille I, sous la direction de Thmas Keler, 2001, 972 p., p.100 (« les instituts cherchaient à se démarquer au maximum des Alliances françaises : ils évitaient le grand public et préféraient offrir des cours relativement pointus »). D'ailleurs, l'auteur revient lui-même sur cette affirmation rapide quand il évoque les instituts de Varsovie et de Prague.

entre 1920-1923. Ce dernier, encouragé par Maurice Mignon, a refondé en 1920 le comité bolonais (1907) assoupi depuis la veille de la guerre (40 membres en 1914). Le programme de conférences de l'année 1921-1922 offre, de décembre à mai, trois conférences littéraires et artistiques mensuelles. De manière habile, peut-être en raison du contexte délicat des relations franco-italiennes alors, de l'image plutôt négative attachée depuis la guerre aux Instituts français jugés trop engagés dans la propagande, le jeune universitaire tente de concevoir son action en accord avec des associations telles la *Dante Alighieri* ou *Musica Nuova*[1]. En juin 1922, les effectifs sont remontés à 250, mais ils avaient atteint 300 personnes en 1921.

A Gênes, le lecteur français nommé en 1923, Gaston Broche, s'attacha à fonder un Comité auquel il conféra un certain lustre en dépit de ses faibles moyens matériels : l'écrivain Louis Bertrand ne demandait-il pas 1 000 F quand il y avait tout juste 200 F à lui offrir ! Conférence d'Henry Bordeaux en 1927 aux côtés de 11 autres conférenciers pour cette même année, fondation par ailleurs d'une bibliothèque au sein de la Faculté de lettres, dans une ville où les Allemands avaient déjà un cabinet de lecture, le bilan en quelques années s'avérait positif[2]. Quant à des exemples de collaboration entre un « lycée » (qui correspondrait à un collège français dans certains cas sud-américains) français ou une structure enseignante et l'*Alliance*, Montevideo peut être mis en avant.

En Uruguay à l'initiative d'une Société française d'enseignement dirigée par le riche Luis Supervielle (le frère de Jules), un lycée fut créé en 1922, un après celui de Sao Paulo et 6 ans après celui de Rio. Il suivait le programme local tout en préparant au baccalauréat français. Deux ans plus tard, en

1. Voir sa correspondance in *Rome Quirinal, Série A, carton 1292*, A.M.A.E.N. Sur les problèmes des Instituts, voir Pierre Guillen, « la Politique culturelle de la France en Italie », *art. cit.*

2. Note de Gaston Broche, 23 novembre 1927, *Rome Quirinal, Série A, Carton 334*, A.M.A.E.N. En 1934, la bibliothèque de l'Alliance sera intégrée à celle fondée par Broche à la Faculté des Lettres.

mars 1924, un Comité de l'*Alliance* voyait le jour avec l'organisation des cours du soir. 650 inscrits affluent d'emblée, 700 en avril 1925 placés dans 14 cours, 760 en juin 1929 répartis en 22 classes, cette représentation doublait largement le nombre d'élèves au lycée (300)[1]. Tant pour les conférences hebdomadaires que pour les cours du soir (3 heures hebdomadaires), les professeurs de l'établissement scolaire sont mis à contribution. Mais aussi les locaux, les livres, le matériel scolaire du lycée... Surtout une complémentarité sociale opère entre les deux structures. Les cours du soir, malgré une petite contribution financière, attirent un public moins huppé que celui du lycée ; et les meilleurs élèves de ceux-là peuvent accéder à celui-ci.

Cette complémentarité des institutions s'observe aussi dans les pays baltes au début des années trente. Le fondateur du lycée français de Riga, Segreste, est aussi le président de l'*Alliance* ; le lecteur de français à Tallin, Cathala, dirige le comité local de celle-ci[2].

Enfin, en matière de coopération entre un Institut et l'*Alliance*, les cas de Prague et Varsovie restent emblématiques. De manière organique, l'un figurait la tête, l'autre le corps.

La situation de Prague révèle une association très étroite entre les deux institutions. Symbole de leur accord, la *Revue française de Prague* leur doit sa naissance en 1921. Fondé en 1920 autour de 5 professeurs (Fichelle, Brun, Lewtow, Baby, Essertier), l'Institut se déploya régulièrement sous la houlette de ses directeurs successifs (André Tibal [1920-1925], Louis Eisenmann[1925-1935], Alfred Fichelle [1935-1938]). Tour à tour des sections, juridique et commerciale (1926), scientifique et technique (1931), médicale (1932) furent progressivement

1. Dépêche n°69, 20 avril 1925 et rapport de P. Larnaudie du 24 juin 1929, in *Montevideo Ambassade, Carton 133*, A.M.A.E.N.

2. P.F. Armand-Delille, « L'expansion de la culture française dans les nouvelles républiques baltes », *Séances et Travaux de l'Académie des sciences morales et politiques*, 2e semestre 1935, pp. 90-109.

ouvertes pour compléter la section littéraire initiale[1]. L'*Alliance* à Prague s'installa à partir de 1926 dans les nouveaux locaux de l'Institut et développa là, de manière fort commode, ses cours gratuits du soir de 19 heures à 21 heures. En 1933, 1 100 personnes s'y pressaient[2]. Cette communauté des locaux jouait bien sûr pour les conférences ou les expositions/concerts organisés par l'*Alliance.* Plus globalement, le géographe Alfred Fichelle, membre enseignant de l'Institut, faisait office depuis 1923 de Secrétaire général de la *Fédération tchèque des Alliances françaises.* La même configuration est observable pour l'Institut français de Varsovie et l'*alliance* de cette même ville. Celle-ci offre des cours de français parlé et les universitaires de l'Institut, dirigé par le très dynamique Mazeaud, envoient aussi certains de leurs étudiants se perfectionner en français dans ces cours. En octobre 1934, c'est Pierre Francastel qui les supervise ; 600 auditeurs sont présents alors[3]. Une autre confirmation de ces liens entre institut français et les *alliances* locales est apportée par Sofia.

Là, le directeur, en 1931, G. Hateau, héberge les cours du soir de l'*Alliance,* donne des conférences en son nom, à Sofia mais aussi dans des sections de province telles Varna et Bourgas[4]. D'autres exemples pourraient être apportés ; par l'*Ecole française d'Athènes* que la guerre a contribué à sortir de son isolement scientifique et dont le directeur se retrouve désormais président du *Comité Alliance française* du Pirée et chargé de piloter de fait l'œuvre de propagande intellectuelle dans le pays ; par le professeur Gautheron, professeur de littérature française de l'Université de Halifax (Canada) et fondateur du Comité local.

1. Cf. « Louis Eisenmann », in *Revue française de Prague,* n°76, 15 juin 1937, pp. 91-104.
2. Renseignements in *SOFE, Carton 336*, A.M.A.E.N.
3. Lettre de Mazeaud à Marx, du 29 octobre 1934, *carton 319, SOFE,* A.M.A.E.N.
4. Rapport de M. Abrami «L'Alliance française de Sofia », in *Congrès de l'Alliance française en 1931*, Paris, Alliance française, 1932, 408 p., pp.128-131.

Le recours massif au livre et à la conférence

Jamais peut-être depuis la Révolution française, les marques d'estime envers la France n'avaient été aussi fermement exprimées qu'en 1918-1919. Devant de telles attentes, beaucoup d'observateurs préconisaient une ambitieuse politique d'exportation des « produits » intellectuels. Parmi ceux-ci, le livre tenait une place décisive et le M.A.E. adressa une circulaire au printemps 1920 à ses Agents pour connaître la présence des livres français dans les bibliothèques. Mais la conjoncture économique de l'époque démentit un certain nombre d'espoirs quant à la possible substitution de la pensée allemande par l'intellectualité française.

Loi des 8 heures, hausse des salaires, crise du papier, tout concourt à réduire le chiffre des livres nouveaux publiés (moins 50 %) et à affaiblir dangereusement la situation du livre français à l'étranger. Il n'est pas jusqu'aux thèses et mémoires devant les Académies qui ne renoncent à la version imprimée pour se contenter d'exemplaires dactylographiés. Cet affaiblissement du livre savant suscite la mobilisation universitaire et un *Manifeste pour la défense de la pensée française* patronné par Lavisse voit le jour. Sollicitée, la marquise Arconati-Visconti accorde 100 000 F à la Sorbonne pour l'impression des thèses ; la même somme est allouée à l'Ecole normale[1]. De cette crise, que le mécénat ne peut résoudre seul, émergent alors des projets mobilisateurs, dont les uns touchent à la constitution de coopératives éditoriales (*Belles Lettres* en 1919 et *Presses Universitaires de France* en 1921[2]), les autres à la réorganisation de la Librairie et de ses circuits de distribution afin de capter efficacement le public étranger. Au problème du renchérissement du livre exporté qui tendait, déjà, à renforcer certains concurrents tels les Américains (au Canada) ou les

1. Cf . « Manifeste pour la défense de la pensée française », *Le Temps*, 22 décembre 1920, p. 2.
2. Voir Valérie Tesnière, *Le Quadrige*, *op. cit*, pp. 209-211.

Espagnols (en Amérique du Sud[1]), plusieurs types de remèdes furent envisagés ; abaisser (comme pour les journaux) les droits de douane sur le papier, assouplir provisoirement la loi des 8 heures, et s'inspirer surtout des méthodes de librairie allemande (dont les envois groupés dans des wagons spéciaux, les envois sur des trains à grande vitesse), les propositions de réforme ne manquaient pas[2]. Cette référence à l'organisation germanique, à défaut d'être neuve, restait d'actualité en raison des carences répétées de la Librairie française. Henri Hauser, dans un ouvrage publié en 1924, s'étonnait tout autant de son aboulie intellectuelle (appels à l'Etat sauveur) que de son apathie commerciale (incapacité à s'adapter au divers terrains)[3]. Alors que les Allemands modulaient leurs prix en fonction de leurs types d'ouvrages (prix forts sur les livres savants et faibles sur la littérature générale), les éditeurs français, en vendant *uniformément*, quelle que fût la valeur de la monnaie locale, s'interdisaient ainsi de consentir aux clients de meilleures conditions d'achat dans les pays à change fort (Suisse, Canada, Scandinavie, Hollande, Brésil, Argentine)[4]. Dans ce tableau au

1. La guerre permit à l'édition espagnole de supplanter provisoirement l'édition française, notamment d'affronter plus aisément ses éditeurs spécialisés dans la publication en castillan [Garnier, Ollendorff, Hachette, Louise Michaud] et qui dominaient sur le marché sud-américain depuis le XIXe. Mais, le conflit achevé, la première souffrit durablement de ses maux chroniques, prix trop élevé (en raison de la cherté du papier importé en Espagne, des faibles tirages, de la surévaluation de la peseta), et de sa déficiente organisation commerciale, dans l'ensemble (absence de catalogues bibliographiques, de bulletins de nouveautés, de dépôts). Le livre français s'imposa alors à nouveau. Voir Ana Martinez Ruiz, « La Industria editorial espanola ante los mercados americanos del libro 1892-1936 », *Hispania Revista espanola de historia*, vol.LXII/3, n°212, 2002, pp. 1021-1058.

2. Cf., « La crise du livre français », Le Temps, 19 mars 1920, p. 1. Sans compter, pour les livres allemands, la multitude de leurs sujets abordés, des formats proposés, des prix offerts qui frappaient certains observateurs. Voir Léandre Vaillat, « Lettre de Suisse : la culture par le livre », Le Temps, 20 mars 1920, p.2.

3. Henri Hauser, *La nouvelle orientation économique*, Paris, Alcan, 1924, 198 p., pp. 78-83.

4. *Ibid*, pp. 80-81.

noir[1], Hauser signalait cependant la lumière jetée par l'apparition de la nouvelle *Maison du Livre,* essai au petit pied pour tenter de rivaliser avec Leipzig ou la Librairie Hollandaise.

Celle société résultait de la fusion en mai 1919 de la *Société d'exportation des éditeurs français* fondée en 1917 (Plon, Larousse, Colin, Masson) et de la *Société mutuelle des éditeurs français* créée en 1918 (G. Nouvelle Librairie nationale, Mercure de France, Flammarion)[2]. Son président n'est autre que Paul Gillon (Larousse), membre du CA de l'Alliance et son trésorier entre 1924 et 1933. Le principe clé de cette nouvelle structure vise la centralisation de la distribution. Sur des points annexes, il est également envisagé une rationalisation du travail, tant sur le service des recherches bibliographiques ou de fabrication de catalogues[3] que sur les tarifs ferroviaires ou la création d'une école des libraires[4]. Néanmoins ce système de dépôt moderne coûtait cher et, ici ou là, des problèmes surgirent et compromirent le succès de la *Maison du Livre.* En Italie, un dépôt avait été ouvert à Florence en octobre 1924 afin d'alimenter rapidement et économiquement les libraires locaux ; mais si les ventes progressèrent, les frais furent jugés trop lourds et l'initiative abandonnée en 1932[5].

Devant ces difficultés et la carence relative de la Librairie, le M.A.E. subventionna dans la limite de ses moyens (90 % du budget du SOFE sont destinés aux écoles) le livre français. Ainsi en Italie, défavorisée par une livre faible, des envois sont

---

1 Les Frères Simon spécialisés sur l'Amérique Latine, renoncent en 1922 à la conversion 6 F.=6 Pesos, voir René Richard, « Les Frères Simon », *Revue de l'Amérique Latine*, 1922, vol. 1, p. 374.

2. Voir Philippe Olivera, *La Politique lettrée en France..., op. cit.*, pp. 562, note 97.

3. L'Office du livre français en collaboration avec la Maison du livre français publia plusieurs fascicules sur le Livre français ; le premier fut consacré à la Littérature des dix-neuvième et vingtième siècles, le second à la Littérature française classique, aux ouvrages traduits et aux collections littéraires bon marché.

4. Voir l'article d'Hubert Morand, « La Maison du Livre français », *Revue de l'Alliance française*, n°6, juillet 1921, pp. 205-213.

5. Note de M. Beltrani à l'attaché commercial Sanguinetti, 29 octobre 1932, *Rome-Quirinal, Série A, Carton 337*, A.M.A.E.N.

destinés à des bibliothèques italiennes en 1921 ; 350 volumes partent en direction de Trieste[1]. En 1920, 193 000 F sont réservés pour des dons de livres dans des pays de change déprécié, 154 000 en 1921 et 142 890 F[2]. Ces faibles budgets étatiques restent malgré tout suffisamment singuliers en eux-même qu'ils n'aient éveillé, chez un Henri Béraud par exemple, des soupçons de favoritisme (au profit des « longues figures » de la NRF) de la part d'un SOFE dirigé alors par Giraudoux.

Quelques exemples géographiques méritent de retenir l'attention. En décembre 1921, le Commandant Pendariès, membre de la *Mission militaire française* et chargé en fait de suivre l'ensemble des questions culturelles, dresse un tableau contrasté sur la situation de la librairie française en Tchécoslovaquie. Passés les premiers temps de l'après-guerre durant lesquels la *Mission Militaire* avait réalisé un réassortiment des stocks, le mouvement s'est interrompu. Si les périodiques français paraissent trop chers, d'autant que Vienne publie en français des revues de mode, les livres de science et de droit progresseraient plutôt. Mais les obstacles à un essor plus général demeurent, du prix trop élevé des livres[3] par rapport aux ouvrages allemands 1/3 moins cher, ou de la lenteur des acheminements, au problème, central, de la routine commerciale : absence de dépôt qui permettrait un service d'Office, système trop contraignant de vente ferme, faibles remises accordées aux libraires tchèques[4]. On a là le portrait en négatif de la Librairie allemande.

---

1. *Renseignement in Rome Quirinal,* Série A, Carton 1294, A.M.A.E.P.

2. *Renseignements in Documents Parlementaires*, Journal Officiel, Rapport Noblemaire n°4792 pour le budget 1923, 8 juillet 1922, p. 2028.

3. Ce qui incita, parfois, à mettre l'accent sur le livre bon marché ['Livre de Demain' chez Fayard et petits volumes de la 'Liseuse' chez Plon] comme à l'exposition du livre français de Sofia, in Gustave Cahen, « l'exposition du livre français à Sofia », *Revue de l'enseignement français hors de France*, n°43, juillet 1924, pp. 323-324.

4. Rapport du Commandant Pendariès sur la situation de la Librairie française en Tchécoslovaquie , 9 décembre 1921, *Consulat Prague- Mission Militaire, Carton 2*, A.M.A.E.N.

En regardant le cas égyptien, le problème ne diffère pas fondamentalement sur le fond car les conditions de la vente sont globalement mauvaises. Commissions insuffisantes accordées aux libraires incités alors à se rattraper sur le client en jouant sur le change, catalogues chichement envoyés, expéditions lentes (40 à 50 jours pour les tarifs postaux), taxes excessives (elles ont doublé) des tarifs postaux français, le pandémonium classique du système de distribution français est à nouveau établi[1]. On comprend que dans certains pays d'Europe centrale et orientale à change faible, les bibliothèques des Comités de l'*Alliance* mais aussi celles des Instituts aient pu jouer un rôle compensatoire. Aux côtés des 17 groupements en Bulgarie, l'Institut de Sofia par exemple, créé en juillet 1922, disposait d'une bibliothèque de 2000 volumes dont la moitié était constituée d'ouvrages scientifiques et de médecine ; 1 000 lecteurs furent accueillis la première année[2].

De même aux Etats-Unis dans les premières années vingt, l'ambitieux projet de fonder tout un réseau de bibliothèques françaises se voit ramené à une plus juste réalité des choses par l'expérimenté consul général de New York, Gaston Liébert (1916-1923). Celui-ci constate l'irréalisme d'un tel plan, sauf à l'appuyer sur la seule donnée tangible, le réseau de l'*Alliance française* et ses 200 Comités :

« après avoir mûrement réfléchi à cette question [la création des bibliothèques], je suis d'opinion que, pour le moment du moins, il serait préférable de confier à l'Alliance française aux Etats-Unis le soin d'organiser une bibliothèque française dans tous les centres où fonctionne un groupe de cette société [3] ».

De fait ces bibliothèques, pour quelques uns des plus prospères Comités au moins, se révèlent les vraies « cathédrales du savoir » français, à rebours des carences surprenantes de

1 . Note sur les possibilités pratiques de développer la vente du livre français en Egypte, 11 janvier 1922, *Le Caire Ambassade, Carton 134*, A.M.A.E.N.

2. Gustave Cahen, « L'Institut français de Sofia », *Revue de l'Enseignement français hors de France*, n° 38, février 1924, pp. 67-69.

3. Archives Ambassade de Washington, 16 juin 1920, cité par Alain Dubosclard, L'Action culturelle de la France aux Etats-Unis, *op. cit.* , note 1 p. 235.

certains centres de recherches universitaires dans ces mêmes années ; la « Maison française » de l'Université de Chicago ne dispose que de 300 livres et celle de l'Université de Wisconsin en est réduit à les chercher… En revanche l'*Alliance* à Chicago compte 10 000 volumes en 1920 et celle de San Francisco 21 000 (en 1936).

Les Conférences

La conférence occupe une place sans cesse grandissante dans la diplomatie culturelle. A vrai dire, il n'est guère aisé d'en apprécier le rendement, mais quelque décriée qu'elle soit, elle est de ces chevaux fourbus auxquels on ne cesse de réclamer de nouveaux efforts et dont attend toujours de nouvelles prouesses. Toutes les institutions d'enseignement et de culture, *Alliances*, Instituts et Lycées français l'utilisent, pour amorcer une dynamique ou afin de parachever des efforts. Souvent l'union de ces différents acteurs favorise la venue d'un éminent conférencier « parisien ».

Ainsi parallèlement aux cours de français et à la bibliothèque, l'Institut de Sofia proposait dans l'année 1922-1923 des conférences sur le roman français contemporain et le théâtre moderne. Mais c'est l'Institut de Prague, en collaboration avec l'*alliance* locale, qui établit peu à peu les programmes les plus fournis.

La conférence prononcée en avril 1921 par Georges Duhamel et Charles Vildrac à Prague souleva un rare enthousiasme né du contact soudain avec l'actualité artistique la plus brûlante, la peinture et la poésie modernes[1].

Dans une Europe encore « terrassée par un coup de sang », dans une région du continent encore mal connue et isolée, Duhamel, merveilleusement reçu par les intellectuels locaux et convié à rencontrer Benès, fit souffler sa puissante foi en un dialogue des peuples et des cultures. Il célébra le futur rôle d'intermédiaire culturel du pays d'accueil :

---

1. Georges Pistorius, *op.cit.*, p.28.

« l'Etat tchécoslovaque [qui] s'il vit- et il importe à la civilisation qu'il vive- je ne doute pas qu'il soit à même de remplir une haute destinée. Pris entre le monde slave, le monde germanique, la cohue des Balkans et les puissances occidentales, la Tchécoslovaquie peut constituer une sorte de centre moral où les idées viendraient s'affronter, se féconder, se fondre[1] ».

Dans ce cas, assez rare, la conférence ouvre des horizons nouveaux aux auditeurs et se voit chargée d'une prodigieuse électricité intellectuelle. Loin que le niveau général des conférenciers ait toujours atteint cette hauteur, elle demeure la plupart du temps, et dans l'hypothèse la plus favorable où le conférencier ne déroge pas à son statut d'ambassadeur officieux de la culture française, le combustible utile à la préservation des calorifères francophiles et francophones dans un pays donné. D'autant que les sujets, littéraires et artistiques en leur majorité, ne le sont jamais exclusivement ; ainsi, par la bande, peuvent toujours filtrer des opinions para-politiques[2]. Dans l'Italie mussolinienne, où il était impossible d'utiliser la presse, et où les résidents français ne pouvaient se livrer à une quelconque propagande française, le consul de France à Livourne suggérait d'utiliser discrètement les causeries de l'*Alliance* et glisser ainsi des éléments d'une argumentation pro-hexagonale[3].

On le voit, la plasticité de la conférence présentait l'avantage de se prêter à tous les investissements.

D'une part source d'un revenu supplémentaire non négligeable (Valéry en vécut au tarif de 1 000 F la conférence dans les années 1923/4) conseillé aux auteurs[4] et, de l'autre,

---

1. Texte de sa conférence paru in Délibérations, Paris, *Les Cahiers de Paris*, 1925, 114 p., p. 89.

2. Alain Duboscland in L'Action culturelle de la France aux Etats-Unis, *op. cit*, a établi un classement par thèmes des conférences prononcées au French Institute de New York de 1922 à 1965. La Littérature occupe 33, 8%, la France 19,9%, les Arts 14,9%, Les Relations franco-américaines 6,2%, les sujets d'actualité 3,8%, la Seconde Guerre Mondiale 1,5%, les Colonies et l'Armée française 1,4% (p. 207).

3. Le Consul de France à Livourne à l'Ambassadeur à Rome, 9 février 1933, *Rome Quirinal, Série A, Carton 337*, A.M.A.E.N.

4. Jean Prévost, dans un petit guide de la carrière littéraire, évoque pour un débutant assez lancé la possibilité de compter sur au moins une demi-douzaine

outil du rayonnement culturel largement sollicité par les associations culturelles et le M.A.E., la conférence devint d'un usage commun. Cette liste conservée dans les Archives du SOFE en donne un petit aperçu pour l'année 1921-1922 :

Tableau n° 12 : conférences à l'étranger hiver 1921-1922.[1]

Luxembourg	Scandinavie	Hollande	Angleterre
G. Mourey (Watteau)	Le Mouel (Mme de Sévigné)	Souriau (P. Bourget)	G. Blondel (houille blanche)
G. Rageot (Flaubert)	H. Lepaire (le Berry)	H. Prunières (musique cont.)	A. Redier (éducation de la jeune fille)
Le Mouel (Bretagne légendaire)	G ; Mourey (sculpture française)	L. Gillet (Mont St. Michel)	H. Bordeaux (la vie fr.)
M. Tinayre	F. Roz (le roman français av. et ap. la guerre)	L. Madelin (l'unité fr.)	A. Simon (industrie vinicole)
		Le Goffic (poésie du pays)	
		R.Benjamin (littérateurs cont.)	

Durant l'entre-deux-guerres, les Comités à l'étranger furent visités par un contingent assez stable d'écrivains ou lettrés, consacrés pour beaucoup d'entre eux par les diverses Académies, mais dont la renommée littéraire était déjà un peu passée. On rencontre ainsi Henry Bordeaux, Gaston Chéreau,

---

de conférences , voir son *Traité du débutant*, Nantes, La Passeur, [ère édition 1929] 1996, 119 p., p.82, Pour la Tchécoslovaquie, le cachet était de 600 F, tous frais payés. Beaucoup de livres littéraires dans l'entre-deux-guerres, cultivent le genre récit de voyage et sont le produit de ces voyages rapides de conférenciers pressés, où le meilleur (mettons *Géographie cordiale de l'Europe* de Duhamel) côtoie le pire. En Suède, le conférencier à Stockholm touche 1000 F. et 500 F dans une Alliance en province, tous les frais sont payés. On comprend que Armand Bernard, en poste à Stockholm, et qui livre ces chiffres, ait jugé les conférenciers bien gourmands. Voir Armand Bernard au M.A.E, 14 janvier 1929, *Stockholm, Série 2000/2040, Carton 102*, A.M.A.E.N.

1. Conférences à l'étranger, *SOFE, Carton 54*, A.M.A.E.N.

Hugues Lapaire, René Bazin, Benjamin Vallotton, Louis Bertrand. Parfois, les listes de conférenciers de l'*Alliance* enregistrent le rajeunissement de ces missionnaires culturels et reflète la nouvelle échelle de notoriété dans l'univers littéraire. En 1928, l'association délègue le jeune et brillant critique de la NRF, Ramon Fernandez, en Angleterre, aux côtés de Funck-Brentano et de François Porché ; de même Jacques Copeau devint un conférencier assez régulier. Au total en Angleterre, 109 conférences sont prononcées dans l'année 1928. Celles-ci sont au nombre de 25 en Tchécoslovaquie (André Berge, Georges Blondel) et de 64 en Hollande[1]. Les gains, tout à fait substantiels, tirés de ces périples (il faut y ajouter bien souvent la publication des « impressions de voyage ») permirent donc à de nombreux écrivains de continuer à faire bonne figure dans la République des Lettres : par exemple en Hollande en 1923, 2 000 F, pour 8 conférences, sont versés par le délégué de l'Alliance aux divers orateurs.[2] La même année, Jacques Rivière se contentait de 1 000 F au secrétariat de la NRF.

Avant-guerre, l'*Alliance* patronnait régulièrement quelques prestigieux conférenciers en Hollande, Angleterre, et surtout aux Etats-Unis. Après 1918, à l'époque d'une « socialisation mondaine de l'intelligence » selon l'expression de Gaston Rageot, elle élargit nettement son champ d'action sous l'impulsion des Comités locaux qui, parfois, se fédérèrent sur le modèle anglo-saxon afin d'établir des programmes de conférences favorables à tous leurs groupes. Ce fut le cas de la Hollande en 1920 et de la Tchécoslovaquie en 1921. Aussi, il n'est guère étonnant que ces deux pays et l'Angleterre soient, en Europe, les mieux dotés en conférences (900 en Grande Bretagne entre 1921-1931) mais également les plus soucieux de leur efficacité. Les Britanniques de la *Fédération* inaugurent les « journées françaises » (Cardiff en 1927, Leicester en 1928, Newcastle en 1929), grandes festivités de deux jours. Plus intéressant peut-être, la *Fédération* hollandaise crée en 1930 la

1. *R.A.F.*, 15 avril 1929.

2. Voir la correspondance de Vriès Feyens avec Samuel Rochevable ou Albert-Emile Sorel contenue dans la Boîte *4/18-21/4, Dossier 35-20*, AAF.

« semaine française » consacrée au thème de « Visage intellectuel de la France contemporaine ». On table certes sur un certain effet quantitatif ; cependant, et phénomène assez rare, des conférences aussi nombreuses permettent d'élargir la palette des interventions (conférences sur la médecine et la chimie en France), voire d'aborder des questions politiques[1].

Mais en général, les conférences de l'*Alliance* revêtaient pour l'essentiel un aspect mondain plus ou moins prononcé ; plus rarement, une tonalité politique officieuse, plus ou moins caractérisée, pouvait s'afficher. Le cas des conférences en Suède offre une riche gamme de points de vue grâce à l'intérêt constant manifesté par l'ambassadeur Delavaud à l'égard de l'association : lui et son corps diplomatique se faisaient un devoir d'assister à toutes ces réunions et s'enorgueillissaient du fait qu'elle :

« [fût] sans contredit la Société suédo-étrangère de Stockholm la plus florissante, et dont les soirées sont fréquentées avec le plus d'empressement par le corps diplomatique et la haute société suédoise[2]. »

En 1921, l'*Alliance* de Stockholm avait organisé 6 grandes conférences suivies pour la plupart d'un concerto et d'un bal[3].

1. Voir pour l'Angleterre, le rapport de Yvonne Salmon, « La Fédération de l'Alliance française » et pour la Hollande le rapport de G.L. de Vries Feyens, « La France et la Hollande », in Congrès de l'Alliance française en 1931, op. cit., pp.121-126 et pp.167-172.

2. Lettre de Delavaud à Paul Labbé, 9 mars 1922, *Stockholm Ambassade, Série 2000-2040, Carton 102*, A.M.A.E.N. Il précise que l'ambassadeur de Hongrie et sa femme sont très assidus aux soirées de l'Alliance.

3. Rapport de Delavaud au M.A.E. sur l'Alliance française de Stockholm, 3 février 1922, *Ibid.*

Tableaux n° 13 : conférences de l'alliance de Stockholm (1921 et 1924)

Mme de Quirielle	M de Chessin	A. Monod	E. Le Mouël	G. Mourey
Péguy	Barrès	La Reconstruction	Mme de Sévigné	Sculpture fr.

En 1924, 7 soirées littéraires se tiennent au même endroit [1]

C. Le Goffic	P. Sarillon	R. Lortot	F. Boucher	J. Nogué	J. Arnavon	G. Reval
Littérature épistolaire femminine.	Au pays de Ramuntcho	Claveci-nistes français.	Le Musée Carnavalet	Ronsard	Esprits libres au XVIIè s.	Femmes de lettres

Dans ces époques où l'information internationale, en passe d'être courante mais point commune, garde un grand prestige, le conférencier se doit en effet de représenter au mieux l'image de son pays. Le choix de bons conférenciers fut ainsi un des points de friction constants entre les diplomates et l'*Alliance* accusée d'une indulgence souvent douteuse. Le *Quai* cependant n'a jamais procédé de façon dirigiste dans le pilotage des conférenciers alors que son homologue allemand, dans les années vingt, pouvait procéder à de véritables « briefings » sur une dizaine de points-clé (réparations, impérialisme français, Ruhr, corridor polonais, origines de la guerre)[2].

Mais l'association du Boulevard Raspail abritait un réseau d'ensemble unique dont on ne pouvait raisonnablement faire l'économie. Les agents du *Quai* eux-mêmes, dans leurs déplacements, s'appuyaient sur ces *Alliances* disséminées afin de rencontrer les Français expatriés dans une région ou les autochtones francophiles, a fortiori les conférenciers venus de France. De plus, l'*Alliance* disposait du noyau bien utile de ses conférenciers locaux, Français expatriés ou consuls dévoués. Ces hommes étaient prêts à se déplacer dans ces petites villes

1 .Rapport sur l'activité de l'A. F. en 1924, *Ibid.*

2. « Note du 6 mai 1932 », Série Amérique, Etats-Unis 1930-1940, A.M.A.E.P., cité par Alain Dubosclard, L'action culturelle de la France aux Etats-Unis, *op. cit* , note 1 p. 204

presque toujours évitées par les conférenciers « parisiens ». Pour un pays très francophile et francophone tel la Roumanie, seule Bucarest jouissait d'une fréquentation assurée des visiteurs étrangers. L'universitaire Robert Ficheux s'en affligeait en mai 1926 :

« Permettez-moi de vous signaler les plaintes de quelques roumains, véritables francophiles, désintéressés et très cultivés qu'il m'a été donné d'entendre au cours de mes excursions : ' pourquoi les missionnaires français ne viennent-ils jamais à Timisoara, à Arad, à Oradea, à Baia Mare faire quelques conférences ? Pourquoi ne vont-ils jamais à Blaj, le centre le plus célèbre de la culture roumaine en Transylvanie, où 3 000 étudiants, dont beaucoup savent le français, suivent assidûment les cours des prêtres catholiques ?' Les Allemands vont dans ces villes, distribuent gratuitement des livres, ont fondé des revues »[1].

L'Ecole pratique de l'Alliance française : des cours permanents semestriels

Non contente d'avoir organisé avec succès les cours de vacances avant-guerre, l'*Alliance* avait conçu à la veille de 1914 un ambitieux programme de cours permanents. A cette fin, de nouveaux locaux avaient vu le jour en 1914-1915. La paix revenue, le temps était venu de passer à la mise en œuvre dès 1919-1920, et 107 élèves furent inscrits au semestre d'hiver (novembre-février), pour 194 pendant la période d'été (mars-juin)[2]. A raison de 2 heures d'exercices écrits et oraux par jour (phonétique, grammaire, conversation) et de 11 conférences (d'enseignement général) d'une heure par semaine, au total 13-14 heures par semaine, le programme s'avérait non seulement substantiel mais aussi novateur en matière de pédagogie, reprise du modèle imaginé avant-guerre lors des cours de vacances et caractérisé par l'importance des exercices concrets. Mais cette réputation croissante des Cours de l'*Alliance* pouvait heurter la

1 .Lettre à Henri Focillon, cité par André Godin, *Une passion roumaine Histoire de l'Institut Français des Hautes Etudes en Roumanie (1924-1948)*, Paris, l'Harmattan, 1998, 239 p., p.33.

2. « Notre Ecole Pratique de langue française », *R.A.F.* , n°2, 15 juillet 1920.

Sorbonne et Ferdinand Brunot qui mirent en place un enseignement voisin (les *Cours de civilisation française*). Certes, et à l'instigation de Brunot lui-même qui avait pensé, dès 1904, la complémentarité entre l'*Alliance* et l'Université de Paris, si l'*Ecole Pratique,* par des cours placés en septembre et octobre, se proposait bel et bien d'aider les étudiants étrangers à intégrer un cursus universitaire classique, voire à leur permettre de se préparer au *Certificat d'études françaises* de la Sorbonne, elle offrait également une formation suffisamment sérieuse pour concurrencer l'offre universitaire classique. Les relations devinrent par la force des choses un peu ambivalentes entre le Boulevard Raspail et la Place de la Sorbonne.

Ainsi, en 1926, Robert Dupouey, le Directeur de l'Ecole Pratique, se plaignait du tarissement dans le recrutement des étudiants américains car, entre-temps, les 23 universités les plus importantes ont admis l'équivalence du diplôme d'*Etudes de Civilisation française (*de la Sorbonne) mais pas celle du diplôme de l'*Alliance.* Et Dupouey se trouvait dans l'obligation de rappeler auprès de son interlocuteur américain la qualité intacte de son institution :

« [...] Y enseigne-t-on moins bien ? A priori, cela n'est pas très croyable. Nos cours généraux sont professés par des professeurs de la Sorbonne [...] Notre infériorité viendrait-elle de ce que, à côté des cours généraux, et à une place d'honneur, nous avons installé l'étude méthodique, minutieuse de la langue française [...] nos examens sont-ils moins équitables [...] ils sont présidés par Mr Mario Roques [...] ».[1]

En effet, il est vrai qu'elle fut davantage qu'un pont entre les systèmes scolaires étrangers et l'Université française[2], l'*Ecole Pratique* fut une petite « université » elle-même, remarquablement organisée. Car aux côtés des « petites mains », ces 17 enseignantes (en 1930) très dévouées, chargées des cours pratiques auxquels répugnaient les universitaires

1. Lettre de Robert Dupouey à Ford, 5 mars 1926, *Boîte 4/22-29/5, Dossier 35-4-22*, AAF.

2. Propos de Mariangela Roselli, La Langue française entre science et République 1880-1950, *op. cit.*, p. 518.

consacrés, de grands noms de l'enseignement de la Littérature française hantaient les couloirs de l'immeuble du Boulevard Raspail. Il suffit de prendre les noms de quelques professeurs : Paul Desjardins au milieu des années vingt donne des cours d'histoire littéraire contemporaine, et son successeur sera Ramon Fernandez au début des années trente ; Daniel Mornet se chargeait de l'explication de textes et Albert Bayet de la composition... Aussi la présence de tous ces professeurs, issus pour les plus célèbres d'entre eux de l'Ecole normale/ou de la Sorbonne, ne peut manquer de plaider malgré tout en faveur d'une collaboration subtile entre l'*Alliance* et l'Université.

Bien vite, en effet, une petite cité enseignante fonctionna sur le haut du Boulevard Raspail ; de petits effectifs de trente personnes répartis en groupes de niveaux ; 15 salles occupées de 9 heures du matin à 10 heures du soir, les locaux se révélèrent rapidement trop petits[1]. Le professeur J. M. Ford écrivait au Directeur de l'Ecole Pratique, Robert Dupouey, normalien et professeur de lettres au lycée Michelet, tout le bien qu'il pensait de son institution :

« Les avantages présentés par l'Ecole Pratique de l'*Alliance française* sont, sans contestation possible, admirables. Le bien que fait cette Ecole est infini. Pour ma part, je n'ai cessé de conseiller, même aux étudiants qui sont obligés de suivre les cours de la Sorbonne, de suivre en même temps, les cours de l'*Alliance française*. Et en qualité d'éducateur, j'ai pour toutes les branches de votre enseignement, une estime sans réserve.[2] »

Les effectifs progressaient régulièrement, mais l'année 1925-1926 amorça une nette croissance :

1 .Robert Dupouey, « L'Ecole Pratique de l'Alliance française », *R.A.F.*, n° 28, janvier 1927. Il existe des cours du soir, depuis 1921, mais qui se contentent uniquement des cours pratiques de français, sans les conférences d'enseignement général.

2. Ibid.

Tableau n° 14 : les effectifs de l'Ecole Pratique (1919-1926) [1]

1919-1920	1920-1921	1921-1922	1922-1923	1923-1924	1924-1925	1925-1926
301	1029	1068	1269	1830	2064	3210

Sont-ce les étudiants allemands qui revinrent cette dernière année ? Leur venue, dans ce milieu de la décennie, ne fut pas désirée par tous les membres du C.A.

L'écrivain et chroniqueur du *Journal des Débats*, André Hallays, s'émouvait en janvier 1925 devant Poincaré de la possible réintégration des étudiants allemands :

« Paul Labbé m'a hier entretenu d'une question qui sera discutée à la prochaine séance du conseil de l'*Alliance française* et qui me paraît d'une extrême gravité : doit-on admettre des Allemands aux cours de l'*Alliance* ? [...] Si les Allemands sont accueillis dans la maison, beaucoup de nos adhérents éprouveront une impression de surprise et d'indignation : les discussions pleuvront [...] Les résultats merveilleux que nous avons obtenus dans ces régions seront certainement compromis.

Du moment que nous laisserons les Allemands pénétrer chez nous, ils viendront en foule suivre nos cours, surtout à l'époque des vacances. Or la clientèle de l'Alliance est exclusivement composée d'étrangers. Dans ce milieu, les Allemands pourront se livrer à leur propagande en toute liberté, en toute sûreté » [2].

Le sommet est atteint en 1930 avec 4800 étudiants. Cette affluence, à mettre en comparaison avec les 7000 étudiants qui se retrouvent au sein de l'Université de Paris en 1931, s'avère remarquable et consacre bien la valeur des diplômes délivrés[3]. Elle permet aussi d'abonder les finances[4] de l'association.

1. *Ibid.*

2. André Hallays à Raymond Poincaré, 4 janvier 1925, *Fonds Poincaré N.A.F., 16003*, Bibliothèque Nationale. Pendant la guerre, il s'était fortement lié à l'Alsacien Bucher, et Strasbourg était devenu sa seconde patrie.

3. Dans l'immédiat après deuxième guerre mondiale, ces diplômes obtiendront le visa du Ministère de l'Education Nationale. Voir la brochure, *Rapport du Secrétaire général sur la situation d'ensemble, Assemblée Générale, 26 septembre 1946*, Alliance française, 27 p.

4. En 1924, les tarifs passent à 425 F pour le semestre d'études et à 100 F pour les cours du soir, in Maurice Bruézière, *L'Alliance française*, *op. cit.*, note 5 p.

3. Une nouvelle géographie de l'Alliance

Dans un résumé d'activités pour l'année 1920 adressé au service des Œuvres, Paul Labbé signalait les efforts consentis par son association, à la fois dans les vieilles régions d'implantation du Levant et dans les contrées plus récemment majoritairement francophiles d'Europe Centrale :

« [...] on a sérié les questions, plaçant au premier rang de nos préoccupations la propagande dans les pays d'Orient. Il fallait aider à la reconstitution de toutes les écoles qui existaient avant-guerre, tant laïques que religieuses. A Constantinople, le lycée de Galata Seraï avait failli être réquisitionné par les Anglais et les Italiens. C'est à la suite de la campagne poursuivie par l'Alliance française que ce lycée fut sauvé [...] Dans le Levant, d'accord avec le Général Gouraud, d'importants envois d'argent et surtout de livres ont été faits.
En Europe Centrale, la politique de l'*Alliance française* est la suivante : tout faire pour développer la connaissance du français dans ces pays où notre langue peut devenir la langue internationale. D'importants secours ont été accordés surtout à la Serbie, à la Pologne, Cracovie, Lemberg et Varsovie, à la Tchécoslovaquie où l'*Alliance* compte maintenant près de 40 Comités. En Roumanie, il faut l'avouer, notre action a été un peu moins agissante [...] D'importantes dépenses ont été faites, sur le conseil de M. Paul Boyer, pour l'*Alliance française* de Sofia. L'*Alliance* étudie en ce moment la reprise des relations prochaines avec la Hongrie, et peut-être même avec l'Autriche [...] .[1]»

Au sein de cette énumération de pays d'Europe Centrale, nous retiendrons le cas le plus exemplaire, celui de la Tchécoslovaquie.

L'Alliance française en Tchécoslovaquie

Dans aucun autre pays, l'*Alliance* ne connut dans l'entre-deux guerres un développement aussi brillant que celui rencontré dans le pays de Thomas Masaryk. En termes

103. En 1926, l'Ecole Pratique dégage 280 736 F, davantage que le produit des cotisations (124 000 F), in *R.A.F.*, n°29, avril 1927.

1. Paul Labbé, « L'œuvre de l'Alliance française en 1920 », *SOFE, Carton 54*, A.M A.E.N.

quantitatifs (10.000 personnes suivaient en 1926 les activités de l'*Alliance*[1]) ou qualitatifs (profondeur de cette imprégnation), la diffusion du français atteignit des résultats remarquables. Certes, il existait, avant 1914, en raison de la francophilie symbolique des années 1860-1900, une connaissance déjà assez répandue du français ; obligatoire dans la filière « moderne » constituée par les écoles « reales » depuis 1874 et les gymnases-réaux (latin-français), assez présent (il est facultatif) dans les gymnases classiques (55 % des élèves à Prague, 28 % à Jicin), cet essor s'était effectué aux dépens de l'anglais et du russe[2]. Aussi André Tibal, le directeur de l'Institut de Prague, reconnaissait en 1920 qu'« en fait, on trouve ici bon nombre d'adultes qui lisent notre langue, qui l'entendent à peu près[3] ». Cependant, et sur le plan de la diffusion du français après 1918 et, surtout, sur celui de l'amélioration et de l'enrichissement de l'enseignement prodigué, l'après-guerre connaît un changement d'échelle très net : les Tchèques apprirent mieux le français et de manière moins strictement philologique.

Quant au rôle alors joué dans cette mutation par certaines institutions telles le *Lycée français de Prague* (1919), l'*Institut français de Prague* (1920), la *Revue française de Prague* (1922), voire la *Mission Militaire* (1918-1925), il fut primordial. Mais à l'intérieur de cette couronne francophone, la plus belle des pierreries serties laissait scintiller l'éclat produit par les Comités de l'*Alliance* : 8 en 1914, 37 en mai 1921, 51 en 1922, 56 en 1923, 65 en février 1925, 70 en juillet 1928 (le chiffre sera le même en 1931), la *Fédération Tchécoslovaque*

---

1. Ce chiffre est donné par le Secrétaire de la Fédération en 1926 alors que les membres de l'Alliance ne représentaient que 2500 membres, voir « le Vème Congrès de la Fédération », *Revue française de Prague*, n°28, décembre 1926 L'exemple de l'Alliance à Prague est révélateur ; 270 adhérents en 1914 selon *Prague Ambassade, Carton 24*, A.M.A.E.N. ; 700 adhérents en Octobre 1922 selon le Commandant Pendariès in «deuxième Congrès de la Fédération de l'Alliance française », *Revue française de Prague*, n°4, décembre 1922. Prague compte 750.000 habitants en 1927.
2. Voir le travail fondamental de Stéphane Reznikov, *Francophilie et identité tchèque (1848-1914)*, *op. cit.*, pp. 438-567.
3. *Ibid*, p. 438.

de l'Alliance française, créée en mai 1921, émerveillait par le nombre et le dynamisme de ses groupements. En novembre 1918, le tropisme francophile de ce nouveau pays s'expliquait alors aisément, mais en revanche la consolidation culturelle de cette orientation obéissait à de lents et tenaces efforts. Au lendemain de la guerre, la piété fervente à l'égard de certains grands moments de l'histoire de France manifestée par les Tchèques membres de l'*Alliance* attestait l'intensité de cette ferveur francophile ; à Ruzomberok (Slovaquie), le récit du 14 juillet 1922 ne manque pas d'émouvoir :

« [...] le 13 courant à 20 heures, nous avons commémoré la prise de la Bastille. 150 personnes prenaient part à cette cérémonie. On récitait en français et en tchèque et M. Zundalek, directeur au gymnase, avait une conférence sur l'importance de ce jour qui était grand non seulement dans l'histoire de France mais qui créait une borne dans le cours de l'histoire mondiale [...] [1]»

Le commandant Pendariès chargé de gérer les premières années de la *Fédération* tchécoslovaque ne faisait pas mystère à ses interlocuteurs des orientations explicitement politiques sous le pavillon desquelles les sections de l'*Alliance* auraient à cœur de placer leur démarche.

« [...] il faut intéresser à votre projet le plus de personnes possible sans perdre de vue que l'Alliance française se place essentiellement sur le terrain tchécoslovaque. En venant à elle, on cherche non seulement à se perfectionner dans une langue mondiale mais on se fait profession de foi dans les idées françaises et par elles dans l'idéal de la République tchécoslovaque[2]. »

Les succès de l'*Alliance* tinrent d'abord aux individus, Tchèques ou Français. Chez ces derniers, à des titres divers (militaires, diplomates, universitaires), on rencontre un intérêt soutenu pour les destinées de l'association. Les deux diplomates en poste dans la décennie, Fernand Couget, remplacé par Charles-Roux en 1926, furent tous deux très attentifs au bon

---

1. Lettre de Franz Balik au Secrétaire de la Fédération, 17 juillet 1922, *Consulat de Prague-Alliance française, Carton 8*, A.M.A.E.N.
2. Lettre de Pendariès à un sociétaire de la section de Banska Bystrica [Slovaquie], 14 octobre 1922, *Service culturel Prague-Alliance française, Carton 4*, A.M.A.E.N.

développement de la *Fédération*. L'armée française joue également son rôle dans la réussite initiale de cette dernière. En effet, le premier secrétaire de la *Fédération* fut un militaire, le Commandant Pendariès. Membre détaché de la *Mission militaire française* en Tchécoslovaquie créée en janvier 1919[1]et financée par les Tchèques afin de réorganiser leur armée, il dirigeait depuis 1919 le *Bureau de Propagande* financé jusqu'en octobre 1922 par le Ministère de la Guerre à raison de 3 000 F par mois et chargé (entre autres) de superviser les sections de l'*Alliance* (avec la moitié de sa subvention[2]) ; puis il coordonna entre 1921 et 1923 ses groupements. La résurrection d'anciens Comités, la création de nouveaux devaient donc beaucoup aux initiatives combinées de la *Mission Militaire* et de l'ambassadeur Couget (1919-1926). Lors du deuxième congrès de la *Fédération* en octobre 1922, Pendariès dressait le riche bilan des activités d'une *Fédération* en nette croissance qui venait de gagner 14 sections nouvelles ou qui enregistrait un nombre très élevé de conférences (200), sans compter l'envoi de journaux et revues ou la création de la *Revue française de Prague* tirée à 1 200 exemplaires [3].

Remplacé par un civil, à la demande de l'ambassadeur Couget, alors même que la présence militaire française suscitait depuis 1921 une hostilité croissante dans certaines fractions de la population locale (socio-démocrates et communistes), Pendariès cède la place au professeur Fichelle à l'été 1923. Dès lors, inamovible secrétaire de la *Fédération*, ce géographe

---

1. Antoine Marès, « Mission militaire et relations internationales : l'exemple franco-tchécoslovaque 1918-1925 », *Revue d'histoire moderne et contemporaine*, avril-juin 1983, pp.559-586. En janvier 1920, 135 officiers français sont présents en Tchécoslovaquie. On peut noter que 50% du salaire de Pendariès sont pris en charge par les Tchèques.
2. Renseignements fournis par une lettre de Pendariès au Directeur du SOFE, 27 avril 1922, *Consulat de Prague- Mission Militaire*, Carton 2, A.M.AE.N. Mais au total , la Fédération touche 102.695 F en 1922, chiffre in *Prague Ambassade, Carton 24*, A.M.A.E.N.
3. Commandant Pendariès, « Rapport d'activité au deuxième Congrès de la Fédération des sections de l'alliance française en Tchécoslovaquie», *Revue française de Prague*, n°4, décembre 1922.

chargé de cours à l'Université de Brno et professeur à l'Institut de Prague a marqué de son empreinte les destinées de celle-ci. Ferdinand Brunot de passage à Prague en 1925 le décrit élogieusement :

« [...] La Fédération est dans les mains de M. Fichelle, homme très actif qui a une excellente méthode de travail. Il parle tchèque et connaît admirablement le milieu qu'il étudie comme géographe ethnographe.[1] »

Enfin, cités en fin d'énumération, mais selon le principe de la gradation, il restait ces Français (ses) isolés mais lutteurs infatigables, prêts à soutenir une section contre vents et marées et à tirer l'attelage toujours menacé de s'embourber. Déjà évoquée Mlle Schlumpf-Roussel présidente de l'Alliance de Kolin, il faut citer l'institutrice Mlle Bonnefoy qui avait passé l'avant-guerre en Russie. Elle fut l'animatrice de l'*Alliance* de Domazlice, ville de 10 000 habitants. En 1923, elle entreprend de lui redonner vie avec 32 personnes dont les ¾ ne parlent pas français, et avec un café pour lieu de réunion ! Problème classique de tout Clochemerle, elle doit gérer les incessantes querelles entre les deux meilleurs francophones de la petite ville... Il en fallait apparemment beaucoup pour décourager cette énergique femme et une lettre au secrétaire de la *Fédération* nous restitue un peu de son quotidien :

1. Ferdinand Brunot, « Rapport au M.A.E. sur un voyage en Tchécoslovaquie (13-29 avril 1925) », *Fonds Brunot, Carton 7795*, Bibliothèque de l'Institut. Mais sept ans plus tard, Charles Petit-Dutaillis, en visite d'inspection en Tchécoslovaquie, dressera un portrait bien dépréciatif de Fichelle : « il a beaucoup de qualités. C'est un honnête homme, laborieux, sincère, et il connaît assez bien le pays. Mais il est d'une maladresse congénitale et irrémédiable. Il est brouillon, imprécis, bavard, manquant de tact et de sang-froid [...] » Portrait à charge, aigre dans ses commentaires sur les activités non universitaires de Fichelle, lesquelles concernaient l'agence Havas à Prague. Voir cette lettre du 29 juin 1932, in *carton 337, SOFE*, A.M.A.E.N. L'arrivée du nouveau ministre de France, Léon Noël, au printemps 1932, à Prague, coïncida avec un souci très moderne des relations avec la presse ; elle reforça les missions et les responsabilités de Fichelle, et on ne peut s'empêcher de penser que cette influence sociale de Fichelle à Prague ait été largement bénéfique à l'Alliance. Voir Yves Beauvois, *Léon Noël de Laval à de Gaulle via Pétain (1888-1987)*, Villeneuve d'Ascq, Presses du Septentrion, 2001, 469 p., pp.112-113.

« [...] Quand j'ai pris la présidence de l'*Alliance* ce printemps, la bibliothèque possédait 4 volumes et aucune publication n'était envoyée. J'ai réservé sur la somme que me rapportait les cours [elle a 82 élèves dans la ville] un % destiné à l'achat de livres [...] je crois vous avoir dit que j'allais établir des tournées de conférence avec projections [...] je vais installer une véritable bibliothèque mais personne ne s'est offert à me prêter un meuble à cet usage et c'est encore à mes frais que j'ai fait faire une sorte d'étagère [...] [1]»

En face de ces quelques Français (es) entreprenants, le plein succès de l'*Alliance* n'en fut pas moins assuré par des Tchèques francophiles. Certains de ceux-ci pouvaient se trouver au Ministère de l'Instruction Publique, tel F. Spisek chargé des relations intellectuelles avec l'étranger et père des sections tchèques dans les lycées français entre 1919 et 1923[2]. Mais le plus souvent des professeurs de français se retrouvaient à la tête d'une Alliance. Mme Burkova relatait ainsi au Commandant Pendariès les premiers pas de sa section en 1921 :

« [...] que je m'occupe volontièrement à cette idée prouve que, j'aie fait déjà quelques essais en rassemblant les gens de notre petit cercle dans ma maison pour réveiller ses intérêts pour la langue française. Mais ils n'ont pas encore à ce point de suivre avec plaisir les conférences prononcées dans la langue française bien que le français devienne peu à peu la langue favorite de la bonne société. Mais pourtant avec ce petit nombre, je veux faire le commencement et veux employer le printemps pour nous mener à la perfection et ensuite en automne nous pourrions commencer régulièrement les soirées [...][3] .»

Le public de l'*Alliance*, en Tchécoslovaquie comme dans d'autres pays, était majoritairement féminin. L'émancipation des femmes un peu partout dans les années vingt autorisait, plus particulièrement en Amérique Latine, la fréquentation massive des conférences. La « femme argentine moderne » courait d'un auditoire à l'autre selon l'observateur :

---

1. Lettre (orthographe maintenue) au Secrétaire Général de la Fédération, 25 septembre 1923, *Consulat de Prague-Alliance française, Carton 5*, A.M.A.E.N.

2. Voir la *Revue française de Prague*, n° 31, juillet 1927.

3. Mme Burkova au Commandant Pendariès, 13 février 1923, *Consulat de Prague-Mission Militaire, Carton 2*, A.M.A.E.N.

« [...] les nombreux conférenciers qui, dans ces dernières années ont fait quelques cours en Argentine pourraient témoigner de l'assiduité des auditoires féminins [...] la Bibliothèque du Jockey Club, la bibliothèque du Conseil National des femmes, l'amphithéâtre de la Faculté de philosophie et lettres et tant d'autres locaux, ont été et sont peuplés par une nombreuse affluence féminine [...][1] .»

L'Alliance en Amérique Latine ou l'Argentine en gloire

La progression de l'*Alliance* dans ces contrées datait des dernières années avant la guerre. Et celle-ci n'en avait pas freiné l'essor, tout particulièrement en Argentine. Cependant ce développement, pour remarquable qu'il fût, le prestige (intact) des Lettres françaises exercé sur les esprits et l'incontestable dynamisme des universitaires de l'Hexagone après 1918 en Amérique Latine, données incontestables, ne laissent pas de fausser la perspective aux yeux des historiens d'aujourd'hui. Ce riant tableau masquerait un déclin irréversible de la position française accéléré par la Grande Guerre, tant sur le plan économique (les Français ont emprunté aux Etats-Unis 21 milliards-or et soldé une partie de leur portefeuille sud-américain) que politique (doutes sur le « modèle républicain »), voire culturel (nationalisme culturel, montée de la civilisation de masse américaine)[2]. Sur le moyen et long terme, l'affaiblissement reste indéniable. Mais, sur un point qui est le nôtre précisément, la dégradation ne présente pas un caractère homogène et continu : la présence culturelle française reste, par endroits, forte, et continue d'éveiller, chez une partie des élites locales du moins, des sentiments toujours passionnés exprimés éloquemment par un Rubén Dario :

1 .Marius André, « la femme argentine moderne », *Revue de l'Amérique latine*, 1 janvier 1926, p. 94.

2. C'est là l'analyse de Denis Rolland dans son chapitre « les signes du déclin autour de la première guerre mondiale » in La Crise du modèle français, *op. cit.*, pp.112-149.

« Abuelo, presiso es deciroslo : mi esposa es de mi tierra, mi querida es de Paris [1] »

Parce qu'elle obéit à une politique culturelle générale volontariste[2] (qui n'existe pas vraiment, de manière aussi systématique, dans d'autres pays dans la décennie vingt), la prospérité de L'*Alliance* dans quelques états latino-américains (Argentine, Uruguay, Brésil) participe de ce résistible déclin intellectuel français en Amérique Latine. En Argentine, les grandes puissances n'avaient pas beaucoup de réalisations à opposer à la France comme le notait l'ambassadeur Clinchant en 1929 : aucun lien entre les universités espagnoles et les universités locales, achoppement du projet de chaire italienne à Buenos Aires et refus d'accorder un visa à G. Ferrero, modeste institut anglais, échec des conférenciers américains[3]..., l'Institut de Buenos Aires (1922) et l'*Alliance* pouvaient être satisfaits à moins. Le ministre péchait cependant par défaut d'information et omettait les initiatives espagnoles nées avant et après guerre. La création en 1912-1914 par la colonie de Buenos Aires d'une chaire pour un professeur de la Péninsule, la fondation en 1922 d'un Institut de Philologie au sein de l'Université de la Plata (B.A.), jointes à d'autres entreprises universitaires sur le continent (Mexique, Cuba, Porto-Rico), attestaient les efforts consentis par les tenants les plus pragmatiques de l'hispano-américanisme[4].

---

1. Grand-père, je dois vous le dire, ma femme, c'est ma terre, mon amante se trouve à Paris, cité par John F. Normano, *The struggle for South America*, London, Georges Allen and Unwin Ltd Museum steeet, 1931, 394 p., p. 78.
2. A l'exception peut-être des agences télégraphiques, car dans plus de la moitié de l'Amérique, la France n'en dispose point, et de la radio, largement inaudible.
3. Clinchant à Briand, 29 avril 1929, *Série Amérique 1918-1940, Argentine, Carton 16,* A.M.A.E.P. Cela dit, en 1922, le Ministre Clausse disait le contraire en notant les activités des professeurs allemands à l'Université (cours en espagnol), les 150 chirurgiens américains arrivés à Buenos-Aires en mai 1923, in note de Clausse au M.A.E., 26 juin 1922, *Série B Amérique 1918-1940, Argentine, Carton 15,* A.M.AE.P.
4. Antonio Nino, « origenes y despliegue de la politica cultural hacia America Latina », *contrib. cit.*

Toutefois, dans les années vingt, le déclin du panaméricanisme et la montée du thème sur le « danger yankee »[1], l'incapacité de cet Hispano-américanisme, formulé au début du siècle à Oviedo en 1900 par les universitaires locaux (Altamira, Sela, Posada) et repris par le gouvernement de Primo de Rivera, à proposer un programme véritablement attractif[2] et à s'affranchir totalement d'une rhétorique ampoulée[3], permettaient au « modèle français » d'occuper la place, quelles que fussent ses limites.

Effectifs en croissance, prestige de ses diplômes, nécessité de locaux plus grands, la situation de l'*Alliance* en Argentine, à un moindre titre au Brésil ou au Mexique, inspirerait une certaine satisfaction aux plus sceptiques. L'achat d'un nouvel immeuble à Buenos Aires en 1929, au prix de 4 millions de F.,

1. Cf. J.H. Normano, The Struggle for South America, *op. cit.* L'auteur note, notamment, comment la SDN permit aux états latino-américains de prendre leurs distances avec les Etats-Unis.

2. Cf., par exemple, Edouardo Schiaffino, « Les relations littéraires hispano-américaines », *Revue de l'Amérique Latine*, 1924, vol. 1, p. 173. Il note que les auteurs sud-américaine édités (pour la plupart d'entre eux) en Espagne y trouvent un mauvais débouché.

3. L'écrivain mexicain, Alfonso Reyes, s'en prenait de manière mordante, en 1920, à ce discours hispano-américain flatulent (nous traduisons) : « on a tant parlé de la mission de l'Espagne en Amérique ou de l'oubli de cette mission ; les serviteurs de la cause hispano-américaniste l'ont servie avec tant de maladresse ; tellement de sentimentalité inutile s'est dépensée dans tout cela donnant lieu à tellement de sottises, qu'en abordant ce thème, il est nécessaire d'offrir aux lecteurs, sans doute prévenus défavorablement, quelques explications préalables. Oublions, si cela est possible, les abominables antécédents du « thème hispano-américain » ; oublions la topique de la mère et des enfants, du lion et des lionceaux, de la divine langue de Cervantès, les droits de la race et autres bafouillages rhétoriques. », traduction de l'article d' Antonio Nino, « origenes y despliegue ..., *contrib. cit.* Type même de commémoration un peu rhétorique, le gouvernement de Primo de Rivera célébrait, comme symbole de l'unité entre la Péninsule et l'Amérique du Sud, la « fête de la race », tentative aussi de fédération idéologique entre les noyaux néo-conservateurs des deux côtés de l'Atlantique dont Ramiro de Maetzu, nommé ambassadeur en Argentine, fut l'un des meilleurs représentants. Le gouvernement espagnol de Primo de Rivera accordait sinon 500 000 pesetas à diverses associations (Casa de America à Barcelone, Société d'Histoire sud-américaine etc...)

résulta de la progression constante des élèves dans la capitale : 1310 en 1917, 2119 en 1918, 2638 en 1920[1], 3300 en 1929 répartis dans 81 cours -gratuits initialement[2]- pris en charge par 37 professeurs ; on parle alors d'accueillir 30/40 000 personnes ![3] De même à Rio, les statistiques s'avèrent favorables ; 208 élèves en 1919, 270 en 1920, 386 en 1923, 449 en 1924, 532 en 1932[4]. La province, essentiellement en Argentine avec 11 filiales en 1928 et 14 en 1932, n'est pas en reste. En 1929, dans tout le pays, 10 000 élèves sont accueillis. Le Ministre de France, sollicité par l'*Alliance* de Rosario en 1926, décrit en outre l'impact profond de cette institution sur l'ensemble du réseau scolaire argentin :

« [...] ici comme à Buenos Aires, la vogue aidant, une foule de professeurs ou d'institutions privées ont adopté les programmes de l'*alliance* et multiplient ainsi son action.[5] »

Dans la province de Santa Fé (capitale Rosario), ses diplômes ont reçu valeur officielle et l'administration de Tucuman a sollicité ses professeurs pour les établissements d'état qui avaient choisi ses ouvrages[6]. Et ces résultats sont obtenus alors que Paris se contente de subventions modiques ; l'apport est de 40 000 F au milieu des années vingt alors que le budget de l'*Alliance* argentine dépasse 1 M. de F. en 1927. Sur ces succès, quelques réserves existent néanmoins. Celles de l'Inspecteur d'Académie Roustan après un voyage de 6 mois en Argentine durant l'année 1924, reprises dans les années trente par d'autres observateurs, portèrent en fait sur le déficit de méthode au sein de tout ce complexe scolaire privé auquel il

---

1. Voir Henri Jullemier « l'Alliance française en Argentine », *R.A.F*, 15 octobre 1922.
2. En 1927, il faut acquitter 10 piastres (5 auparavant).
3. « Note pour M. Berthelot », 13 février 1929, *SOFE, Carton 129*, A.M.A.E.N. L'effort financier du M.A.E . est important car il doit désormais verser pendant plusieurs années une subvention de 150.000 F. pour payer les intérêts de l'emprunt.
4. Données citées par Gilles Matthieu, Une ambition sud-américaine Politique culturelle de la France (1914-1940), op.cit.
5. Picot au M.A.E., 26 avril 1926, *Série Amérique 1918-1940, Argentine, Carton 16*, A.M.A.E.P.
6. Picot au M.A.E., 21 février 1927, *Ibid.*

manquerait un « conseiller technique[1] ». En effet, et le problème n'est pas propre à l'Amérique Latine, l'enseignement du français dans les établissements d'Etat présentait beaucoup de lacunes, qu'il s'agisse de pays européens comme l'Italie, la Grèce et la Tchécoslovaquie (avant-guerre au moins dans ce dernier pays) ou des nations sud-américaines. L'*Alliance* jouissait alors, en comparaison, d'une réputation d'efficacité. N'était-ce pas ce quasi statut officieux dans l'enseignement argentin, qui aurait fait peser un surcroît de responsabilité sur l'association, dont s'émouvait le rapport Roustan ?

Au Mexique l'*Alliance* de la capitale dispose en 1929 de 6 cours gratuits fréquentés par 2 698 élèves. Elle subventionne 30 boursiers dans divers collèges français de Mexico et prête 2 877 volumes de sa bibliothèque circulante durant cette année-là[2].

Au total, l'*Alliance* disposerait d'un contingent de 15 000 élèves vers 1931 (10 % des effectifs des établissements congréganistes avec forte présence du français), mais très inégalement répartis, puisque certains pays comme le Chili ont régressé par rapport aux années 1914-1915, ou que d'autres, tel Le Pérou, ne parviennent pas à se doter d'un local et s'appuient donc sur les Congrégations présentes.

Après des années de repli, l'*Alliance* connaît, dans l'immédiat après-guerre, la grandeur indéfinissable des (re) commencements. Du haut de son beau navire – amiral du Boulevard Raspail, il lui est loisible d'appliquer d'anciens projets (l'Ecole Pratique), de soutenir le nouvel élan de tous ces Comités nouveaux d'Europe Centrale et de donner satisfaction dans une large mesure aux responsables de la diplomatie

---

1 « Rapport Roustan au M.A.E. », sans date (début 1925), 9 p., *SOFE, Carton 129*, A.M.A.E.N. Georges Dumas se fait l'écho de ce rapport à la séance du 14 janvier 1925 du CA. Il regrette également que l'Alliance n'ait pu encore « pénétré dans l'esprit de la masse ». Il préconise l'envoi de « techniciens » (sans qu'on sache s'il s'agit de spécialistes de l'enseignement du français ou d'orateurs non littéraires) munis de traductions d'auteurs philosophiques français afin de mieux faire connaître l'esprit philosophique de la France dont le positivisme est une des orientations, in *R.A.F*, n°21, avril 1925.

2. Exposé des travaux de l'Alliance française durant l'année 1929, *SOFE, Carton 137*, A.M.A.E.N.

française. Car ceux-ci versent 2 075 000 millions de F. au seul siège central entre 1920 et 1924. Ce lien financier, par son ampleur relative, subordonne peut-être plus étroitement l'*Alliance* aux directives étatiques que ce n'était le cas avant la guerre. De même, la conscience chez les responsables officiels de devoir rapidement capitaliser les intérêts du prestige culturel paraît justifier un contrôle accru sur son fonctionnement à l'étranger quand les cours de langue argentins font l'objet d'un rapport en 1924 ou que le Comité d'Alexandrie s'adjoint, en 1930, deux instituteurs détachés pour superviser les cours des écoles qu'il subventionne. De fait, en Amérique Latine, le décalage croissant entre une présence économique en voie de s'affaiblir et une activité culturelle en progression partielle ne cesse de s'aggraver. Dans le cas de l'Europe Centrale et Orientale du début des années vingt, à confronter les moyens d'influence français, politiques et économiques, et les résultats mitigés parfois obtenus, le schéma ne serait peut-être pas fondamentalement différent de celui observé en Amérique Latine, même si les distorsions semblent moins prononcées. Ainsi quand la « Petite Entente » tchéco-yougoslave voit le jour en août 1920 sans l'assentiment français, lorsque la *Mission Militaire* française en Tchécoslovaquie et les investisseurs hexagonaux font l'objet de critiques et que les importations françaises de l'Etat tchèque n'arrivent qu'au 12e rang en 1921[1], les relations intellectuelles et culturelles, où entre avec force la prospère *Fédération* tchèque, offrent alors un précieux contrepoint, avant le rétablissement de meilleurs rapports ultérieurs et la signature du traité franco-tchèque de janvier 1924. La diplomatie française, par des interventions intempestives cependant, risquait de menacer alors l'indépendance d'une association. Le délégué de la Norvège au grand congrès de l'*Alliance française* en 1931 ne signalait-il pas pourtant son excellente image de marque dans son pays, pourtant, souvent peu amène pour la France politique :

1. Piotr Wandycz, *France and her eastern allies 1919-1925*, Minneapolis, University of Minnesota Press, 1962, 454 p., pp. 186-207.

« [...] nous avons vu, tout dernièrement, ce phénomène étrange qu'alors que certains de nos grands quotidiens politiques ne donnent pas toujours à la France ce qu'on appelle une 'bonne presse', l'Alliance Française reçoit couramment les honneurs de la première page [...}][1] »

Rester à la « une », après tout, l'hommage de la presse norvégienne n'était pas mince.

1. J. Meyer Myklestad, « L'Alliance française en Norvège », in *Congrès de L'Alliance française de 1931*, Paris, *Alliance française, 1932, 408 p., pp.238-239

Chapitre IV

Le déploiement du réseau dans les années vingt

Au congrès de l'*Alliance* en 1931, Paul Labbé saluait les délégués venus de 42 pays différents et de 200 villes différentes, évoquait avec fierté les 600 Comités et les 450 000 membres de l'association, dont 300 000 élèves au moins, et achevait son exorde en exaltant l'ampleur et la diversité des succès obtenus. Que ces chiffres imposants, mais difficilement vérifiables, ne masquent pas cependant les véritables forces et faiblesses géographiques d'un ensemble hétérogène. Quoi de commun entre la Hollande (19 Comités) et la Hongrie (1 Comité), entre la Fédération nord-américaine (275 Comités) et la Chine (5 Comités) ? ; qu'ils ne fassent pas plus accroire à une organisation riche et puissamment organisée. L'ensemble tenait, comme toujours, à une série de dévouements humains et à la générosité financière de quelques riches présidents de Comités dans certains cas (Argentine et Etats-Unis). Et il ne surprend guère que la crise des années trente vînt compromettre un certain nombre d'activités. Point important s'il en est, car le poids des dépenses effectuées par ceux-ci dépassait très largement les sommes prodiguées par le siège central parisien.

1. Une fragile puissance

Hormis sur le plan financier où les comptes sont précis, la revue de l'*Alliance* cesse de donner des précisions chiffrées sur le nombre de Comités en France et le nombre d'adhérents. Son activité générale s'entoure d'un certain vague et il s'agit alors de se contenter de dessiner la courbe de vie de l'association plutôt que de prétendre en donner une description précise. Après un redémarrage brillant dans l'immédiat après-guerre, les Comités en France, à l'exception d'une vingtaine d'entre eux et de la région du Nord, paraissent s'étioler. La prospérité de l'*Alliance* reposait plus que jamais sur les initiatives et les finances des Comités à l'étranger.

Les finances : le poids des Comités à l'étranger

Par rapport à l'avant-guerre, les dépenses totales de l'*Alliance* progressèrent nettement. Si les subventions publiques eurent leur part, surtout au début des années vingt, dans cette orientation, leur poids reste à relativiser eu égard les apports fournis par les adhérents de l'association à l'étranger. Dans ces années, le Comité de Buenos Aires à lui seul ne dépense pas moins de 1 million de francs par an. Les chiffres respectifs des subventions qui correspondent à peu de chose près à la dépense consentie par le siège central et celles réalisées par les Comités à l'étranger sont révélateurs :

Tableau n° 16 : les subventions publiques, Dépenses des Comités à l'étranger et Dépenses totales de 1922 à 1930[1]

[En Francs]	1922	1923	1924	1925	1926	1927	1928	1929	1930
Subventions	818 717	217 404	360 428	241 165	337 125	243 202	255 799	258 197	307 259
Dépenses des Comités à l'étranger	2 582 831	3 758 310	3 462 414	2 833 933	4 612 661	5 092 408	5 361 374	5 424 926	5 458 427
Dépenses totales	3 012 664	4 033 980	3 949 000	3 045 201	4 863 840	5 375 806	5 665 644	5 835 303	5 924 793

1. Tous les numéros d'avril de la revue donnent le compte-rendu de l'assemblée générale annuelle avec les comptes.

Les Comités en France

De combien d'adhérents dispose l'*Alliance* en France ? Avec des cotisations de 10 F au milieu des années vingt, un produit des cotisations parisiennes et provinciales évalué à 94 907 en 1924 et 136 443 en 1929, on peut envisager un nombre approximatif (une partie des cotisations ne sont pas toujours reversées au siège central) de 10/15 000 sociétaires. En 1922, la région du Nord et de la Picardie dirigée de main de maître par l'industriel Henri Playoust compterait 8 000 membres et 10 000 en juillet 1923.

Par la suite, une vingtaine de Comités en moyenne organisent des conférences et semblent donc véritablement actifs, Roubaix, Dieppe, Douai, Calais dans le Nord ; ceux du Centre du pays (Guéret, Tours, Vendôme, Châteauroux), quelques petites villes du Sud-Ouest (Pau, Mont de Marsan), et quelques très grandes villes telles Marseille, Nancy, Nice ou Lyon peuvent être citées. Dans cette dernière ville, grâce au président de l'*Alliance* locale, l'universitaire Jean-Marie Carré, de grandes manifestations de prestige sont organisées : journées franco-japonaise en 1925, franco-américaine en 1926, franco-roumaine en 1927, franco-tchèque en 1928 (en présence des deux Edouard, Benès et Herriot), franco-polonaise en 1929, franco-hellénique en 1930. Mais la relève générationnelle, déjà compromise avant 1914, ne parvient pas à opérer.

2. Un développement géographique très inégal

Les succès des Fédérations anglaise, hollandaise et nord-américaine

Les Fédérations britannique (39 Comités) et hollandaise (19 Comités) fonctionnaient très correctement grâce à un dispositif bien rôdé de conférences. Les îles britanniques en entendirent 120 en 1929-1930 et 152 en 1930-1931[1]. Cette fédération

1. Yvonne Salmon, « La Fédération de l'Alliance française », in Congrès de l'Alliance française 1931, *op. cit.*, pp.121-126.

animée par Yvonne Salmon, dont le père avait été lui aussi Secrétaire Général de la *Fédération*, organisait de plus des tournées théâtrales (troupe de Jacques Copeau en 1929) et musicales (concerts Colonne en 1930). En Hollande, l'*Alliance* avait progressé de 12 Comités en 1920 à 19 en 1931. Elle regroupait alors 6 000 adhérents et développait une propagande soutenue et bien conçue, dont la « Semaine française d'Amsterdam » de janvier 1931, axée sur 3 thèmes, la « vocation idéaliste » de la France, la littérature et les arts contemporains et enfin les grandes institutions d'enseignement, avait donné une belle preuve.

Mais l'exemple nord-américain, de surcroît bien éclairé par un travail récent, mérite un examen un peu plus approfondi.

La Fédération nord-américaine : un réseau français à l'échelle de tout le pays

Pendant la guerre et dans l'immédiat après-guerre, un hégire francophile avait retourné, provisoirement, la population du Nord de l'Amérique vers la France. Et depuis 1917, il existait au sein de la *Fédération*, le 6 février de chaque année (commémoration du traité d'alliance de 1778), un « jour de l'Alliance française », reconnaissance acquise de la mobilisation motrice opérée par la *Fédération* américaine- souvent, pendant la guerre, via la Croix Rouge- de façon très générale ; ainsi, des cours furent donnés à certains officiers par son entremise.[1] Dans un tel climat, la progression des groupements avait été constante, 64 en 1912, 180 en 1918 et 197 en mars 1922. De même dans l'enseignement secondaire, dès l'entrée en guerre, l'allemand s'effondra durablement[2] et le

1. Marie A.V. Speakman (Wilmington) se flattait d'avoir été « l'étincelle » en faveur de l'aide à la France, cité par Gilbert Chinard, « Le premier demi-siècle de la Fédération de l'Alliance française », in *Le Cinquantenaire de la Fédération de l'Alliance française aux Etats-Unis et au Canada 1902-1952*, New York, 1953, 87 p., p.46.

2. Sur la « panique linguistique » qui s'empara des Etats-Unis dès juin 1917 et le combat livré contre l'allemand, à l'école, à l'église, et en général dans les lieux publics où il fut interdit parfois (en Iowa) de téléphoner en usant de cette

français devint la première langue étrangère comme en témoignent ces chiffres de l'Etat de New York en 1921[1].

Tableaux n° 17 : les usagers du français dans le secondaire à New York et le reste des Etats-Unis (1915-1949)

Langue française	Langue espagnole	Langue allemande	Langue italienne
73 402	51 970	3 448	754

Le français s'imposa durant l'entre-deux-guerres dans les *High Schools*[2] :

	Effectifs	%LVM		Fr.	All.	Esp.
1915	1 328 984	35,9		8,8 %	24,4	2,7
1922	2 230 000	27,4 %		15,5	0,6	11,3
1928	3 354 473	25,2 %		14	1,8	9,4
1934	5 620 625	19,5 %		10,9	2,4	6,2
1949	5 399 452	13,7 %		4,7	0,8	8,2

Cette progression renforçait l'image française en Amérique. Plus que jamais, les piliers de la *Fédération* étaient représentés par les professeurs de français, réunis 7 fois entre 1913 et 1939 sous les auspices de l'*Alliance* américaine. En 1927, une nouvelle association de professeurs de français, plus dynamique que sa devancière, l'*American association of teachers of french*, voit le jour. Elle est d'ailleurs présidée par un membre important de l'Alliance de New York, Charles A. Downer (1866-1930)[3]. Or, si entre 1919-1920 de forts contingents de boursiers (ères) français avaient laissé croire à une puissante greffe de professeurs venus de France dans les établissements américains, le déclin rapide de ce mouvement par la suite, obligeait à s'en remettre aux professeurs américains eux-mêmes

langue, Denis Lacorne, *La crise de l'identité américaine*, Paris, Tel-Gallimard, 2003, 448 p., pp.163-164.

1. Cf. Frank L. Schoell, *La Langue française dans le monde*, Paris, D'Artrey, 1936, 377 p., pp. 288-289. Pour les années 1924-1928, une grande enquête (dans les établissements publics secondaires) donne 440.000 élèves pour le français, 305 000 pour l'espagnol, 35 000 pour l'allemand.

2. Données fournies par Alain Dubosclard, L'Action culturelle de la France aux Etats-Unis, *op. cit.*, p.57.

3. *Ibid*, p. 129.

et aux *Alliances*. En 1936, on ne compte que 85 professeurs du secondaire détachés et une douzaine de professeurs du Supérieur. Certaines régions, comme par exemple le Sud, ne disposait d'aucun professeur français (échange ou mission) dans les Universités d'Etat en 1937.

Dans les activités françaises de l'Alliance en Amérique du Nord, la direction de la *Fédération* prenait toute sa part. Ses secrétaires généraux (tous deux professeurs au *New York City College*), Louis Delamarre qui fit beaucoup durant la guerre, tout particulièrement dans l'organisation du « Salon de la pensée française » à l'exposition de San Francisco en 1915, décédé en 1919, remplacé par Félix Weill, avaient tous deux un rôle de cheville ouvrière décisif. Quant à la Présidence, Julian Le Roy White, investi depuis 1907 (et qui passa plus de temps en France qu'en Amérique), meurt en 1923 et fut remplacé par Frank D. Pavey (1923-1939). La tâche essentielle de ce dernier consista à réunir un capital dont l'intérêt fournirait un revenu ; ce dernier représentait 100 000 dollars en 1931[1]. Il permettait surtout de financer ces grandes tournées de conférenciers dont la *Fédération* avait inauguré le mouvement avant 1914 et qui avaient établi sa marque de fabrique. Cependant durant les années trente la crise économique freina le financement des conférences dont le maintien ne fut assuré que par des contributions volontaires répétées[2]. A contrario en effet, le financement de cours demeure assez exceptionnel quoique les a*lliances* de Seattle, et surtout celle de San Francisco, s'y

1. Chiffre donné par le Secrétaire Général honoraire Félix Weill au Congrès de 1931, «La Fédération de l'Alliance française aux Etats-Unis et au Canada », in *Congrès de l'Alliance française en 1931*, *op. cit*, pp.-355-358.

2. Un exemple de ces Américains fortunés qui se trouvaient pour certains d'entre eux à la tête d'Alliances locales nous est donné par M. Kingman, qui préside le Comité d'Orange (N.York). Dans une lettre du 26 avril 1938 à l'Ambassade de France dans laquelle il se présente comme un «self appointed ami de la France », il explique qu'il s'est ruiné pour la France durant la guerre, qu'il a fondé un orchestre symphonique du New Jersey à la tête duquel se trouve un chef français, qu'il a organisé des soirées littéraires et musicales françaises, qu'il est prêt à faire venir (sur ses deniers) quelques conférenciers français prestigieux… in *New York Consulat, Carton 22*, A.M.A.E.N.

consacrent largement, avec 12 professeurs et 600 élèves pour cette dernière en 1931[1].

Mais l'essentiel de la vie des Comités restait orienté autour des activités para mondaines telles les représentations théâtrales et des conférences. Les conférenciers officiels de la *Fédération* furent les suivants :

Tableau n° 18 : les conférenciers officiels de la Fédération de l'Alliance française aux Etats-Unis et au Canada 1921-1931[2]

1921-1922 : B. Faÿ*, A. Van Gennep	**1927-1928** : J. Champenois*, R. Lange, A. Maurois*, Mme Caro-Delvaille*
1922-1923 : A. Morize*, F. Roz*, F. l. Schoell*	**1928-1929** : F. Funck-Brentano, D. Michenot
1923-1924 : A. Moret, E. Rippert	**1929-1930** : M. Bouteron*, G. Rageot, H. de Ziegler
1924-1925 : L. Réau, E. Villemin	**1930-1931** : G. Cille, M.C. Mauricheau-Beaupré
1925-1926 : C. Cestre*, B. Valloton	
1926-1927 : Mme Alphandéry*, D. Michenot*, M. Pillet	[* Anglais courant]

Ces conférenciers maîtrisaient pour la plupart d'entre eux l'anglais et pouvaient, au besoin, élargir le cercle des auditeurs potentiels. Quant au profil intellectuel de ces orateurs, à une écrasante majorité, il était marqué par la spécialité littéraire ou, à un moindre titre, par une orientation de type histoire de l'art[3].

1 Félix Weill, in Congrès de l'Alliance française en 1931, *op.cit.*

2. Liste contenue in Cinquantenaire de la Fédération de l'Alliance française ..., *op. cit.*, pp. 81-85. On pourra, de surcroît, consulter l'index bibliographique des conférenciers élaboré par Alain Dubosclard, L'Action culturelle de la France aux Etats-Unis de la première guerre mondiale à la fin des années 1960, *op.cit,* pp. 1017-1046.

3. Cf. Adrien Dubosclard, *L'Action culturelle de la France ..., op. cit.* Moret était titulaire de la chaire d'Egyptologie au Collège de France depuis 1923 ; Louis Réau était un spécialiste de l'architecture française au XVII et XVIIIes S. ; M. Pillet était directeur du service des antiquités à Karnak ; F. Schoell était spécialiste d'iconographie médiévale.

Cette élite d'universitaires, de directeurs de musées ou d'écrivains devait mobiliser toutes ses ressources physiques et intellectuelles en vue d'affronter la fatigue d'une tournée épuisante de trois ou quatre mois. Le géographe André Allix accomplit son périple en partant le 5 janvier 1933 et en terminant le 5 mai 1933, soit 96 conférences effectuées.

L'Alliance et les situations de prospérité moyenne en Europe du Nord et Europe Orientale

Toute une gamme de pays dessinent une configuration d'ensemble satisfaisante en termes d'activité générale tout en établissant, à travers un nombre raisonnable de Comités, une présence francophile non négligeable. Le congrès de 1931 permet de dresser cette cartographie.

Tableaux n° 19 : les Comités de l'*Alliance française* en Europe du Nord, de l'Est et du Centre

Comités de l'Europe du Nord

Danemark	Suède	Norvège	Finlande	Islande
13	10	7	1	1

Comités de l'Europe centrale et Orientale

Pologne	Bulgarie	Roumanie	Estonie	Lettonie	Lituanie	Hongrie	Yougoslavie
13	10	8	3	2	1	1	13 [Amis de la France]

Dans ces derniers pays du monde slave, de fortes traditions francophones existaient avant 1914. L'après-guerre leur donna un prolongement, mais en direction de nouveaux publics, moins aristocratiques et davantage tournés vers les « nouvelles couches » de la petite bourgeoisie. C'était là le modèle tchèque étudié plus haut, mais aussi bulgare et, à un moindre degré, polonais.

En Pologne, l'aristocratie qui s'était en partie repliée sous sa tente après 1918, perdit sa situation d'intermédiaire culturel traditionnel ; en revanche la culture française fut rendue plus accessible à des couches moins huppées grâce aux traductions multipliées ou aux divers organismes d'enseignement et de culture essaimés dans le pays (Institut de Varsovie créé en 1925, *Société des échanges littéraires et artistiques entre la France et la Pologne, Alliances*)[1].

Les Comités les plus dynamiques proposaient des cours du soir, à Cracovie (300 élèves) et surtout en Posnanie ; là, le professeur Langlade de l'Université de Poznan supervisait des cours fondés en 1920 (Poznan) et 1921 (Torun, Bydgoszcz), les premiers comptaient 800 personnes et les seconds 280 en 1931[2]. Au total, 5 000 personnes avaient été formées entre 1920 et 1931, aussi bien par des exercices linguistiques pratiques que par une initiation à la culture française, toutes choses que l'enseignement officiel peinait à donner. Mais le français ne progressait que difficilement, peut-être du fait d'un rayonnement un peu médiocre de l'Institut de Varsovie, peut-être, plus sûrement, pour cause d'une influence américaine croissante en raison des 4 millions de polonais aux Etats-Unis et de son cinéma parlant.

La Bulgarie connut un engouement francophile plus marqué qu'en Pologne. Elle enregistra jusqu'à 17 Comités, relais d'un enseignement congréganiste vivace (14 écoles avec 3 000 élèves) mais progressivement en déclin. Quant à la Roumanie, son bilan surprend dans la mesure où ce pays, intensément francophile à la sortie de la guerre, bénéficia de la présence d'une vingtaine de professeurs issus de la *Mission universitaire* française (convention scolaire de juin 1919) qui aurait pu constituer un très bon tremplin pour les initiatives de l'*Alliance*. Celle-ci en fait ne joue un rôle notable que dans la deuxième ville du pays, Kichinau [Bessarabie], où elle compte un Comité de 200 membres à la fin des années vingt. L'originalité de cet exemple, réside dans l'existence d'une *Maison française* qui regroupe un arc d'organismes coordonnés entre eux (*Alliance* et

---

1. Claude Alain, « l'échange intellectuel entre la France et la Pologne », *R.A.F.*, janvier 1932.
2. Professeur Langlade, « Les cours de l'Alliance française à Poznan, Bydgoszcz et Torun », *Congrès de l'Alliance française*, *op. cit*, pp. 224-227.

sa bibliothèque de 2 350 volumes, lycée féminin Jeanne d'Arc, société de bienfaisance). L'inspecteur Henry, chef de la Mission universitaire, vantait les mérites de cette organisation :

« je ne crains pas d'affirmer que le groupement français de Kichinau est le plus imposant de tout le Royaume [...] La Maison de France est l'œuvre la plus remarquable que nos nationaux aient accompli dans ce domaine en Roumanie.[1] »

L'Europe du Nord

Dans ces pays, le statut secondaire du français dans l'enseignement (on le trouve dans les dernières années d'études) conférait aux *Alliances* une responsabilité évidente. Composées de membres plutôt aisés, à Stockholm du moins qui peut garantir 1 000 F de rémunération, ces dernières ne manquaient pas d'attirer de prestigieux conférenciers dans les grandes villes. L'auditoire pouvait se révéler nombreux puisque le Comité d'Oslo abritait 800 personnes en 1928 et celui de Stockholm plus de 1 500 personnes. Paul Valéry accomplit le déplacement dans la saison 1930-1931 au profit de l'*alliance* de Stockholm et a droit aux honneurs royaux.

La conférence reste en effet le moteur et le principal attrait des Comités pour le public potentiel des francophones. Et presque tous les Comités ne cessent d'implorer le passage de missionnaires français (et de France). Le rapport du secrétaire du Comité de Jönköpig (Suède) le rappelait clairement quand il revenait sur les premières années de son fonctionnement en 1928-1929 :

« Tout allait bien au gré de nos désirs les premières années [...] toutes les classes sociales étaient représentées et les réunions étaient un vrai plaisir [...] Mais les temps changent et pendant ces dernières années nous avons dû faire l'amère expérience de l'inconstance de la fortune [...] la faute en est à l'impossibilité d'obtenir des conférenciers [...] [2]»

---

1 Rapport du chef de la Mission universitaire en Roumanie, 30 octobre 1928, *Bucarest Ambassade, Série A, Carton 162*, A.M.A.E.N.

2. Rapport du Président du Comité de Jönköpig, 16 mars 1937, in *Stockholm, Série 2000/2040, Carton 104*, A.M.A.E.N.

En l'absence le plus souvent de riches bibliothèques, ces Comités rentrent dans la dépendance à l'égard des cycles de conférences. Quantitativement certes, les Comités se sont multipliés, de 3 en Suède avant 1914, ils sont passés à 10 en 1931, et de 1 en Norvège, on atteint le chiffre de 7. Mais beaucoup restait à faire. Malmö, la troisième ville de Suède, ne comptait pas d'*Alliance*, ni Lund la grande ville universitaire du sud.

Une situation contrastée dans le Bassin méditerranéen

Ce qui fut avant-guerre le terrain d'expansion privilégiée de l'*Alliance et des Œuvres françaises*, présente des cas de figure très hétérogènes dans les années vingt. Entre des pays engagés dans des politiques intensément nationales (Turquie, Egypte) ou ultra-nationalistes (Italie fasciste, l'Espagne de Primo de Rivera), la place autorisée réservée à des associations (religieuses ou laïques) d'enseignement et de culture francophones devint beaucoup plus controversée. L'organisation cependant par l'*Alliance* d'un congrès à Marseille, en 1922, spécialement axé sur la langue française dans le bassin méditerranéen[1], laissait penser qu'il ne serait pas impossible, sinon de recouvrer la prééminence de jadis, du moins de tenter de lutter contre le déclin du français dans cette zone.

En Egypte, le français (50 000 élèves) gardait en 1917 son avance sur l'anglais (45 000) et l'italien (32 000), tout en ayant encore un incontestable avantage à l'intérieur des élites de la haute administration, de l'économie et des professions libérales : il avait été, à la fin du XIXe, le « véritable droit d'entrée dans le champ du pouvoir, un apprentissage obligé à qui veut intégrer l'une des élites qui gravitent autour de l'Etat moderne »[2]. Bien que quasiment éliminé de l'enseignement

---

1. Cf. Congrès de l'Alliance française à l'exposition coloniale. *Notre langue dans le bassin méditerranéen,* Paris, Alliance française, 1923, 196 p.
2. Frédéric Abecassis, L'Enseignement étranger en Egypte et les élites locales 1920-1960, *op. cit.*, pp.38-39.

supérieur d'Etat en 1920, il recouvre alors, revendication du mouvement national, une place dans le système secondaire d'Etat jusqu'en 1925, date à laquelle Lord Llyod amorce un nouveau et décisif coup d'arrêt à son détriment. Si le français restait donc la langue des élites vieillissantes formées vers 1880-1900 ou alors celle des minorités grecques et juives, il demeurait néanmoins la langue étrangère la plus prestigieuse. En 1922, 50 % des publications étrangères l'étaient en français et le % augmenta au fil des années trente.

Quant au domaine scolaire, les 61 écoles françaises de la circonscription du Caire et les 27 de celle d'Alexandrie rassemblaient la presque totalité des élèves scolarisés, soit un peu plus de 30 000 élèves[1], dans des établissements français congréganistes ou dans les deux lycées de la *Mission Laïque* du Caire et d'Alexandrie.

L'*Alliance* d'Alexandrie affichait une activité générale supérieure à celle du Caire. Si celle-ci pilotait une école pour les étudiants d'El Azhar (300 élèves en 1922) et distribuait diverses subventions, le Comité de la grande ville du littoral exerçait une emprise plus nette. Pour l'année 1926, il donnait 6 conférences, organisait des cours du soir gratuits pour 1 000 élèves, subventionnait 12 écoles (plus de 3 000 élèves), octroyait 4 bourses pour le lycée de la *Mission Laïque*, fondée en 1911, et très dynamique[2]. En 1930, toutefois, elle décide de faire fond davantage sur l'enseignement afin de compenser une récente mesure prise par le gouvernement égyptien qui supprimait le français dans la première année du secondaire. Elle subventionne alors 17 écoles et accorde 38 bourses. De plus elle crée une inspection et un cours élémentaire de pédagogie grâce à deux instituteurs détachés.[3] Au même moment, le SOFE a la charge en outre de développer, en

1 Chiffres donnés par le Bulletin du Comité de l'Alliance française d'Alexandrie, 1926, contenu in *Consulat d'Alexandrie* [non côté], A.M.A.E.N. 20 713 élèves au Caire et 10 917 à Alexandrie.

2 Ibid.

3. Bulletin Alliance française d'Alexandrie 1930, contenu in *Consulat d'Alexandrie*, A.M.A.E.N.

s'appuyant sur des congrégations françaises, une action scolaire en haute Egypte dans la région d'Assiout jusque-là plutôt tenue par des établissements américains. L'objectif poursuivi visait à capter la population copte [1].

L'Espagne et l'Italie : une francophilie modérée et francophonie en déclin

Au congrès de l'*Alliance* en 1931, l'Espagne présentait 13 Comités et l'Italie 8. Bilan médiocre pour la seconde (dépassée par le Danemark, la Suède, la Bulgarie ou la Pologne), bien que le nombre de Comités fût passé de 6 (Bologne, Florence, Turin, Milan, Rome, Tarente) en 1922 à 8 (Gênes et Livourne en sus). Cette situation reflétait peut-être également un phénomène peu apparent mais réel : la concurrence grandissante exercée contre le français dans l'enseignement local. On comptait en 1929 dans le secondaire italien davantage de « chaires » d'anglais (179) que de chaires françaises (145)[2].

L'Espagne paraît un peu plus solide mais le déclin semble miner un ensemble qui ne progresse guère. Or, dix ans auparavant, l'*Alliance* bénéficiait d'une conjoncture plutôt favorable après les difficultés nées de la Grande Guerre. Elle ouvrit plusieurs cours du soir, à Valladolid, Vigo et Saragosse, tandis que 9 écoles laïques, (sans compter le nouveau lycée français de Madrid), (re) fonctionnaient en 1920-1921, la plupart de ces dernières subventionnées par l'*Alliance*. Au total 2 000 élèves étaient accueillis. L'ambassadeur Fontenay, de retour d'un séjour à Valladolid, avait pu constater le dynamisme du Comité local :

« [...] la vitalité de ce comité et y rencontrer les sommités intellectuelles et sociales de cette ville, mais j'ai noté aussi la bonne

1. Cf. Frédéric Abecassis, *L'enseignement français en Egypte*, *op. cit.*, p. 266-267.

2. Données citées par Gaston Broche, « Comité de l'Alliance française de Gênes », in *Congrès de l'Alliance française de 1931*, *op.cit.* Situation en partie compensée par les 328 chaires (contre 101 pour l'anglais) dans les écoles dites « d'acheminement vers le travail », sorte d'équivalent des écoles primaires supérieures françaises.

besogne qu'y font les Frères des Ecoles Chrétiennes -dont plusieurs sont français- et surtout les Sœurs dominicaines [...] .[1]»

En 1930, 3 000 élèves intègrent les écoles et cours laïques subventionnés. Les cours du soir de Barcelone, installés dans un nouveau local (sur le Paseo de Gracia) en 1928, occupent près de 300 élèves. Mais, en 1927, l'*alliance française* d'Athènes reçoit presque 1 000 élèves dans des cours du soir[2].

Ni l'*Institut de Barcelone* ni la *Casa Velasquez* ne paraissent jouer un effet d'entraînement à l'égal des Instituts de Prague ou de Sofia.

La présence résiduelle en Asie

La vogue du français postérieure à l'armistice ne manqua pas de toucher le pays le plus ouvert sur l'Occident, le Japon en l'occurrence. Avant 1914, l'anglais et l'allemand dominaient dans le secondaire. Sur 8 lycées d'Etat, deux seulement enseignaient le français[3]. Là comme ailleurs, sa présence était assurée par les congrégations. Les Maristes disposaient de cinq établissements et accueillaient 2 700 élèves ; là, l'anglais était en fait la première langue enseignée mais le français restait obligatoire en deuxième langue. On comptait aussi une *Société franco-japonaise* (languissante) et un *Athénée* français assez actif. Sur ce mince dispositif, l'Alliance française de Yokohama se rajoutait qui offrait 3 classes de langue et quelques conférences[4]. Au printemps 1921 un Comité se créait à Tokyo, sous l'appellation des *Amis de France*, avec 250 élèves en cours du soir. Le 15 janvier 1922, il organisait une grande fête de bienvenue en l'honneur de Paul Claudel, le nouvel ambassadeur.

1. Ambassadeur De Fontenay au M.A.E., 3 mai 1924, *Madrid Ambasssade, Carton 516*, A.M.A.E.N.
2. Note sur le projet de création de la 'Maison de France' à Athènes, *Athènes Ambassade, Série A, Carton 430*, A.M.AE.N.
3. Voir l'article « La langue française au Japon », in *R.E.F.H.F.*, n°5, novembre 1920. En 1921, un arrêté plaçait le français à égalité.
4. M Bapst, Ambassadeur de France au M.A.E., 18 mars 1921, *Asie 1918-1940, Japon Carton 42-43,* A.M.A.E.P.

En Chine, le principal pôle de l'*Alliance* était représenté par Shangaï, mais quatre autres Comités existaient.

L'éviction des Allemands de la Chine avait laissé à leurs adversaires européens de nouvelles possibilités. Mais, loin d'être prise par le français, la place de première langue étrangère revint à l'anglais. Beaucoup de missionnaires Américains vinrent s'installer en Chine à la sortie de la guerre et le déclin de la langue française s'accéléra au sein de la petite et moyenne bourgeoisie à mesure que la présence économique hexagonale s'amoindrissait ; avant-guerre, les grandes lignes de chemin de fer avaient été construites par des ingénieurs français ou belges (Pekin-Hankéou, Yunnan, TaiYun Fou), on parlait français dans les gares reculées. Après guerre les affaires devinrent anglo-saxonnes et en 1922 un décret présidentiel sanctionna l'usage d'enseigner obligatoirement l'anglais dans les écoles secondaires. Au total, 4 000 élèves apprenaient le français dans divers établissements congréganistes.

L'Alliance de Shangaï organisait des cours du soir suivis par 150/200 élèves, disposait d'une bibliothèque fournie (22 000 volumes) et bien fréquentée. Mais le public était essentiellement européen. Jusqu'en 1928, il manquait une librairie française, et la création de celle-ci s'articula désormais avec la bibliothèque[1].

Depuis la Grande Guerre, les acteurs publics et privés de l'action culturelle extérieure n'ont cessé de proliférer. Mais, en face de la hiérarchisation (au profit du M.A.E.) et de la relative division fonctionnelle des tâches (rôle de l'O.N.U.E.F.) qui caractérisent l'action des organismes officiels, le monde des associations privées laisse le sentiment d'un foisonnement concurrentiel moins aisément lisible. Certaines d'entre elles, telles *France-Pologne*, les *Amis de la Pologne* animée par Rosa Bailly ou l'*Alliance française* de Paris peuvent être décrites comme des organisations *officieuses* ; d'autres à l'instar des associations d'anciens élèves étrangers de lycées français (Scandinaves de Rouen ou du Havre, Tchèques de Dijon) ou les

1. Charles Grosbois, « la langue française en Chine », *Congrès de l'Alliance française 1931*, *op. cit.*, pp. 283-300.

Comités de l'*Alliance* à l'étranger relèvent des *formes de sociabilité*[1].

Ainsi, au sein de ces trois composantes d'un dispositif culturel extérieur très polycentrique, l'*Alliance française*, si elle ne dispose plus de la puissance institutionnelle et intellectuelle réservée dorénavant aux 17 lycées et 28 Instituts français (en 1931), n'en occupe pas moins une forte position. En raison de sa capacité à articuler souplement ces trois niveaux, à relayer au besoin les organes officiels (via les conférences notamment) tout en maintenant la fiction crédible d'une action purement culturelle, elle bénéficie de toute l'attention de l'Etat. Ses états de service alors inspirent considération à l'observateur : démultiplication géographique (quoique des vides importants trouent son tissu, en Amérique Latine notamment), réseau alternatif d'enseignement du français grâce surtout à son *Ecole Pratique (*en dépit de l'absence d'une pédagogie unifiée), entretien patient d'une passion francophile (certes un peu élitiste) qu'éveille l'amour de ce qui ouvre par excellence les cœurs et les esprits (la beauté littéraire et artistique), la somme totale d'amitiés acquises par l'*Alliance,* à l'aune de la modeste donne matérielle de départ, apparaît bien remarquable.

Toutefois, et bien que le financement public soit très largement minoritaire après 1922, celui-ci exerce désormais une force d'entraînement dans certaines situations délicates en termes financiers ; l'acquisition de l'immeuble de l'*Alliance française* de Buenos Aires en 1929 est l'un de ces investissements lourds qui le rendaient de plus en plus indispensable à la bonne marche de l'entreprise générale de l'*Alliance.* Et lorsque la fin des années vingt coïncide alors avec une période d'atonie relative la diplomatie culturelle, le

---

1. Nous empruntons cette typologie à Hans-Manfred Bock, « Zwischen Locarno und Vichy. Die deutsch-französischen kulturbeziehungen der dreissiger Jahre als Forschungsfeld », in Hans Manfred Bock, Reinhart Meyer-Kalkus et Michel Trebitsch (dir.), *Entre Locarno et Vichy : les relations culturelles franco-allemandes dans les années trente*, Paris, CNRS-Editions, 1993, pp. 25-61.

groupement du Boulevard Raspail rentrera lui aussi dans une phase de moindre dynamisme, aggravé de surcroît par la crise.

TROISIÈME PARTIE

L'ALLIANCE FRANÇAISE : LA VOIE ÉTROITE

Chapitre I

La diplomatie culturelle de la France et l'alliance française menacées

Grâce au cinéma, le monde s'unifie, c'est-à-dire qu'il s'américanise. [U. Sinclair, La Tête d'Holopherne, 1917]

Pour la France, les années trente sont des années de difficultés croissantes dans presque tous les domaines d'activité. Mais, sans doute parce que l'action culturelle extérieure française incarnait une sorte de modèle, celle-ci fit, précocement, dès 1932, l'objet de rapports inquiets : alors que l'économie française n'est véritablement touchée qu'en 1933, le sentiment de la crise intervint plus rapidement dans le domaine de la diplomatie générale (échecs des conférences de Lausanne et de Genève[1]) et, particulièrement, dans celui de la politique culturelle extérieure. L'arrivée au pouvoir des Nazis, le durcissement de la politique italienne, les traductions en termes de propagande massive de ces deux ambitions vinrent redoubler les formes de rivalité/contestation de type politique et culturel, habituellement à l'œuvre contre la France durant toutes les années vingt. Mais la menace la plus grave restait moins visible et plus sourde ; en effet, fruit d'initiatives privées difficiles à discerner, le développement de l'anglais s'accélérait de manière constante dans ces années.

1. René Girault, Robert Frank, *Turbulente Europe et nouveaux mondes 1914-1941*, Paris, Masson, 1988, 279 p., pp.183-184.

1. Les concurrences en face du français

La montée de l'anglo-américain : le contre-modèle français

En 1900, les inquiétudes linguistiques françaises étaient mises en branle par les progrès de l'italien ou de l'allemand. Mais vers 1930 la progression de l'anglais (américain) frappait maints observateurs dans diverses régions du monde, du Japon à l'Europe Centrale en passant par le Proche-Orient. Le pouvoir économique et politique des Etats-Unis suggérait qu'ils ne pourraient rester indéfiniment culturellement dépendants de l'Europe. Elément surprenant pour les pays européens, cette lente évolution culturelle se produisait sans que l'Etat américain ne semblât agir en propre ; depuis la fin de la guerre, en effet, la suppression du premier organisme public de diplomatie culturelle né durant le conflit, le *Committee on public relation* (CPI)[1], avait redonné à l'initiative privée toute latitude. Celle-ci agissait pour le moins selon une remarquable diversité de moyens liée à la pluralité des différents protagonistes. Les acteurs économiques, qui utilisaient les vecteurs de la communication de masse (cinéma, presse), côtoyaient les intervenants culturels tels les grandes *Fondations* de philanthropie socio-éducative qui offraient des bourses d'études à l'étranger, finançaient des conférences et des programmes d'échanges ou recrutaient des scientifiques. L'isolationnisme officiel américain masquait bel et bien la pratique interventionniste des associations privées dans le domaine culturel.

Les preuves de cette montée de l'anglais sont attestées par la place croissante qui lui est réservée dans les cursus scolaires, tout particulièrement dans les cycles d'études courts (premier cycle, Ecoles normales).

1. Voir Emily Rosenberg, *Spreading the american dream An American economic and cultural expansion 1890-1945*, New York, Hill and Wafg, 1982, 258 p., pp. 63 et sq. Le CPI organisa des tournées de conférences, créa un service de presse, confectionna des films de propagande.

Cette progression reflétait le dynamisme plus général de la grande île nord-américaine. La montée en puissance des Etats-Unis s'observait d'abord sur le terrain des grands moyens de communication. Sur ce chapitre, les diverses administrations américaines, de Wilson à Hoover, se firent inlassablement le chantre de l'idéologie libre échangiste, surtout dans le domaine précis des câbles sous-marins où les Anglais avaient deux temps d'avance, notamment en Amérique Latine. Durant la guerre, l'administration Wilson s'opposa au monopole de la Compagnie anglaise, *Western Telegraph*, et soutint les efforts des Compagnies privées américaines emmenées par *All America-cables* devenu *ITT* en 1927.

Mais le vrai point de force de l'action culturelle américaine était représenté depuis la Grande Guerre par le cinéma. Le pays s'était doté rapidement d'un vaste réseau de salles (28 000) qui contrastait avec le mince dispositif français de 4 200 cinémas en 1930[1]. En 1925, déjà 70 % des films vus en France et 80 % en Amérique Latine étaient américains. Et l'on ne compte pas la puissance des actualités Fox (elles présentent en 1927 le décollage de Lindbergh) qui avaient pris une avance décisive entre 1926 et le début des années trente avec ses équipes d'opérateurs dispersées dans le monde[2].

Cette si puissante mainmise devait entraîner des réactions mêlées ; d'un côté un sentiment protectionniste émergea dans certains pays, en Allemagne et Angleterre, dès la fin des années vingt ; de l'autre, dans beaucoup d'autres régions, en Pologne comme dans les pays sud-américains, le cinéma parlant américain devenait le vecteur incomparable d'un début d'« américanisation ». Pour la France, on connaît la réaction violente de certaines élites à l'encontre de ce médium devenu la synecdoque d'une civilisation décriée, et dont le livre de Georges Duhamel, *Scènes de la vie future* (1930), se chargea de

1. Voir Jacques Portes, « L'Horizon américain », in Jean-Pierre Rioux et Jean-François Sirinelli, *La Culture de masse en France de la Belle Epoque à aujourd'hui*, Paris, Fayard, 2002, 461 p., pp.29-71.

2 Voir Frédéric Barbier Catherine Bertho Lavenir, *Histoire des Médias*, Paris, A.Colin, 2000, 352 p., 88-90.

dresser le réquisitoire. Accompagné d'innombrables commentaires (250 articles au moins), de la reconnaissance du grand lectorat (450 000 exemplaires), de l'appui enthousiaste des élites lettrées (prix de l'Académie Française de 15 000 F), l'ouvrage synthétisait avec un brio jubilatoire un complexe de peurs et de rejets.

Par-delà l'injustice gênante de bon nombre de propos partiaux, demeurait une grande perplexité sur un pays dont on ne savait s'il préfigurait le destin européen ou s'il s'en démarquait radicalement[1]. Mais qu'un homme de gauche tel Duhamel rejoigne les vues de la jeune droite néo-nationaliste ou celles des conservateurs les plus endurcis sur le type d'un Henry Bordeaux, ce rassemblement inédit des opposants à la civilisation « mécanique » témoignait sûrement d'une angoisse commune devant les capacités du modèle culturel français élitiste à rivaliser avec son jeune rival. Duhamel avait blasonné son essai de formules-chocs dont les plus célèbres visaient le cinéma, « divertissement d'ilotes » ou simple « robinet d'images ». Si nombre de critiques cinématographiques français furent à leur tour révulsés par ces appréciations, celles-ci, avec les exceptions bien connues d'un Malraux, d'un Elie Faure ou encore d'un Jean-Richard Bloch, ne durent pas particulièrement émouvoir la majorité des élites intellectuelles. Simone de Beauvoir ne voyait-elle pas en lui un « divertissement de boniches » ? Suzanne Borel, dans ses Souvenirs du SOFE d'avant-guerre, quand elle évoquait la personnalité de l'un de ses principaux responsables, Yves Chataigneau, ne prenait-elle pas la peine de souligner sa singulière passion pour le cinéma ? Le SOFE s'était certes penché sur la diffusion de la langue française par le film quand l'industrie cinématographique allemande avait commencé à conquérir des succès au début des années trente dans certains pays européens (Yougoslavie). Mais, en dépit d'une bonne volonté apparente (souhaits de création de bureaux de vente, désir d'entente avec les chambres

1. Voir Anne-Marie Duranton-Cabrol, « de l'antiaméricanisme en France vers 1930 », *Revue d'Histoire Moderne et Contemporaine*, janvier-mars 2001, pp. 120-137.

syndicales)[1], la réalisation n'éblouit pas. Seulement la vision d'un Duhamel oblitérait nombre d'acteurs culturels qui n'appartenaient pas à Hollywood. Car, aux côtés de ces puissants entrepreneurs culturels du monde des médias, se tenaient les non moins imposantes associations philanthropiques, véritables fers de lance de l'action culturelle américaine dans les années vingt. Fondations *Rockefeller* et *Carnegie*, mais aussi *Y.M.C.A.*, toutes ces organisations impulsaient des actions scolaires variées. La première avait établi des collèges féminins en Chine, en Inde et au Japon. Mais on en trouvait aussi beaucoup au Levant et au Proche Orient. En 1932, le rapport de Mde Pradé sur l'enseignement des jeunes filles en Orient décrivait l'entrée en lice de l'Amérique, en Egypte, en Syrie, à Bagdad, en Perse ou en Turquie, alors que la généralisation de cet enseignement féminin offrait un nouveau terrain de compétition entre les grands pays dotés d'une solide offre scolaire[2]. Le rapport soulignait le rôle déterminant de l'église presbytérienne en général, la coordination pragmatique de différents *Collèges* installés dans la région, la place éminente de l'Université de Beyrouth comme lieu de convergence des élèves formés par les établissements secondaires américains. Il notait également la générosité des petits et grands (la Fondation Rockefeller venait d'offrir 15 millions de dollars pour cinq ans à la faculté de Médecine) mécènes et la splendeur matérielle de bien des établissements, le soin apporté aux divertissements honnêtes (danse, musique, sports), mais aussi l'état d'esprit familial typique des établissements américains.

Il ne surprend guère que ces vertus éducatives et sociales mises en oeuvre au Proche-Orient fussent aussi présentes en Chine où la *YMCA* (Young Men Christian Association) se montrait particulièrement active. En général de moins en moins tournée vers le prosélytisme religieux, elle détenait là 102 sièges en 1912, et regroupait 28 000 personnes en 1916. Ces

1 .Note du Service des Œuvres au M.A.E., 23 juin 1931, *Série Y Internationale 1918-1940, Carton 4*, A.M.A.E.P.

2. Rapport de Madame Pradé sur l'enseignement des jeunes filles en Orient, non daté, [1932], *SOFE, Carton 254*, A.M.A.E.N.

succès chinois avaient pour origine le contrôle croissant du pays par des capitaux anglo-saxons ; mais l'atmosphère conviviale et distrayante, l'entre-aide et la protection mises au service des membres des clubs *YMCA* contribuaient aussi à leur réussite. Dans le grand pays de l'Asie, les établissements religieux français ne scolarisaient plus que 4 000 élèves contre plus de 44 000 pour les écoles secondaires américaines dans la décennie trente[1]. La situation au Japon n'était pas fondamentalement différente ; le chiffre des livres contenus à l'Université impériale de Tokyo, reconstituée après 1923, livrait un bilan sans appel : 28 000 ouvrages en français contre 300 000 livres anglo-saxons.

L'Amérique Latine illustre de même la situation d'hégémonie économique américaine, fourrier d'une rapide progression de l'anglais. Dans la plupart des pays du cône sud, l'anglais et le français se trouvent sur un pied d'égalité dans le système scolaire. Des Instituts culturels nord-américains sont créés, en 1925 en Argentine, puis au Brésil, au Pérou et au Mexique ; des bourses sont offertes et 2 000 étudiants sud-américains se trouvent aux Etats-Unis en 1922[2]. Les Etats-Unis pratiquaient avant tout une stratégie de conquête du monde universitaire sud-américain, de leurs milieux médicaux[3] en particulier auxquels, indirectement, une partie d'un grand programme de 15 millions $ -consacrés au bilan centralisé des recherches médicales en Amérique-, venaient d'être affectés et de toutes leurs élites savantes en général quand fut créée en 1936 à Lima une *Université Interaméricaine* sous la direction

---

1. Rapport de M. Grosbois [1937]sur l'activité scolaire étrangère en Chine, *Pékin Consulat, Carton 181,* A.M.A.E.N.

2. Denis Rolland, *La Crise du modèle français*, *op.cit.*, pp. 223-224.

3. Le passage en Argentine du professeur Binet en 1934 révèle à la fois l'influence du français (il est la seule langue étrangère nécessaire pour l'examen d'entrée en Médecine et en Droit) et certaines limites de celui-ci (les étudiants ne le parlent pas et lisent de plus en plus d'ouvrages techniques en espagnol), voir la Note de M. Binet, *SOFE, Carton 437*, A.M.A.E.N. Pour améliorer le niveau des étudiants l'Alliance fut chargée, fin 1932, de leur donner des cours de 2 heures par semaine. Il y eut 120 personnes à les suivre en 1933.

de Herbert Hoover avec un crédit de 1 250 000 M. de $[1]. Et dans les milieux de l'Université états-unienne, comme l'avait constaté Henri Focillon en 1940, les Américains développèrent à la fin des années trente, avec rapidité, des cours sur les républiques sud-américaines ou sur les civilisations précolombiennes, tout en envoyant des missions[2].

Devant cette grandissante lame de fond nord-américaine, et afin de tenter de rivaliser dans la grande compétition des langues, certains observateurs espagnols préconisaient une collaboration avec les Français dont le dynamisme culturel surprenait ; ceux-ci étaient crédités d'avoir conquis jusqu'aux classes moyennes aux Etats-Unis[3] et l'auteur relevait le rôle de l'*Alliance* dans le dispositif global de l'action culturelle française.

Les concurrences italienne et allemande : l'élève copie le maître

En termes de politique culturelle, ces deux pays avaient été depuis la fin du XIXe siècle. les principaux rivaux de la France. Attentifs d'emblée à observer le dispositif français d'action culturelle extérieure, ils en copièrent durant toutes les années vingt les mécanismes, de la création d'associations d'anciens élèves de lycées à celle d'Instituts. A ceux-ci en effet, au-delà de leurs objectifs scientifiques, il était demandé de faire vivre un climat moral favorable où aboutissent et d'où partent les idées de l'ensemble d'une nation. Ce vitrail culturel, l'Allemagne et Italie voulurent à leur tour en tirer parti et bénéficier de toute sa lumière pour mieux éclairer leurs réalités nationales.

1. Rapport sur les problèmes actuels de l'influence française en Amérique Latine, 129 p., non daté [fin 1936], non signé, *Série Amérique 1918-1940, Argentine, Carton 20 A*, A.M.A.E.P.
2. Lettre de Henri Focillon à Jean Marx, 7 janvier 1940, *SOFE, carton 425*, A.M.A.E.N.
3. *Dunaiturria, Observaciones sobre la ensenanza y difusion de la lengua y cultura espanola en el extranjero,* Madrid, 1930, 46 p, p.7.

Les Italiens fondèrent ainsi un Centre culturel en Roumanie dès 1923, un avant celui créé par les Français sous la houlette de Henri Focillon. Ailleurs, certains consuls s'employaient à revigorer les élans des membres de la colonie, tout particulièrement en Amérique Latine. Là, l'Italie s'efforça de développer une action ambitieuse qui conjuguât l'économie (création de banques) et la culture (fondation d'Instituts). A Gênes s'était en outre créé un *Instituto superiore di scienze economiche e commerciale* en 1924 dont l'objectif visait l'expansion économique italienne dans le cône sud de l'Amérique. Il ne faisait guère de doute qu'aux yeux de certains observateurs nord-américains attentifs à ce mouvement de conquête, l'impérialisme le plus actif dans la zone n'était autre que l'italien :

> « La vigueur de ce mouvement repose dans sa nouveauté, la conscience de son but, son énergie et le succès des Italiens en Amérique du Sud »[1].

Ainsi en 1925, alors qu'un câble italo-américain venait d'être inauguré, la Dante Alighieri en Uruguay fut réactivée, tandis que de multiples efforts étaient dépensés afin d'obtenir une meilleure place de l'italien dans l'enseignement des langues[2].

Quant à l'Allemagne de Weimar, elle orienta son effort culturel davantage vers les publics universitaires. Elle le fit, surtout, en vertu d'une véritable révolution conceptuelle et pratique donnée à sa philosophie générale des relations étrangères, et en particulier, à son volet culturel. Que les réflexions diverses de philosophes (Max Scheler) et de sociologues (d'Alfred Weber à Mannheim) aient inspiré en partie ce retournement et orienté ainsi les politiques, ne laisse pas d'étonner. Mais après tout, les Français qui avaient inventé la p*olitique culturelle* ne l'ont jamais réellement théorisé. Ainsi l'ouvrage de Max Scheler, *Les causes de la haine des Allemands* [1917], fournissait les prolégomènes d'une nouvelle

1. In J. F. Normano, The struggle for South America, *op. cit.*, p. 77.
2. Ministre de France à Montevideo au M.A.E., 12 novembre 1925, *SOFE, Carton 45*, A.M.A.E.N.

sociologie culturelle et scientifique, approfondie dans un climat d'intenses réflexions et polémiques intellectuelles. Autour, notamment, des travaux de sociologie culturelle d'un Karl Mannheim et des controverses qu'ils éveillèrent, un climat de discussions passionnées se trouve au point de départ d'une nouvelle réflexion en matière de diplomatie culturelle. Et l'homme qui s'attacha à formuler les principes d'une politique extérieure nouvelle, où la culture eut une autonomie relative, fut le ministre de Prusse de l'Education, C.H. Becker[1]. Celui-ci définissait ainsi la politique culturelle en 1919 :

« La politique culturelle implique l'utilisation consciente de valeurs spirituelles au service du peuple et de l'Etat, afin de donner une plus grande solidité à l'intérieur du pays et de faciliter les débats et explications à l'extérieur »[2].

Becker déplorait que l'Empire allemand se fût contenté de confier son image et ses intérêts extérieurs aux grands acteurs économiques. A cette politique matérialiste, il opposait la voie d'une « spiritualisation » nationale au service d'une politique culturelle bien entendue. A rebours de l'Allemagne d'avant 1914, celle de l'après-guerre devait s'orienter vers une politique de « conquêtes morales ». Outre Becker, des publicistes tels Edouard Spranger en 1923, puis Georg Schreiber en 1926, défendirent le nouveau concept de politique culturelle définie comme l'utilisation de moyens intellectuels et de valeurs culturelles. Les écoles allemandes à l'étranger et en général les professeurs d'allemand expatriés furent vigoureusement soutenus et la création du *Goethe Institut* en 1932 devait à la fois permettre d'améliorer les méthodes pédagogiques de l'enseignement de l'allemand aux étrangers et de souder plus étroitement cette communauté des enseignants. En juin 1930, le baron Von Freytag-Loringhoven, rapporteur du budget des Affaires Etrangères, évoquait l'incontestable progression des fonds alloués à ce ministère depuis 1914 et leur poids respectable en comparaison de budgets étrangers : de

1. Pour tout ce développement, nous suivons Kurt Düwell, *Deutschlands auswärtige Kulturpolitik 1918-1932*, *op. cit.*, pp. 27 et sq.
2. *Ibid.*, p. 29.

21 millions de Reichsmarks, on était passé à 63 millions de Reichsmarks en 1930 ; l'Angleterre aurait disposé, la même année, de 49 millions de Reichsmarks, la France de 36, le Japon de 34, l'Italie de 17 et l'Espagne de 11 millions de Reichsmarks[1].

2. Des méthodes d'action devenues déficientes ?

En 1932, les signes d'un essoufflement de l'action culturelle française parurent suffisamment convergents pour que le *Quai d'Orsay* et un certain nombre d'acteurs privés (écrivains, universitaires, éditeurs) consentent à une réflexion d'ensemble. Un *Comité d'Action Artistique,* le 29 février 1932, fut formé afin de réfléchir aux problèmes du livre et des conférences. Les rapports demandés aux Agents du *Quai* servirent de base de réflexion à l'ensemble des participants.

Les Conférences

La réunion du 27 juin 1932 mit sur le tapis la question des conférences françaises à l'étranger. Le président de la Commission, Gaston Rageot, s'en prit aux conférenciers insuffisamment contrôlés de l'*Alliance.* En mai 1933, le consul général de France au Canada faisait bel et bien état des critiques entendues sur la qualité des conférences de l'*Alliance.* Le problème n'avait rien de neuf ; déjà en 1925 René Lalou faisait état des reproches entendus en Hollande sur des conférenciers qui « parlaient en-dessous de leur auditoire ». Mieux contrôler les conférenciers ? Cette position en fait était celle des partisans d'une centralisation de cette formule d'action intellectuelle, opposée à ceux adeptes d'une décentralisation (Paul Labbé, Benjamin Crémieux). En 1933, de nombreux questionnaires sur la « conférence française » sont renvoyés et donnent une

1. D'après Ruth Emily Mac Murry et Muna Lee, *The cultural approach Another way in international relations*, University of North Carolina, Chapel Hill, 1947, 280 p., p. 59.

physionomie plus précise des difficultés[1]. Les doléances touchaient au déficit en termes de contenus scientifiques ou savants (New York, Pologne, Espagne), au manque de conférenciers de premier plan dans les « petits » pays (Chili, Norvège, Grèce, Canada, Brésil), à l'insuffisante maîtrise des langues étrangères (Etats-Unis, Espagne). Les rapports relevaient néanmoins le rôle essentiel de l'*Alliance* dans certains pays (Hongrie, Canada, Danemark). Dans l'ensemble donc, l'image transmise par les conférenciers relevait de la « douce » France, littéraire, académique et chevaleresque. Il manquait à ce camaïeu les notes de couleur plus discordantes, celles de la France « dure » évoquée magnifiquement, quelques années plus tard, par Henri Focillon : grands savants, grands constructeurs ou admirables techniciens, héritiers des Cisterciens ou des Jansénistes, de cette famille :

« Qui, dans un pays où le jeu de l'aventure n'a plus cours, extrait de force du petit paysan le grand homme de science ou de guerre, ou des réussites humaines plus modestes dont les origines sont héroïques. C'est elle qui dans l'ombre secrète des familles maintient la rigueur des lois non écrites et tire de la pauvreté une élégance, une poésie. Son laconisme actif bannit les gestes spectaculaires, les mots trop beaux, les phrases trop longues, toutes les volutes de l'esprit. Elle cherche l'intelligible dans la lumière, la grandeur dans le dépouillement. Elle est notre énergie atomique, le principe de cohésion. [2] »

Mais, difficulté concrète de cette hypothèse d'une organisation centralisée dans un pays libéral, la fin des années trente ne correspond à aucune initiative autoritaire caractérisée dans ce domaine. Au mieux, la question d'une amélioration du niveau des conférences n'en fut pas mons clairement posée.

Le livre

Par une circulaire de juillet 1932, une enquête identique fut engagée sur la diffusion du livre français. La crise économique

1. Réponses au questionnaire sur l'organisation des conférences (1933), *SOFE, Carton 489*, A.M.A.E.N.
2. Henri Focillon, « Première nuit de guerre », [article de 1939] in *Témoignage pour la France*, NewYork, Brentano's, 1945, 212 p., pp.17-23.

avait considérablement freiné les exportations passées de 41 525 quintaux en 1929 à 30 738 en 1931, mais une réflexion plus générale, à l'instar de celle menée sur la conférence, parut nécessaire. En 1933, les Allemands organisaient alors de grandes expositions du livre (exposition permanente à Columbia) et les Espagnols venaient d'assurer à Buenos Aires, avec 10 000 titres une grande manifestation. Dans les deux plus grands pays de l'Amérique Latine, la chute des exportations se révèle drastique.

Tableau n° 21 : les exportations du livre français au Brésil et Argentine[1]

Exportations en kg	1929	1938
Argentine	201 000	59 000
Brésil	283 000	118 387

Dans les réponses transmises à Paris, deux problèmes revenaient, l'envoi irrégulier des catalogues par les éditeurs, le manque d'articles sur la production littéraire française dans les périodiques locaux. Le *Comité d'Action Artistique* émit en juillet 1933 des vœux, les uns déjà anciens (abaisser le prix de transport pour les livres, simplifier les formalités douanières), les autres plus neufs (lutter contre le plagiat en Argentine, obtenir dans ce pays les mêmes tarifs que le livre espagnol, bénéficier dans les pays d'Europe Centrale des tarifs accordés aux journaux)[2]. La synthèse des différents rapports consulaires révélait cependant une situation globale moins détériorée que ne le disaient les statistiques.

D'un côté, certains éditeurs (Larousse, Hachette[3]) avaient créé des succursales à l'étranger et obtenaient, pour certains

1. Voir « Le livre français à l'étranger », in *Cahiers français d'Information*, 1 août 1949, pp.17-20.
2. Comité d'Action Artistique, 27 juillet 1933, *SOFE, Carton 501*, A.M.A.E.N.
3. Un dossier sur les activités d'Hachette à l'étranger contenu dans le *Carton 498 du SOFE* renseigne sur son réseau : notamment 3 succursales en Angleterre, 2 en Roumanie, 2 à Buenos Aires, 5 en Egypte, 4 à Istambul, 2 à Montevideo, plusieurs en Espagne.

d'entre eux du moins, de très bons résultats[1] ; de l'autre, le prix du livre français ne semblait pas si élevé, sauf en Amérique Latine par rapport au livre espagnol, ou dans les pays anglo-saxons eu égard aux rééditions. Toutefois, des mesures pour favoriser la vente pourraient envisager, pour l'avenir, la multiplication des visites réalisées par des représentants (Plon et Larousse s'étaient regroupés pour l'Amérique Latine), l'envoi plus systématique de bibliographies et catalogues, l'instauration enfin de liens avec les Instituts français[2].

Enfin, à mesure que la crise économique se prolonge dans les années trente, un dernier type de problème tend à peser qui touche au manque de devises étrangères d'un grand nombre de pays et la difficulté pour les importateurs d'ouvrages français de pouvoir en acquitter le prix. Le *Quai d'Orsay* s'efforça systématiquement de négocier des accords pour assurer le règlement des livres exportés ; les cas de la Hongrie, de la Roumanie et du Chili furent ainsi traités en avril 1936.

3 Les problèmes de l'Alliance

Les Problèmes à l'étranger

Les indications convergentes d'un ralentissement des activités de l'*Alliance* devinrent de plus en plus nombreuses autour de 1932-1933. Vieillissement des méthodes et des publics, lente consomption de Comités accélérée par la crise économique, l'alarme était jetée de partout. Le bâtiment n'était pas véritablement ébranlé quoique ses couleurs fussent bien

1. C'est le cas de la maison Masson, qui affichait en 1939 un doublement du CA de ses ventes à l'étranger depuis 1919. Elle avait en effet mis en place des visites répétées de ses commerciaux (un voyageur chaque année pour l'Amérique Latine durant un séjour de 6 mois), la distribution gratuite d'ouvrages à la presse scientifique étrangère et l'envoi de circulaires à 150 000 médecins dans le monde. Voir Rapport de la Société Masson, 18 février 1939, *F 60, Secrétariat Général à la Présidence du Conseil*, Caran.
2. Rapport sur les conditions actuelles de la vente du livre français, non daté [1933], SOFE, Carton 501, A.M.A.E.N.

défraîchies et sa toiture abîmée : la force de l'*Alliance* (la fidélité de ses membres) se muait aussi en faiblesse (la nécrose) quand le sang neuf cessait d'alimenter généreusement l'organisme. Certes, quelques situations contrastaient avec ces relatifs constats d'échec. La *Fédération tchécoslovaque* se décida à soutenir l'art français en 1932 en organisant des manifestations musicales (Quatuor Calvet) et picturales à Prague et en province ; une bibliothèque circulante fut organisée dans la capitale afin de remédier à l'insuffisance des bibliothèques des sections provinciales[1]. En Pologne, l'*alliance* de Varsovie présentait un bon bilan, avec des cours suivis par plus de 500 personnes ; elle constituait :

« Un centre important de culture française. Les locaux où elle est installée sont actuellement l'objet d'un aménagement nouveau, qui doit répondre à l'augmentation du nombre des auditeurs (800 inscriptions en 1935)[2] »

De même, l'*Alliance* au Chili connaît un regain de dynamisme à partir de 1932 grâce à une subvention passée de 6 000 F à 50 000 F à titre de frais de « premier établissement » (financement d'un nouveau local). De plus un collège français se fonde, initiative appuyée par le Boulevard Raspail[3]. Une bibliothèque accompagne ce nouveau bâtiment. Des cours quasi gratuits sont refondés en 1931 et accueillent 600 élèves en 1932 à Santiago ; ils sont organisés en fonction des publics (professeurs de français, étudiants, employés, jeunes filles). L'année suivante, le cours des employés a été transformé en cours de français commercial, et un cours de diction a été créé pour intéresser la bonne société[4]. Mais, ailleurs, il fallait amener bien souvent la voile noire.

Aux Etats-Unis, les carences sont relevées en maints endroits, comme à Detroit où selon le gérant du consulat en mai 1933 :

1. VIIè Congrès de la Fédération de la l'Alliance française, in *Revue française de Prague*, 15 juin 1932, n°56.

2. Ambassade de Varsovie, 29 février 1936, *Série Y Information/ Presse/Propagande 1914-1940*, *Carton 83*, A.M.A.E.P.

3. Rapport du Président de l'Alliance française de Santiago, 31 mai 1932, *SOFE, Carton 446*, A.M.A.E.N.

4. Rapport du Président de l'Alliance française de Santiago, 30 mai 1933, *Ibid.*

« L'Alliance française perd journellement de son importance et de son prestige et que l'on peut prévoir le jour où elle aura cessé de vivre[1]. »

Ce Comité ne peut trouver les 30 dollars nécessaires au financement d'une conférence. Pourtant, dans le même rapport, le Consul signale la bonne fortune de Louisville, Cleveland et Cincinnati. Et sur la côte Ouest, grâce en partie à l'activité du Consul Général Méric de Bellefon, les Comités de San Francisco, Seattle et Denver fonctionnaient bien. Dans la grande ville du nord de la Californie, les institutions culturelles françaises jouent parfois d'une heureuse complémentarité ; le plus prestigieux *College* féminin de la côte Ouest, *Mills College*, ouvre en 1932 une « Maison française » pour des cours d'été suivis par une soixantaine de personnes ; de prestigieux professeurs-conférenciers sont conviés (Jules Romains en 1936, Pierre de Lanux en 1937) qui acceptent, par ailleurs, de parler pour l'*alliance* locale.

Restait cependant la litanie des carences répétées dont l'ambassadeur de France à Washington se chargeait de dresser la synthèse en janvier 1934 :

« en ce qui concerne les conférenciers, l'*Alliance française* subit actuellement une crise, dont l'origine est financière mais qui, il faut bien le dire, présente certains aspects d'un autre ordre. Le Public des *alliances* manque en général de jeunesse, de vivacité intellectuelle et d'intérêt mondain. Partout où des éléments nouveaux et des impulsions énergiques leur sont donnés, elles sortent de leur léthargie [...] A San Francisco, par exemple, M. de Bellefon, en payant largement de sa personne, a réussi à susciter un renouveau de zèle.[2] »

Crise de ces fortunes individuelles qui avaient régulièrement pourvu à l'équilibre global de la *Fédération* (les conférenciers officiels cessèrent d'accomplir le « grand tour » jusqu'à l'ouest), effacement des souvenirs de l'amitié de guerre, quelles pouvaient être les autres raisons d'espérer ? La présence d'un

---

1 Chancelier gérant le Consulat de France à Detroit à son Excellence Ambassadeur de France à Washington, 24 Mai 1933, *SOFE, Carton 489*, A.M.A.E.N.

2. Ambassadeur de France aux Etats-Unis au M.A.E., 18 janvier 1934, *SOFE, Carton 422*, A.M.A.E.N.

dense réseau de professeurs de français (25 000 dans le secondaire et presque 3 800 dans le supérieur) à travers tout le pays devait, théoriquement, constituer un solide point d'appui. Si l'*Alliance* en Tchécoslovaquie résista aux morsures du temps, elle le doit certainement aux liens privilégiés noués avec le monde des professeurs. A contrario, Félix Weill au congrès de la *Fédération* américaine en avril 1936 déplorait le chassé-croisé des incompréhensions mutuelles, celles entre les Comités et les enseignants américains dont les bonnes volontés étaient trop souvent découragées, entre des *alliances* et des professeurs venus de France (300 en 1936) trop soucieux de maintenir leurs distances :

« [...] ils donnent l'impression qu'ils considèrent au-dessous de leur dignité de faire partie du groupe local ou de se mêler, en dehors de leurs classes, aux cercles d'étudiants dont les efforts pourtant méritent d'être encouragés et guidés [...] [1]»

L'Alliance argentine connut également de sérieux problèmes durant les années trente ; les critiques, récurrentes, portaient sur la qualité de l'enseignement dispensé.[2] Le *Quai* en tout état de cause fut suffisamment convaincu de la portée de ces critiques pour tenter, en 1935, une harmonisation de l'enseignement du français en confiant dans quelques pays un responsable chargé de la coordination :

« [...] C'est pourquoi j'ai estimé nécessaire de confier la direction technique de ces cours [de l'A.F.] dans chaque pays à une personnalité déterminée, possédant une sérieuse expérience pédagogique et universitaire, et capable de donner des directives communes à l'ensemble des enseignements. A Rio, M. le Forestier directeur du lycée français a été choisi pour exercer ces fonctions ; un universitaire français a été désigné dans des conditions analogues à Saint-Paul [...] en Argentine, afin d'améliorer encore la qualité de l'enseignement donné, d'assurer des règles au choix des professeurs, d'opérer toutes les économies sur les traitements qui seraient compatibles avec la

1. Rapport de Félix Weill au Congrès de la Fédération de l'Alliance française aux Etats-Unis et au Canada et au 5ème Congrès de Langue et Littérature françaises, 9 pages, *SOFE, Carton 421*, A.M.A.E.N.

2. Pour le détail de ces problèmes, on consultera notre Mémoire d'Habilitation, *L'Alliance française ou la diplomatie de la langue, op. cit.*, pp.226-238.

bonne marche des cours, de développer les relations avec les établissements universitaires et scolaires, il s'agirait de placer à la tête de ces cours M. Weibel Richard, professeur à l'Institut des Langues vivantes, connu et apprécié de tous les milieux intellectuels argentins [...] [1]»

La médication ne fut pas du goût de l'*Alliance* argentine qui récusa, et la posologie, et son médecin ; en vertu du public féminin qui était le sien, il ne s'agissait pas de l'effrayer par de trop pesantes leçons ; quant à Weibel Richard, il ne trouvait pas grâce auprès de Henri Saint, le président de l'*alliance* de Buenos Aires. Le nouvel ambassadeur de France, Jessé-Curely, reconnaissait lui aussi la nécessité d'un contrôle étroit de l'association mais doutait que Weibel Richard fût l'homme idoine. Il réclamait la venue d'un autre universitaire qui jouât le rôle de quasi attaché culturel[2]. La chose se réalisera en 1937 au profit, finalement, de celui que récusait l'ambassadeur...

Les Problèmes en France

L'un des principaux soucis de l'*Alliance* en France vint, en raison de la crise économique, de la désaffection grandissante du public qui fréquentait l'Ecole Pratique. Diminution des rentrées financières, perte peut-être de futurs membres, la belle école du Boulevard Raspail vit s'éclaircir les rangs de ses élèves. Le tableau des effectifs automnaux révèlent un premier décrochage en 1932 et un second en 1934 :

---

1. M.A.E.à l'Ambassadeur de France en Argentine, 11 février 1935, *SOFE, Carton 437*, A.M.AE.N.

2. Lettre de Jessé-Curely au M.A.E., 22 novembre 1935, *SOFE, Carton 437*, A.M.A.E.N. Il notait, avec une critique feutrée de ses prédécesseurs, que « l'Alliance française se dérobe aux investigations. Il faudrait exercer sur toutes ses institutions un contrôle permanent mais W.R. est absolument incapable, étant donné son caractère, de jouer ce rôle de conseiller et de guide [...] il est évident qu'on se désintéressait ici des questions d'enseignement, comme de bien d'autres d'ailleurs, et qu'on a laissé prendre à W.R. de mauvaises habitudes [...] ».

Tableau des effectifs de l'Ecole pratique (septembre-octobre)[1]

Années	Cours du Jour	Cours du Soir	Total
1930	849	226	1075
1931	752	180	932
1932	536	140	676
1933	482	131	613
1934	369	77	446
1935	277	66	343

Afin de maintenir des prix relativement bas (275 F pour les deux mois d'automne ; 500 F pour la session de quatre mois), l'Ecole Pratique tailla dans ses programmes en supprimant peu à peu toutes une série de cours magistraux -les « conférences »- dont ceux sur la géographie et l'histoire, et accentua encore davantage sa dimension pédagogique en transformant (de manière très lansonienne), en 1935, ses cours d'histoire littéraire en cours d'explication de textes.

Le panorama de l'action culturelle française au milieu des année trente n'incitait pas les observateurs lucides à un optimisme inconsidéré. Ses procédés d'action paraissaient, soit mal utilisés, soit vieillis. Le faible recours à la radio n'en est qu'une illustration et les spécialistes n'hésitaient pas à brocarder la « grande pitié » des émissions radiophoniques françaises, presque inaudibles sur les ondes courtes et surpassées par les postes étrangers sur les ondes moyennes[2]. Georges Dumas recommandait d'ailleurs en 1932 de radiodiffuser les communications relatives à l'*Alliance* pour l'Amérique du Sud. En 1935 seul le Comité de Shangai avait recours à ce media et disposait même de son propre poste émetteur. La crise économique freinait, il est vrai, les initiatives de l'association du Boulevard Raspail, à Paris comme à l'étranger. L'assistance aux cours de l'*Ecole Pratique*, pour la période hivernale, régressa de 1 531 élèves en 1931 à 908 en

1. « Ecole Pratique », Boîte 4/30-38/6, Dossier 35-4-36, AAF.
2. « La grande pitié des émissions radiophoniques », in la *Voix de la France*, n°104, juin 1937

1933. Mais ce ralentissement général donné à l'action de la France à l'étranger n'apparaissait comme tel que parce que les autres grands pays consentaient à leur tour à un énorme effort sur le plan de la politique culturelle extérieure.

Chapitre II

'Propagandes'contre 'Politiques'Culturelles

Dans la propagande comme en amour tout est permis (Goebbels).
Même Dieu a besoin de cloches pour sa publicité (Lamartine)

Le mitan de la décennie trente voit s'affronter les formes variées de diplomatie culturelle adoptées par les grandes puissances de l'heure. A travers la diversité de celles-là, on peut classer celles-ci selon deux grands schémas, celui des pays avec une 'propagande'culturelle et celui des pays dotés d'une 'politique'culturelle. Rares sont désormais les grands Etats qui ne se dotent d'un dispositif culturel extérieur, à l'image par exemple des deux grandes nations anglo-saxonnes, convaincues, sur le tard, de la nécessité d'une intervention publique ad hoc[1].

Au motif de plaire et de séduire son public, la 'politique'culturelle dispose d'une autonomie certaine à l'égard du pouvoir politique, dont témoigne la pluralité plus ou moins organisée des acteurs, garante de la transmission de représentations relativement complexes ; au calcul d'exercer

1. C'est notamment le cas des Etats-Unis à partir de 1938. Voir Emily S. Rosenberg, Spreading the american dream, *op. cit.,* pp. 202 et sq. Il fut créé en 1938 une Agence d'information à destination de l'Amérique du Sud, division culturelle au sein du Département d'Etat, afin de réaliser les objectifs de la conférence pan américaine de Buenos Aires (1936). Cependant la modestie administrative et financière (25.000$) de l'organisme suscita la création par Nelson Rockefeller, en 1939, d'un Office of the coordinator for Interamerican affairs privé, dont le budget, en 1942, était dix fois plus élevé que celui de cet organisme officiel.

une emprise massive et unitaire sur les esprits et de les manipuler, la 'propagande'culturelle fait fond sur une action centralisée et sur des considérations strictement politiques pour diffuser une image univoque de soi. Univocité du message ne signifie pas forcément d'ailleurs uniformité de l'argumentaire, et une relative adaptation aux différentes conditions locales peut être parfois respectée.

Surtout, le dessein manipulateur de la propagande culturelle nécessite l'ombre alors que la politique culturelle, tout en s'accommodant volontiers d'une certaine pénombre, ne peut se réduire à la fabrique de projets secrets dans quelques « cabinets noirs ».

« Propagande totalitaire », si le syntagme a été jugé pléonastique par certains (Jean-Marie Domenach), en revanche les spécialistes de ce domaine d'étude n'abordent que rarement la 'politique'culturelle des années de l'entre-deux-guerres menée par les grandes puissances démocratiques[1]. Or celle-ci, à l'heure d'une « politique de l'opinion publique » (Ernest Pezet), tout en s'efforçant de garder une physionomie nuancée, mesurée et plurivoque, est-elle absolument éloignée de toute forme de propagande, puisqu'il s'agissait bel et bien d'influencer autrui, de l'émouvoir et d'utiliser dorénavant plus systématiquement les méthodes privilégiées par cette dernière (utilisation accrue de la radio, du cinéma) ? Selon les termes du philosophe Walter Benjamin, en face de « l'esthétisation de la politique » menée par les puissances totalitaires, les démocraties ne devaient-elles pas, a contrario, « politiser la culture » ?

Dans un contexte de menaces croissantes, la question devenait dramatique. Pour *Marianne*, symbolisée le plus souvent par l'abstraction du verbe (la République intellectualiste de Condorcet), le défi se révélait redoutable. Il lui fut temps, dorénavant, d'exposer sa face de chair, et de donner des images et des sons qui fussent le déclencheur de rêves inédits et l'opérateur de quelques passions renouvelées.

---

1. C'est le cas de l'ouvrage de Fabrice d'Almeida, *Images et propagande XXe siècle*, Prato, Casterman-Giunti, 1995, 191 p.

Dans ces années où se fourbissent toutes sortes d'armes, le symbole de cette rivalité entre les pays totalitaires et les démocraties libérales n'est-il pas la grande Exposition internationale de Paris en 1937 où *Guernica* (pavillon espagnol), le *Musée de la Littérature*, la grande Exposition des *Chefs d'œuvres de l'art français* et la *Fée Electricité* de Dufy (pavillon français) défiaient les réalisations allemandes ?

D'ailleurs, alors même qu'elle était critiquée de toutes parts en France, l'*Alliance*, dans ces temps de confrontation des modèles d'action culturelle publique, fait parfois l'objet de réflexions à l'étranger, aussi bien pour la copier (création du *British Council*) que pour la combattre. Elle symbolisait d'une certaine façon l'originalité des méthodes françaises en la matière et leur nécessaire compréhension par tous ceux désireux de rivaliser avec elles.

Toutefois, ce statut de référence accolé à sa diplomatie culturelle ne pouvait masquer les difficultés générales du pays. Le contexte extérieur des années 1933-1934 donnait suffisamment matière à inquiétude pour que des réflexions naissent quant à son image, à sa capacité durable de rayonnement dans le monde. Cette confrontation avec une actualité dramatique eut le mérite d'inciter peu à peu à la refonte partielle d'une action culturelle extérieure devenue un peu trop routinière.

1. Propagande culturelle

Fondamentalement, les initiatives de la propagande fasciste et nazie à l'étranger trouvèrent un écho quand certains publics se trouvaient déjà prêts à se laisser séduire. En 1936, Aldous Huxley notait à raison que :

« Propaganda gives force and direction to the successive movements of popular feeling and desire ; but it does not do much to create these movements. The propagandist is a man who canalises an already existing stream. In a land where there is no water, he digs in vain »[1]

Si l'on met à part les communautés d'immigrants italiens et allemands dispersés dans le monde, les succès partiels de ces deux propagandes, en Europe Centrale et Orientale surtout, révélaient les carences générales de la politique suivie par les démocraties. Celles-ci avaient laissé chuter peu à peu le haut niveau de sympathie acquis aux lendemains de la première guerre mondiale. Dans certains cas, leurs rivaux s'étaient employés avec succès à satisfaire des attentes politiques et culturelles préalablement déçues. En utilisant des moyens commerciaux faciles à mettre en œuvre (dumping sur le prix des livres et des films) dans des pays où les décisions appartenaient à une minorité politique, les machines de la 'propagande'culturelle tirèrent souvent parti des restrictions budgétaires — le budget du SOFE sera à l'étiage en 1936 avec 32,2 MF- ou des dissensions entre acteurs publics et privés qui pouvaient caractériser la 'politique'culturelle. Ainsi, en ne rechignant pas à la dépense de prestige qui permettait, par exemple, les tournées de certaines de ses meilleures troupes d'opéra en Europe Centrale, l'Allemagne, à partir des années 1934-1935, révélait par exemple les imperfections des tournées françaises habituelles.

La propagande de l'Italie fasciste

Mussolini et les dirigeants de l'Etat fasciste n'inventèrent certainement pas la diplomatie culturelle italienne. Nous avons vu déjà quels efforts avaient été déployés à la fin du XIXe siècle par les dirigeants de l'époque. Et, au moins jusqu'aux années 1927-1928, une certaine prudence inspira

---

1. « La propagande donne force et direction aux successifs mouvements du sentiment et du désir populaire ; mais cela n'a pas grand chose à voir avec la création de ces mouvements. Le propagandiste est un homme qui canalise un courant déjà existant. Dans une terre où il n'y a pas d'eau, il creuse en vain », cité par David Welch, *The Third Reich Politics and Propaganda*, London and New York, Routledge, 1993, 203 p., p.9.

Mussolini[1]. Cependant, contrairement au modèle français, cette politique visait plus les communautés italiennes à l'étranger qu'elle ne cherchait à toucher des populations étrangères.

Pendant les premières années du régime fasciste, une certaine indépendance des acteurs fut maintenue, du moins en apparence. Qu'il s'agisse de la *Dante Alighieri* ou des nouveaux Instituts créés par le décret-loi de décembre 1926, voire de l'Institut inter-universitaire italien, une autonomie relative des acteurs est tolérée et des références au respect des autres cultures, à la nécessité de l'échange, sont affirmés. Par la suite, diplomatie et parti fasciste se confondent et toute l'action culturelle extérieure, souvent rassemblée dans des *Case Italia*, obéit au même pas. En 1937, sur le modèle allemand, un *Ministère pour la presse et la propagande* voit le jour. Des Instituts se multiplient dans la zone balkanique où les Italiens concurrencent les Français mais aussi les Allemands. Une revue de liaison entre ces divers Instituts est créée en 1937, *Romana*.

Quels furent les résultats de ces initiatives ? Souvent les rapports des diplomates français soulignaient le faste de certaines manifestations culturelles italiennes, la puissance matérielle affichée par de beaux bâtiments (ceux de Rio ou de Bucarest par exemple à la fin des années trente) en face desquels tel Institut français ou telle *alliance* faisaient pâle figure, voire la bonne représentation des conférenciers de la Péninsule (Roumanie[2]). Dans ce pays, des cours gratuits avaient été créés pour des officiers et des voyages presque gratuits avaient été offerts[3]. En Amérique Latine, le grand rapport de la fin 1936 sur l'influence française en Amérique Latine notait que, depuis 1933, un Comité dirigé par le grand hiérarque de la

1. Nous suivons la contribution de Marie-Anne Matard-Bonucci, « Enjeux de la diplomatie culturelle fasciste. De l'Italien à l'Etranger à l'Italien nouveau », in François Roche (dir.), La Culture dans les relations internationales, *op. cit.*, pp.163-178.

2. Voir le rapport de Alphonse Dupront, directeur de l'Institut de Bucarest, cité par André Godin, Une passion roumaine, *op. cit* , p.75.

3. Jacques Ancel, Albert Mousset et Maurice Ordinaire, « La Politique extérieure du cabinet d'Union Nationale » , *Cahiers du Redressement français*, 2ème série, n°14, 1934, 134 p., p.31.

diplomatie culturelle fasciste, Parini, était né afin d'étudier les moyens d'intensifier les relations avec l'Amérique latine ; et que la *Dante* connaissait un regain d'activité, ainsi que les conférences italiennes[1]. Le rapport de Weibel Richard pour l'Argentine, rédigé en février 1935, recensait tous les conférenciers italiens de passage (12 pour 42 conférences) entre 1933-1934, de Pirandello, Bontempelli, à Fermi. Le chiffre restait inférieur à ceux de l'Espagne (16 pour 152), de la France (16 pour 71) ; mais il restait supérieur à ceux de l'Allemagne (11 pour 62) ou l'Angleterre (10 pour 30).[2] Le rapport dénombrait également toutes les manifestations en hommage à l'Argentine sur le sol italien. Rare exemple d'un souci de réciprocité de la part des tenants de la propagande culturelle, cet exemple italo-argentin n'enregistrait pas moins de 24 commémorations/expositions/publications/constitution de bibliothèques[3] : aucun autre grand pays ne faisait mieux alors ; la France n'avait organisé que 13 célébrations. Ainsi, parmi les éléments les plus significatifs, l'*Institut universitaire italien* de Rome avait reçu 5 conférenciers sud-américains dont 3 Argentins, une grande exposition de peinture et des auditions de musique s'étaient tenues. Prime à l'orgueil national du pays de Sarmiento, un projet d'Académie argentine des Beaux-Arts était à l'étude[4].

L'Allemagne nazie

Sur certains points, la politique culturelle extérieure nazie prolongea des initiatives prises du temps de la République de Weimar en tentant de leur donner une plus grande ampleur. Ainsi de nouveaux Instituts apparaissent tels ceux de Rome (1934), Copenhague (1934), La Haye (1935), Stockholm

1. Rapport sur les problèmes actuels de l'influence française en Amérique Latine, [Fin 1936], *doc. cit.*
2. Rapport sur la pénétration des pays étrangers en Argentine au point de vue intellectuel, non daté [février-mars 1935], non signé [W.Richard], *doc. cit.*
3. Ibid.
4. Ibid.

(1937), tandis que les bourses pour étudiants étrangers sont multipliées. En Bulgarie, en 1936, 20 bourses sont offertes par les Allemands contre 6 pour les Français.

En matière de livre, les observateurs français dénonçaient le dumping effectué sur le livre germanique (et également sur le livre italien) ; un ouvrage de 10 marks en Allemagne était cédé à l'étranger à un prix de 7 marks 50 et le revendeur se voyait accorder un rabais de 42 % ! Une remise globale de 67 % était donc délivrée, subventionnée par le Ministère de la Propagande dont le budget était évalué à 500 millions[1]. En Roumanie, de loin le premier marché du livre français dans la région, à l'été 1938, à l'heure où la France préparait une grande *Semaine du Livre français*, les Allemands proposaient des Encyclopédies à tempérament, avec des crédits de 2 à 3 ans !

Mais surtout, ce furent par les nouveaux médias de masse, radio et cinéma, que la propagande nazie s'évertua à capter l'attention. Pour mieux toucher les populations sud-américaines, la durée d'émission radiophonique fut portée à 4 heures et à 8 heures par jour en Amérique Centrale à partir de 1935. En 1939, 16 heures de programme sont diffusées dans toute l'Amérique Latine[2]. Toutefois cette présence insistante de la propagande éveille en retour la montée des sentiments antinazis au Brésil et en Argentine à partir de 1938.

2 Les 'Politiques'culturelles

Les cas de l'Espagne et de la Grande-Bretagne

La politique culturelle extérieure de l'Espagne développée entre la naissance de la seconde République et la Guerre Civile (1931-1936), essentiellement en direction de l'Amérique Latine, demeure l'une des plus remarquables réalisations de ce nouveau régime. Elle provoqua donc une sérieuse concurrence

1. Jacques Maupas, « puissance de la propagande allemande à l'étranger », *Revue Hebdomadaire*, 14 mars 1936, pp.205-220.
2. Alton Frye, *Nazi germany and the american hemisphere 1933-1941*, New Haven and London, Yale University press, 1967, 229 p., p.72-73.

pour les menées françaises dans la région. En effet, les plans d'expansion intellectuelle tracés par Américo Castro en 1921, écartés et abandonnés en raison du désintérêt (ou de la méfiance) envers la 'politique'culturelle de la part de la Dictature de Primo de Rivera (1923-1929), attendirent dix ans avant d'être repris. Désabusé, Américo Castro stigmatisait en 1926 la politique hispano-américaine suivie par la dictature :

> « [avec] una organizacion pùblica de tipo arcaico, muy poco influida por esa minoria [les intellectuels], que no tiene fuerza ni aptitud para modelar el pais[1] ».

L'instauration d'une « république de professeurs » remit ses projets sur le devant de la scène. L'article 50 de la nouvelle constitution ne précisait-il pas que :

> « l'Etat s'occupera de l'expansion culturelle de l'Espagne en établissant des délégations et des centres d'enseignement à l'étranger et plus particulièrement dans les pays hispano-américains. [2] »

A partir de cette trame, le Ministre Zulueta exposa en 1933 un vaste plan de rapprochement politique et culturel afin de réaliser, à terme, une communauté supranationale. Il était envisagé la création d'Instituts culturels, l'octroi de bourses. Les difficultés financières de l'année 1934 compromirent la réalisation du plan : aucun Institut n'avait été créé, sept bibliothèques seulement furent envoyées, installées le plus souvent dans les salles des Bibliothèques Nationales locales.

Cependant Richard Weibel Richard, de son poste argentin, fut impressionné par ce renouveau culturel espagnol dans le continent sud-américain. Il notait pour l'Argentine, entre 1933-1934, la place nouvelle occupée par les conférenciers espagnols ; ils furent, et les plus nombreux (16 conférences), et les plus diserts (152 conférences). Parallèlement, un gros effort artistique était mené avec 16 expositions collectives entre 1933 et 1936 et une grande manifestation Goya en 1934.

---

1 .« avec des pouvoirs publics archaïques, très peu influencés par les milieux cultivés, qui n'ont ni force ni aptitude pour modeler le pays », cité par Antonio Nino, « origenes y despliegue ...», *contrib .cit.*, p.124.

2. *Ibid*, p. 126

S'ajoutaient enfin les éléments d'une politique du livre grâce à laquelle acteurs publics et acteurs privés (éditeurs) cherchèrent les modalités d'une action plus efficace. En 1930 apparaît la SELE, regroupement d'une quinzaine d'éditeurs madrilènes (sur 140) pour l'exportation. En 1935 sont adoptées la création d'un *Institut du livre espagnol* qui se voulait le pilote du livre espagnol à l'étranger et celle de dépôts de livres en Amérique du Sud. Cependant cet *Institut du livre* se heurta assez vite aux éditeurs, notamment sur la question des dépôts, et le bornage des compétences administratives préoccupa les professionnels du livre autant que la question du nécessaire expansionnisme commercial sud-américain[1].

Quant au Royaume Uni, après plus d'une décennie d'atermoiements, la fondation en 1934 du *British Council* traduisit un intérêt nouveau pour la promotion diversifiée de la culture britannique[2]. Si dès 1920 le rapport Tilley avait recommandé la mise en œuvre d'un réseau culturel un peu similaire à celui de l'*Alliance*, le scepticisme britannique à l'égard de toute manifestation publique de type culturel avait réduit le projet initial à sa dimension presque purement économique, à travers la création d'une *Travel Association* (1928) chargée de promouvoir le tourisme dans l'île britannique. Mais quand vers le milieu de la décennie trente l'image de la Grande-Bretagne parut souffrir d'un brouillage généralisé, une action plus systématique fut requise en matière culturelle : le *British Council* et le réseau des consuls devinrent les acteurs de cette modalité nouvelle de la diplomatie anglaise.

Le renouveau de la politique culturelle extérieure française

Dès l'année 1933, de divers horizons, apparurent des projets de remodelage de la diplomatie extérieure. Sans copier la

1. Ana Martinez Ruiz, « La Industria editorial espanola ante los mercados americanos del libro 1892-1936 », *art. cit.*

2. Voir Christine Okret-Manville, L*a Politique de promotion culturelle britannique en France (1920-1953). De la publicité aux relations culturelles*, Thèse de l'IEP Paris sous la direction de Pierre Milza, 2002, 613 p., pp.54-69.

machinerie allemande, le pays devait coordonner davantage son action extérieure et, en face des « usines d'opinion », constituer au moins de petites officines efficaces. Les Ecrivains Anciens Combattants rédigèrent en février 1933 un rapport sur *l'Organisation au Quai d'Orsay d'un Commissariat des relations extra-diplomatiques*. Le 15 décembre 1933, des députés emmenés par leurs collègues Dariac et Fribourg, déposèrent une proposition sur la réorganisation du Département et la création d'une sorte de Haut-Commissariat ou Conseil Supérieur des relations extra-diplomatiques. L'année suivante, le groupement parapolitique du *Redressement français* donnait un cahier de propositions[1]. Enfin, en 1935 le député Ernest Pezet, un des meilleurs spécialistes parlementaires de la question, animateur depuis 1929 d'un groupe parlementaire de réflexion sur la propagande française à l'étranger, reprenait assez largement la proposition Dariac et offrait un commode compendium des arguments réformateurs pour le grand public[2]. Pierre Laval, en effet, en refusant au printemps 1935 les arguments des parlementaires Dariac et Fribourg, contraignait les réformateurs à sortir de l'Hémicycle et à placer le débat sur la place publique[3].

Dans ce livre, outre le problème du manque de coordination de la propagande, étaient dénoncées la routine des méthodes et la parcimonie des financements (36,1 MF pour le SOFE en 1935 contre 51 et 68 pour les services équivalents en Allemagne et Italie). Les orientations de la réforme selon Pezet

---

1.Jacques Ancel, Albert Mousset et Maurice Ordinaire, « La Politique extérieure du cabinet d'Union Nationale », Cahiers du Redressement français, 2ème série, n°14, *op. cit.*

2. Ernest Pezet, Défense et illustration de la France, *Sous les yeux du monde*, Paris, Spes, 1935, 509 p. Sur ce parlementaire du Parti démocrate populaire, on pourra consulter le travail de François Brunel, *Ernest Pezet (1887-1966), Député expert en politique étrangère. Itinéraire parlementaire et construction d'une compétence 1828-1940*, Mémoire de D.E.A. de l'I.E.P. Paris sous la direction de Nicolas Rousselier, 2002, 257 p., pp.117-134 en particulier.

3. Le livre reçut un très bon accueil en France (Camille Chautemps, Léon Noël) et éveilla l'attention à l'étranger (Allemagne), voir François Brunel, Ernest Pezet..., *op.cit .*, pp. 131-132.

auraient à privilégier l'adoption d'un plan d'ensemble des manifestations culturelles, la réunion du SOFE et de l'ONUEF, l'augmentation des budgets et enfin l'instauration de réunions de travail annuelles entre les Directeurs d'Institut (réalisée en 1937) pour l'établissement d'un programme commun.

Or, le gouvernement qui se chargea d'orchestrer quelques-unes de ces orientations ne fut pas le cabinet Doumergue qui s'était placé pourtant dans le cadre d'une réforme de l'Etat, mais le premier gouvernement Blum, constitué d'une remarquable équipe, passionnée par la question du rayonnement français[1]. Il travailla, relayé dans une bonne mesure par ses successeurs jusqu'en 1939, avec le souci de faire droit aux nouvelles techniques et contenus de l'action culturelle (ceux de l'image) tout en maintenant sa fidélité à des moyens d'intervention de qualité (le livre) et d'inspiration toute humaine (l'enseignement)[2].

L'une des premières mesures prises par le gouvernement de Léon Blum en faveur de l'action à l'étranger touchait à la coordination des différents acteurs. On le sait, cette équipe gouvernementale chercha à améliorer le fonctionnement de la machine gouvernementale de plusieurs façons grâce en particulier à un renforcement notable du *Secrétariat Général du Gouvernement*. Il instaura d'une part une *Commission permanente de l'enseignement français à l'étranger* (commune

---

1. De Jean Zay (Ministre de l'Education Nationale) à Pierre Viénot (sous-secrétaire d'Etat aux Affaires Etrangères), de Henri Laugier (chef du cabinet du M.A.E) à Yves Chataigneau.

2. De son passage au Ministre de l'Education Nationale, de ses très nombreux voyages à l' étranger (en 18 mois, il se rend à Vienne, Prague, Athènes, Moscou, Le Caire, Varsovie), et des mesures prises en faveur l'action culturelle française à l'étranger, Jean Zay a donné un convaincant plaidoyer, voir ses *Souvenirs et Solitude*, Paris, Julliard, 1945, 489 p. Un statut des professeurs à l'étranger fut définitivement mis en œuvre par la loi du 5 avril 1937 (pp.374 et sq.), soutien aux grandes expositions du Caire (1938), de Buenos Aires et New York (1939), création du cadre des « maîtres de conférences des universités française » afin de conférer aux Directeurs d'Institut un titre de prestige.

au M.E.N. et au M.A.E.)[1] et d'autre part donna naissance (décret du 14 octobre 1936) à une *Commission interministérielle d'action et d'information françaises à l'étranger* dont Yves Chataigneau fut le secrétaire ardent et dynamique[2]. En 1938, une section permanente auprès de la dite Commission fut mise en place.

Le premier objectif de la nouvelle équipe au pouvoir à partir de juin 1936 consista à relever les crédits du *Quai* et notamment ceux des *Œuvres*. Celles-ci représentaient 32,20 MF en 1936 et la Commission du budget du Ministère des Affaires Etrangères obtint 57,50 MF[3]pour 1937. Le rapporteur justifiait sa demande de relèvement de crédits en excipant du cas italien et de ses 70 MF réservés à l'expansion culturelle à l'étranger, de l'exemple allemand aussi avec l'envoi systématique de livres et journaux. Dès l'année suivante, les premiers effets positifs de cette politique purent être enregistrés. Le rapporteur, Léon Archimbaud, notait « le redressement remarquable » des *Œuvres* françaises, les nouveaux lycées (Mexico, Héliopolis), la multiplication des missions universitaires, l'organisation de grandes expositions ('La peinture française de Manet à nos jours'tenue à Varsovie et Prague en 1937), le renforcement des Instituts (apparition de centres à Cracovie, Kaunas et Stockholm), les aides accrues à la diffusion du film commercial français, avec des succès en Suède (où le film allemand est

---

1. Divers renseignements sur cette Commission dans les *Papiers Marcel Abraham, 312 AP, Carton 13*, Caran. Chef de cabinet de Jean Zay, il orienta surtout ses efforts vers l'inspection des professeurs à l'étranger. Il fut décidé que des inspecteurs à la retraite en fin d'année, pourraient effectuer des visites d'inspection.

2. Le président d'un Comité de l'Alliance en France (ville de Saint-Hubert en Lorraine) se félicite de sa personnalité et de sa « manière directe et moderne si attrayante [...] cette manière là qui est celle des jeunes gens actuellement au pouvoir nous change rudement des méthodes étriquées d'il y a encore peu de temps », lettre à Jean Vidal attaché au cabinet du Président du Conseil, 23 juillet 1937, *F 60, Secrétariat Général de la Présidence du Conseil, Carton 176*, Caran.

3. « Rapport de la Commission du Budget du Ministère des Affaires Etrangères, exercice 1937 », R*apport de Léon Archimbaud, Documents Parlementaires, annexe 1279*, pp. 1306-1319.

supplanté) et un timide essor au Chili (35 films en 1937 contre 8 en 1936) et aux Etats-Unis (17 films en 1937)[1]. Toutefois, Jacques Kayser qui rédigea un rapport sur la propagande française en Bulgarie, Roumanie et Yougoslavie, fin décembre 1938, ne manquait pas de souligner certains défauts récurrents et la nécessité de revigorer les méthodes en utilisant d'autres moyens :

« [...] la propagande culturelle française m'a paru trop limité aux milieux mondains, à ceux de la haute bourgeoisie. Elle atteint surtout les vieilles générations. Elle devrait être plus largement accessible à la jeunesse [...] La propagande culturelle française est trop souvent limitée à des conférences littéraires, historiques, mondaines. Or, l'actualité et la technique sont, partout, au premier plan des préoccupations[2] »

Les divers établissements d'enseignement du français eux, reçurent ainsi davantage de films documentaires. Il s'agissait de combler des lacunes anciennes ; en 1934, l'envoi de 167 films ne pouvait satisfaire qu'un tiers des demandes des postes.[3] Car la concurrence des modèles culturels passait de plus en plus par l'image. La Pologne en donnait alors un bon exemple. L'anglais s'était remarquablement développé grâce au cinéma, et l'Allemagne s'était assurée l'exclusivité de deux salles de « première vision » à Varsovie[4]. Alors, par exemple, pour mieux contrebalancer la publicité nazie, fut mise sur pied, en 1937, une Agence française totalement subventionnée par l'Etat et dirigée par Jacques Kayser, *Téléfrance*, afin d'alimenter en photos la presse du monde entier. Le SOFE avait en tout état de cause fort à faire pour lutter contre le dumping allemand et italien en matière de films d'actualité de documentaires.

---

1. « Rapport de la Commission du Budget du Ministère des Affaires Etrangères, exercice 1938 », *Rapport de Léon Archimbaud, Documents Parlementaires, annexe 2845*, pp. 1301-1309.
2. Note de Jacques Kayser sur la Propagande française en Roumanie, Yougoslavie et Bulgarie, décembre 1938, *F60, Secrétariat Général de la Présidence du Conseil, Carton 177*, Caran.
3. Note sur les activités du service des Œuvres, avril 1935, SOFE, Carton 462, A.M.A.E.N.
4. Note du Directeur de l'Institut français de Varsovie, automne 1937, *F60, Secrétariat Général de la Présidence du Conseil, Carton 177*, Caran.

Cependant l'essentiel de l'effort culturel consenti dans ces années-là concerna le médium traditionnel du livre. Inépuisable ferment de vie, il fut l'outil d'une véritable croisade française à laquelle l'*Alliance française* apporta sa pleine contribution ; son nouveau président, en 1937, Georges Duhamel, n'avait-il pas de son côté créé une « Alliance du livre » ? Par un décret du 26 novembre 1936, une décision majeure fut adoptée qui réservait un crédit exceptionnel de 20 MF pour l'expansion du livre français sur le *Fonds d'Outillage national*. Un organisme ad hoc, le *Comité d'expansion du livre français* vit le jour chargé du choix des ouvrages à distribuer pour 55 pays. Pour l'essentiel, le livre scientifique constitue la référence majeure du catalogue à constituer. 7 000 titres dès l'hiver 1936 sont sélectionnés, et l'on tire une brochure à 5 000 exemplaires de ce répertoire afin de permettre aux établissements d'enseignement et bibliothèques étrangers de choisir *librement* leurs ouvrages. Les commandes totales représentèrent alors 5 % du chiffre d'affaires de toute l'édition française[1] et permirent le redressement notable des exportations du livre comme l'indiquent les statistiques suivantes.

Tableau n° 23 : les exportations du livre français (Quintaux métriques)[2]

1929	1935	1936	1937
41 524	26 052	27 225	33 644

Parmi les destinataires de ces envois massifs, figurent les Instituts français (la bibliothèque de l'Institut de Varsovie passe de 16 000 à 26 000 volumes[3]), les principaux établissements universitaires étrangers (dons de 150/300 ouvrages aux grandes

1. Voir Rapport de la DGRC, in *Commission Nationale du livre français à l'étranger*, Rapport général et annexes, Paris, Imprimerie Nationale, 1949, 196 p., pp.35-46.
2. *Ibid*, p.48.
3. Voir Annie Guénard, *La présence culturelle française en Europe centrale et orientale avant et après la seconde guerre mondiale (1936-1940/ 1944-1949),* Thèse de l'Université de Paris I sous la direction de René Girault, 1994, 902 p., p. 64.

universités américaines par exemple[1]) mais aussi les *Alliances*. En Tchécoslovaquie, 20 000 F furent accordés à la bibliothèque circulante de l'*alliance* de Prague, 60 000 F pour doter de nouvelles bibliothèques et 50 000 F pour celles qui existaient déjà, soit une centaine de volumes par section[2]. En effet, hormis une minorité de cas, la plupart des Comités abritaient moins de 200 ouvrages, et parfois moins de 20 [3]! La modeste et unique *alliance* en Hongrie, celle de Budapest, connaît à son tour une embellie grâce à la dotation exceptionnelle de 1 500 ouvrages d'une valeur de 20 000 F[4].

Dans beaucoup de pays, diverses opérations se greffent sur ces donations, des expositions temporaires de ces dons eux-mêmes, aux opérations commerciales exceptionnelles telles la *Semaine du Livre français* de Bucarest[5] en novembre 1938.

Le contexte de rivalités diplomatiques intenses à la fin des années trente fut l'occasion d'une salubre remise en cause de l'action culturelle menée par les grandes puissances démocratiques. Certains pays reconnurent l'urgence d'une action dans ce domaine, d'autres, comme la France, participèrent à une actualisation de leur démarche. Presque partout un influx d'énergie irrigue les organismes culturels français à l'étranger ; avec le risque, effet d'un mimétisme irrésistible parfois, d'agir selon les mêmes méthodes d'action, si décriées, de la 'propagande'culturelle ! En 1937, Pierre Viénot

---

1. Alain Dubosclard, L'Action culturelle de la France aux Etats-Unis, *op. cit*, p. 249 et sq.
2. Renseignements in *Revue française de Prague*, n°76, 15 juin 1937. Ces acquisitions des Comités de l'Alliance concernent pour l'essentiel des ouvrages littéraires récents comme l'indique le rapport de la bibliothécaire de la section de Pilsen (Chardonne , Morand, Mauriac, Montherlant, Romains, Giono, Colette, Chamson, Gide), in *Prague Consulat, Carton 7*, A.M.A.E.N.
3. Voir la lettre adressée par Alfred Fichelle au ministre de France à Prague, 28 juillet 1936, *Service culturel français-Alliance française, Carton 3*, A.M.A.E.N. Les plus grosses bibliothèques étaient Prague (5000), Brno (2210), Brastilava (1200), Jicin (765), Pilsen (402).
4. Annie Guénard, La présence culturelle française en Europe centrale et orientale, *op.cit.*, p.174.
5. Voir sur ce succès, André Godin, Une passion roumaine Histoire de l'Institut français de Hautes Etudes en Roumanie, *op. cit.*, pp.84-87.

s'avisait d'engager une politique de dumping sur le livre français en Roumanie et Yougoslavie. Sur d'autres points, et pour répondre aux manifestations de prestige organisées par l'Allemagne ou l'Italie, les Français concentrèrent de manière plus efficace leurs énergies (les grandes expositions), augmentèrent nettement leur soutien au livre et surtout aux ouvrages et revues scientifiques. Ainsi cette politique conforta indirectement les Instituts et les *Alliances*. En effet, celles-ci bénéficièrent dans ces années d'un sursaut d'activité. Pourtant les nombreuses offres de service dont celle de l'universitaire Robert Lange (mai 1939), la constitution de diverses associations/Comités de propagande tel le *Comité de la Propagande française* animé par R. Farjon (vice-président du Sénat) et implanté dans les milieux des Grandes Ecoles, révélaient un sentiment d'insatisfaction grandissante à l'égard d'acteurs du type de l'*Alliance française*. C'était là aussi l'ambiguïté propre à cette association, apolitique par définition et parfois extrêmement jalouse de son indépendance (paradigme de la *Fédération américaine*), mobilisable cependant, dans une certaine mesure et avec quelques précautions, dans le dispositif culturel français.

Chapitre III

Le renouveau de l'*Alliance*

Mais c'est une tâche difficile, en ce qui est grand, de maintenir la grandeur.
Hölderlin

Les signes du déclin de l'Alliance, tant en France qu'à l'étranger, s'accumulèrent au début des années trente jusqu'en 1935. L'essoufflement de l'association reflétait plus largement celui de la diplomatie culturelle française. Vieillissement des acteurs mais aussi difficultés financières et économiques entravaient le bon développement de l'association du Boulevard Raspail et de ses Comités à l'étranger. Au début de l'année 1936, Alfred Fichelle le secrétaire de la Fédération des Alliances françaises en Tchécoslovaquie, constatait le vide de sa caisse. Quelques années auparavant, en 1933, le Congrès du cinquantenaire de l'Alliance n'avait pas pu se réunir pour des raisons matérielles. Si l'ensemble des tissus de l'action culturelle extérieure s'était inexorablement fatigué, leur revitalisation à partir de 1936 concerna également l'Alliance.

1. Une nouvelle équipe dirigeante à la tête de l'Alliance

Sur un point au moins, le choix des hommes à sa tête, l'*Alliance* pouvait influer directement sur son destin. Raymond Poincaré, réélu Président en 1930, décéda en 1934. Il fut remplacé par Joseph Bédier (1864-1938), professeur au Collège de France, mais aussi considérable figure littéraire -depuis son édition du *Roman de Tristan et Yseut* en 1900- et mondaine (entrée à l'Académie française en 1920) de la République des Lettres. Il occupa le fauteuil de la présidence pendant trois années[1]. Son retrait en juin 1937 entraîna la nomination de Georges Duhamel (1884-1966). Si Bédier, déjà âgé, ne paraît pas avoir eu la force (physique) de tirer le char de l'*Alliance* hors de l'ornière dans lequel il se trouvait alors, il n'en va pas de même de Duhamel. Celui-ci resta 10 ans son Président (1937-1947). Lutteur tenace, grand voyageur, il travailla avec abnégation pour elle durant ces années difficiles. L'année 1938 le voit sillonner, au titre de l'*Alliance*, la Hollande, la Roumanie, le Maroc, la Grande Bretagne ; il se rend au Brésil au printemps 1939.

Que pouvait-il donc lui apporter en 1937 ? Tout d'abord, l'aura d'un des romanciers et intellectuels les plus connus de son temps[2]. La conquête par Duhamel du grand public datait de ses *Scènes de la vie future* dont on avait tiré 150 éditions (de 3 000 exemplaires environ) durant la seule année 1930. L'ouvrage lui valut certainement son élection à l'*Académie française* en 1935. Libéral, c'est-à-dire soucieux d'autrui, Européen sincère, mais en fait attaché par-dessus tout à défendre la civilisation française, homme venu de la gauche, mais incliné vers un certain conservatisme culturel, sensible aux honneurs, mais imprégné du sentiment des devoirs qu'ils occasionnent, l'auteur de *Salavin* acceptait son statut d'homme public en intégrant volontiers les institutions culturelles prestigieuses. Outre l'Académie française, il participa aux activités de la *Commission de la Coopération Intellectuelle* en France et surtout à celle des *PEN Clubs*. En septembre 1936, leur réunion à Buenos Aires fut le théâtre d'un dialogue entre intellectuels européens et américains. Duhamel, qui se chargea

---

1. Les Archives Bédier au Collège de France n'ont pas laissé de traces de son passage à l'Alliance française. Sur l'homme et son œuvre, on pourra consulter l'ouvrage d'Alain Corbellari, *Joseph Bédier écrivain et philologue*, Genève, Droz, 1997, 765 p.
2. Sur Duhamel, on pourra consulter Arlette Lafay, *Duhamel revisité, Cahiers de l'Abbaye de Créteil,* novembre 1988 et Jérôme de Leusse, *Georges Duhamel, écrivain, citoyen, le temps de l'engagement (1907-1939)*, Thèse de doctorat de l'Université Paris IV sous la direction de Jean-Marie Mayeur, 1995, 414 p.

d'amorcer des débats[1], devenus houleux en raison de la présence des délégués (fascistes) italiens, se brouilla avec ses collègues et surtout avec Jules Romains. Il quitta alors le *PEN*. Ami et collègue de Bédier à l'Académie, l'accrochage avec l'*Alliance* devenait chose aisée. Pour elle, le choix d'un tel personnage, encore jeune, mondialement connu, plutôt fédérateur, défenseur des Lettres[2], sectateur d'une civilisation *à la française* (individualiste, humaine, morale) s'avérait sur le plan de la publicité excellent.

A ses côtés, au titre de Secrétaire général, de fait la vraie cheville ouvrière de l'association, se tenait Louis Dalbis (1881-1937) depuis l'automne 1934. Si les bruits de sa candidature éveillèrent la défiance chez certains[3], mécontents de la faible surface sociale de l'impétrant, le reproche était injuste sur le fond. Ce biologiste avait montré dans un séjour canadien des qualités d'imagination et d'organisation. Installé là en 1920, date à laquelle il avait été recruté par l'Université de Montréal, il fondait en 1926 un *Institut franco-canadien* afin d'organiser la venue de scientifiques français et l'envoi de professeurs canadiens en France. 200 personnalités françaises (économistes et juristes, ingénieurs et médecins) vinrent entre 1926 et 1937 et 2 000 cours et conférences furent délivrés[4]. A la tête de l'*Alliance*, aidé des vice-présidents tels Henri Hauser, Etienne Fournol et Paul Hazard, il entreprend de surmonter

1. Voir *Europe-Amérique Latine, Institut de la Coopération Intellectuelle, 1937*, 263 p, pp. 9-11 Duhamel plaida pour la non séparation entre Amérique et Europe et la robe sans couture de la civilisation. Ce fut aussi un âpre Congrès où se produisit un incident avec la délégation italienne emmenée par Marinetti. Duhamel, qui voyait négocier de manière assez déplaisante Jules Romains dans cet imbroglio, démissionna du Pen juste après. Il se trouvait donc libre pour l'Alliance. Voir Jérôme de Leusse, Georges Duhamel ..., *op. cit*, pp.321-324.

2. Il publie en 1937, *Défense des Lettres, Biologie de mon métier*, Paris, Le Mercure de France, 1937, 314 p.

3 Pierre Comert à Jean Marx, 18 février 1933, *SOFE, Carton 254*, A.M.A.E.N : « il conviendrait d'établir à cette fonction une personnalité de réputation européenne ».

4 Sandrine Beteau, La politique culturelle de la France à l'égard du Canada dans l'entre-deux guerres, *op.cit.*, pp. 61-62.

l'engourdissement croissant et la rétraction provoquée par la crise financière. Création (pour l'adhésion) en février 1935 d'une carte « d'achat » à 15 F (au lieu des 10 F habituels) qui permet d'obtenir des remises dans certains magasins et hôtels, inauguration d'un cours du soir gratuit au début 1936 (200 personnes) et aménagement plus riant des locaux du Boulevard Raspail pour faire face au fléchissement de la fréquentation, essais répétés pour assurer à l'*Alliance* des émissions radio[1], organisation à Paris d'une bibliothèque circulante et surtout d'un grand Congrès en 1937[2], ces dictames apaisaient un peu les douleurs d'un corps qui refusait le vieillissement inéluctable.

Mais, pour le recrutement en France, Dalbis ne fut pas en mesure d'opérer un quelconque miracle. On essaya cependant de renouer les liens avec les milieux enseignants. Une circulaire du ministre de l'Education nationale fut adressée aux recteurs dans ce sens :

« Monsieur le Ministre des Affaires étrangères a appelé mon attention sur l'*Alliance française* [...] Il souhaite que son recrutement soit aidé dans les milieux universitaires et scolaires et que soit favorisé dans les universités et Ecoles, Lycées, Collèges et EPS, le recrutement des jeunes adhérents à l'Alliance. Je m'associe bien volontiers au désir exprimé par mon collègue et vous prie de faciliter l'action de l'Alliance française dans ce but par les moyens habituels et notamment par l'affichage de tracts dans le hall des états scolaires [...] [3]»

Certains Comités, les plus dynamiques comme à l'ordinaire (Guéret, Tours, Roubaix-Tourcoing), avaient fondé en effet des sections '*Alliance française*' dans les établissements d'enseignement locaux. Le Comité de Tourcoing, peut exhiber un beau tableau de chasse : adhésion en 1938-1937 de 54 élèves

1 Au début 1935, Mandel accorda à L'Alliance une plage de 10 minutes par semaine sur Paris-PTT. 8 séances furent assurées de mai à juin, avec, notamment, les contributions de Dalbis ('vie de l'AF'), de Fournol ('la langue française dans l'Orient méditerranéen'), de Lévy Bruhl ('Les Instituts français'), de Marcel Aubert ('AF et l'expansion artistique'), voir *R.A.F.*, n°61, avril 1935.

2 Voir *R.A.F.*, n°71, octobre 1937. 400 congressistes étrangers se rendirent à Paris.

3. Circulaire du 17 avril 1937, in *R.A.F.*, n°70, juillet 1937.

à l'Institut Colbert, de 68 à L'Institut du Sacré Cœur, de 25 au lycée pubic de la ville[1]. Mais la circulaire chercha vainement à étendre le mouvement. Pour des Comités propères tels, par exemple, ceux de Châteauroux, Nice, Marseille, Tourcoing (un peu plus de 1000 adhérents en 1938), Roubaix (1 200 personnes en 1937), Valenciennes (318 adhérents en novembre 1939), la liste s'allonge, interminablement, de ceux qui disparaissent ou ne subsistent que d'un souffle, à l'image de ce président recru d'années :

> « [J'ai] 81 ans [...] je ne suis plus assez actif ; je cherche en vain une personne connue qui voudrait bien me remplacer[2] ».

En termes de dépenses, après le nadir de 1935, des progrès s'amorcent par la suite et à la veille de la guerre les volumes redeviennent significatifs pour atteindre presque 5 millions de F. de dépenses totales en 1938 :

1. Renseignements dans la Boîte 2/1-13/1, Dossier 35-2-13, AAF.
2. Lettre du Président du Comité de Limoges, 4 janvier 1939, Boîte 4/18-21/4, Dossier 35-4-21, AAF.

Tableau n° 24 : les cotisations, subventions et dépenses totales de 1930 à 1938[1]

	1930	1931	1932	1933	1934	1935	1936	1937	1938
Cotisations	119.00	118 540	118 702	104 356	83 038	104 826	77 638	84 824	83 293
Subventions	307 259	275 940	179 458	266 716	342 898	261 190	326 225	477 948	517 027
Dépenses Comités à l'étranger	5 323 000	6 279 519	5 053 707	3 428 127	3 626 092	2 005 949	2 479 814	2 560 270	4 584 459
Total dep.	5 789 000	6 741 571	5 389 900	3 758 627	3 910 877	2 277 905	2 479 814	2 919 694	4 966 669

1. D'après les numéros d'avril de la *R.A.F.*

Quant au dénombrement des adhérents, le mystère reste entier. Paul Labbé se risqua à évoquer le chiffre de 450 000 membres (dont 300 000 élèves) en 1931. Si la France ne paraît pas donner guère plus de 10 000 adhérents (la cotisation courante est à 10 F), demeure l'opacité des effectifs étrangers[1]. En réunissant élèves et adhérents des Comités, il semble à première vue impossible de parvenir à ces totaux. Quand on pense que les gros bataillons tchèques et argentins pèsent moins de 20 000 membres[2], le dénombrement final ne laisse guère de chance de dépasser 100 000. La grande question serait l'évaluation correcte de la *Fédération nord-américaine*. En 1935, l'annuaire de l'*Alliance* dénombrait 285 Comités[3]. Mais, combien étaient-ils vraiment actifs ? L'avant-guerre évoquait 30 000 membres pour une centaine de Comités. Doit-on alors multiplier quasiment par 3 et risquer le chiffre de 90 000 membres ? L'hypothèse paraît hasardeuse. Peut-être un total entre 20 000 et 30 000 personnes serait plausible. Tous éléments confondus au final, une évaluation des effectifs de l'*Alliance* entre 50 000 et 100 000 personnes pourrait raisonnablement approcher une certaine réalité.

2. Les activités de l'*Alliance*

En France, les premiers signes du renouveau vinrent de la progression des cours organisés par l'*Ecole Pratique*. De 2 606 auditeurs en 1934, les effectifs passèrent à 4 200 étudiants en 1938 et 5000 en 1939. On insista davantage sur les exercices pratiques et réduisit la part de certains cours magistraux déjà

1. Encore aujourd'hui, l'Alliance a les pires difficultés à compter ses élèves (mais elle y parvient) et ne peut en revanche dénombrer les effectifs des « adhérents ».
2. En Tchécoslovaquie, on dénombre 3500 personnes au sein des Comités, 1200 personnes dans les cours du soir de l'alliance de Prague et une grosse dizaine de cours en province (500/1000 élèves ?) ; en Argentine, 10.000 élèves et, peut-être, 1000/1500 adhérents aux Comités ?.
3. Voir *L'Annuaire de l'Alliance française 1934-1935*, Paris, Alliance française, 1935, 165 p.

assurés par la Sorbonne. Mais c'est l'étranger qui offrait le panorama le plus satisfaisant.

Ses activités relancées par la politique offensive des gouvernements français depuis l'automne 1936, l'Alliance afficha un peu partout dans le monde un regain de dynamisme. Cette amorce d'un nouvel essor paraît très étroitement liée à la bonne collaboration nouée avec les Instituts français locaux, qu'on songe à l'Institut français du Portugal ou à l'Institut Giffard d'Athènes, et à la recherche de liens avec les autres acteurs (*Mission Laïque* en Egypte, *Alliance israélite*) de l'action culturelle française. Surtout le *Quai* établit un contrôle beaucoup plus systématique sur les activités d'enseignement de l'*Alliance*. Les financements, leur accroissement, devenaient tributaires de cette amélioration des méthodes pédagogiques désirée par beaucoup d'observateurs extérieurs.

L'Europe

En Europe centrale et orientale, deux pays, Tchécoslovaquie et Bulgarie, concentraient les plus gros effectifs de l'*Alliance*. Aiguillonnés par les représentants de la diplomatie française, les Comités locaux connurent un nouvel essor quantitatif, caractérisé par un développement des Comités en province, mais surtout qualitatif, lié à l'enrichissement de leurs bibliothèques. Sur le premier aspect, un tableau peut être dressé :

Tableau n° 25 : les Comités de l'*Alliance française* en Europe centrale et orientale[1]

	1936	1937	1938
Hongrie	1	1	1
Pologne	9	9	8
Roumanie	7	8	8
Tchécoslovaquie	66	59	72
Bulgarie	19	20	22

Dans le premier cas, la subvention versée à la Fédération, après les années de régression (-37 % de 1934 à 1936) augmenta brutalement et passa de 65 000 F en 1936 à 175 000 F en 1937. Désormais 70 % de cette somme était versé par la « section universitaire et des écoles » du SOFE, reconnaissance du rôle clé de l'*Alliance* dans ce pays. En juillet 1936, le secrétaire de la Fédération souhaitait augmenter sa subvention ordinaire de 70 000 F supplémentaires. La relance des tournées officielles de conférenciers, l'amélioration des fonds de bibliothèques et le développement des quatorze cours de français en province étaient les principaux axes choisis[2]. Il obtint en fait une augmentation de 110 000 F, sans compter le financement spécifique de la nouvelle politique du livre. Tout l'organisme de la Fédération bénéficia de la manne et, de même que l'Institut français de Prague augmentait ses effectifs (410 en 1935, 942 en décembre 1937), les sections de l'*Alliance* entendirent davantage de conférenciers, disposèrent de nouveaux livres, organisèrent beaucoup plus de représentations théâtrales. On comprend que dans un tel contexte, Munich, pour ces francophiles de choix, fut une catastrophe morale indescriptible. Quelques mois auparavant, le vice-président de l'*Alliance*, Henri Hauser, ne proclamait-il pas que :

---

1. D'après Georges Pistorius, Destin de la culture française dans une démocratie populaire. La présence française en Tchécoslovaquie (1948-1956), op. cit., p.26.
2. Lettre d'Alfred Fichelle au Ministre de France à Prague, 28 juillet 1936, *Service culturel français de Prague-Alliance française, Carton 3*, A.M.A.E.N.

« le français grâce à sa clarté impitoyable et à son culte de la raison enseigne le respect du droit et de l'humanité [1] »

En dépit de la condamnation des accords de Munich par Georges Duhamel et l'*Alliance française* à Paris, le courrier du secrétaire de l'*alliance* de Jicin, en octobre 1938, donne un bon résumé du discrédit français :

« [...] nous ne pouvons plus exposer nos journaux dans la salle de lecture publique et organiser nos réunions régulières, car le grand public se montre indifférent sinon hostile à notre tâche, et nos membres dégoûtés de la situation, perdent leur intérêt et quittent nos rangs [...] sur 80 membres, 9 nous ont envoyé leurs cartes de sociétaire [...] quelques-uns proposent aussi de dissoudre notre section [2] »

Avant Munich, l'autre grand motif de satisfaction dans la région venait de la Bulgarie. l'*Alliance* tend à s'y développer plus profondément grâce à l'envoi de professeurs dans plusieurs villes de province. Une subvention en net progrès (50 000 F en 1937 et 100 000 F en 1939) autorise le financement d'une revue à partir de 1938 et le départ de 4 professeurs pour la province, en liaison avec les sections locales. En Pologne, l'*alliance* de Varsovie enregistre une bonne progression, 600 (1932), 832 (1937), 1 000 (1939)[3].

Dans d'autres zones de l'Europe, l'*Alliance* obtient ses premiers succès (Portugal) ou s'évertue à les consolider (Scandinavie, Grèce). En 1936, en raison de l'activité déployée par le directeur de l'Institut de Lisbonne, Warnier, 4 Comités apparaissent (Lisbonne, Coimbra, Porto, Setubal), puis 5 autres se constituent. Un premier congrès de l'*Alliance* au Portugal se tient en mai 1937. Outre leurs bibliothèques, les Comités offrent des cours organisés dans les locaux de lycées (Porto, Lisbonne,

---

1. Congrès de la Fédération des Alliances françaises en Tchécoslovaquie, mai 1938, *Service culturel français-Alliance française, Carton 3*, A.M.A.E.N.
2. Correspondance de la section de Jicin adressée à l'Alliance française de Paris, 8 et 19 octobre 1938, *SOFE, Carton 336*, A.M.A.E.N.
3. Dominique Bosquelle, L'Allemagne au cœur de la politique culturelle de la France en Europe centrale et septentrionale dans l'entre-deux-guerres, *op.cit.*, p.264.

Leira)[1]. Quant à la Grèce, en 1940, la situation semblait contrastée, entre des succès quantitatifs (32 Comités et 1 700 élèves), mais des finances exsangues et des professeurs (grecs) jugés parfois médiocres en province (Calamata, Pyrgos)[2]. Le Comité d'Athènes avait compté jusqu'à 1 800 élèves en décembre 1937 contre seulement 500 en 1933[3].

En Scandinavie, la même inspiration générale suivie par la France engendre des effets positifs. Les conférenciers se firent plus nombreux, les bibliothèques mieux achalandées. Quelques grandes célébrations (cinquantenaire de l'*alliance* de Copenhague en 1935 et de l'*alliance* de Stockholm en 1939) rythment la vie interne de l'association.

Le reste du monde

Incontestablement, l'Amérique Latine fut perçue comme un terrain où la reculade ne fut plus permise. Pour sa part, l'*Alliance* s'était attirée les plus vives critiques du monde universitaire (Peyre, Weibel Richard) et, à un moindre degré celles des diplomates, durant la majeure partie de la décennie. Un redressement général s'esquissa peu à peu qui concernait aussi bien les nouveaux médias (Le poste *Paris-Mondial* s'entendait mieux, les films français progressaient) que les anciens (le Brésil bénéficia de 800 000 F au titre du don de livres). L'unique *alliance* du Pérou, à Lima, fondée en 1933, fonctionnait d'autant mieux que sa bibliothèque s'était enrichie (2 500 volumes en 1937) et qu'elle avait réussi à susciter une curiosité accrue ; de 50, le nombre d'adhérents était passé à 250 à la fin de 1937[4].

---

1. « L'Alliance française au Portugal », in *R.A.F.*, n°79, Octobre 1939.
2. Note sur l'Alliance française en Grèce, 10 mars 1940, *Athènes Ambassade, Série B, Carton 119*, A.M.AE.N.
3. Note sur l'activité de l'Alliance française, mai 1938, Athènes Ambassade, Série B, Carton 119, A.M.A.E.N.
4. Saulnier de Saint Jouan au M.A.E., 27 mai 1938, *Amérique 1918-1940, D. Généraux, Carton 42-43*, A.M.A.E.P.

L'*Alliance* fonda de nouveaux Comités (Lima, Porto Alegre) ou fortifia d'anciennes sections (Rio, Sao Paulo). Le passage de Henri Hauser et Georges Dumas au Brésil en 1936, lors de la mise en place de la mission universitaire française pour la nouvelle université de Rio, permit une visite d'inspection utile. Elle contribua à la reviviscence du réseau local qui fut réorganisé ; ainsi une « Association des anciens élèves et amis de l'*Alliance française* » voit le jour. Le Comité de Sao Paulo, refondé en 1935, accueille 1 438 élèves en 1938 et 1682 en 1939, tout en faisant fonctionner une bibliothèque circulante de 1 500 volumes ; les conférences, grâce à l'entremise des professeurs de la Mission française auprès de l'Université pauliste ont 3/350 auditeurs[1]. Toutefois d'ambitieux projets de renforcement de la présence culturelle française projetaient plutôt de faire fond sur les organismes de coopération universitaire créés par les Français au Brésil ; leur développement passerait par la création d'un « centre bibliographique » doté d'un riche échantillon de revues et collections, auquel seraient adjoints des cours de langue ; quant à l'*Alliance,* si elle souhaitait participer à cette tâche, elle aurait alors à accepter une subordination nécessaire vis-à-vis des universitaires détachés au Brésil[2].

Ce débat des relations entre les Comités de l'*Alliance* et les universitaires français se posait aussi en Argentine. Après le dur jugement porté par Henri Peyre en 1937 sur ses cours, il semble que la critique ait été entendue car les programmes furent jugés l'année suivante moins livresques, bien qu'il eût fallu un universitaire qui supervisât le tout[3]. Mais, si de plusieurs côtés remontaient l'idée de mieux contrôler l'*Alliance*, l'Ambassade

1. Renseignement dans le Bulletin de l'Alliance française de Sao Paulo contenu dans la *Boîte 4/18-21/4 Dossier 35-4-21*, AAF.

2..M.A.E. à M. l'Ambassadeur de France, 8 mars 1940, *SOFE, Carton 441*, A.M.A.E.N.

3. Chargé d'Affaires à B.A. au M.A.E., 6-08-1938, *Amérique 1918-1940, D. Généraux, Carton 43*, A.M.A.E.P.

de France, en l'occurrence le Ministre Peyrouton, n'était pas le dernier à vouloir s'immiscer dans son fonctionnement interne[1].

Un dernier exemple intéressant de progrès est fourni par le Chili. En province avec une école à Traiguen (90 élèves dans un modeste bâtiment -en pisé- jusqu'en 1936), dans la capitale, avec des cours du soir (387 élèves en 1937) et un collège, l'*Alliance* disposait d'un modeste dispositif d'enseignement. Le collège de Santiago s'était ouvert en 1932. Patronné par le Comité de l'*alliance* locale, aidé par le M.A.E. (envois de 35 000 F de livres), il augmenta lentement ses effectifs :

Tableau n° 26 : les effectifs du Collège Alliance française de Santiago[2]

1932	1933	1934	1935	1936	1937	1938
24	47	68	103	150	160	172

Il recrutait parmi les Chiliens assez peu fortunés et devaient donc équilibrer son budget grâce à une subvention du ministère (60 000 F). En avril 1939, un inspecteur primaire, Lagrange, fut détaché afin de superviser l'ensemble des cours donnés par l'*Alliance*. Le contact avec la réalité locale fut rude et son jugement peu amène :

« [...] l'installation matérielle de ce collège est misérable ; la valeur professionnelle de son corps enseignant très discutable pour la majeure partie de ses membres, et difficilement amendable [...] Je compte pouvoir soumettre à votre approbation, dans un délai assez court un projet de création d'un Lycée français à Santiago, vraisemblablement par la transformation du Collège existant de l'Alliance française [...] [3]»

L'un des premiers résultats de ce séjour fut l'installation de ce fonctionnaire à la tête du Collège de Santiago... Il préconisait aussi l'agrandissement de l'établissement et la

1.Voir Lettre de l'ambassadeur Peyrouton à Jean Marx, 11 mars 1937, *SOFE, Carton 437*, A.M.A.E.N.

2. .Rapport de l'Alliance française de Santiago, 25 mai 1938, *SOFE, Carton 446*, A.M.AE.N.

3. Lettre de Lagrange à Jean Marx, 31 octobre 1939, *SOFE, Carton 446*, A.M.A.E.N.

construction d'un bâtiment susceptible de recevoir 4 à 500 élèves.

Enfin, s'il fallait clore notre propos sur un exemple de prospérité indéniable, l'Egypte offrirait un cas exemplaire. Le Comité d'Alexandrie subventionnait en 1938 11écoles (2 070 élèves), entretenait des cours du soir (400 personnes et 500 en 1939), assurait, grâce à un couple d'instituteurs détachés, des cours pédagogiques pour 30 futurs professeurs et aidait 95 boursiers du Lycée de la *Mission Laïque* [1].

En général dans tout le pays, le parti fut de développer les cours du soir ; Le Caire (4 masculins et un féminin) avait les siens, Port Saïd les fonda en 1937, Suez et Ismailia devaient avoir les leurs à leur tour. Y compris ceux d'Alexandrie, 728 personnes, en 1937, les fréquentaient[2]. Autre type de responsabilité et de marque de confiance en ses capacités, l'*Alliance,* pour ne pas faire apparaître les instances officielles françaises, était également chargée de gérer les quelques bourses accordées par la France[3].

Fragile, et d'autant plus nécessaire, ainsi apparaît l'*Alliance*. Son regain de dynamisme n'en fut pas moins très lié à celui plus général de la diplomatie culturelle française dans cette fin des années trente.

Le sursaut d'initiatives enregistré, essentiellement entre 1936 et 1939, atteste que le dilettantisme ne régnait pas toujours au sein du monde des acteurs de l'action culturelle française. Mais, il fallut une ferveur qui ne passe pas, celle des Pierre Viénot, Chataigneau, Dalbis ou Duhamel, pour que les efforts dispersés et solitaires puissent être relayés par des projets, cohérents à long terme, et consistants financièrement sur le court terme. A ce titre, la politique du Livre pilotée par Viénot

---

1. Rapport du Comité d'Alexandrie, Année 1938, *Alexandrie Consulat*, non classé, A.M.A.E.N.

2. Rapport du Président de l'Alliance française du Caire, 31 décembre 1939, *Papiers Marcel Abraham, AP 312, Carton 10,* Caran.

3. Note sur la politique scolaire française auprès du gouvernement égyptien, 28 juillet 1938, *Ibid.*

donna un sérieux coup de fouet au dispositif culturel français et surtout aux *alliances*. Cette revitalisation d'ensemble de celui-là contribua certainement (parmi d'autres éléments) à conforter le sentiment de confiance en soi qui animait l'ensemble des élites françaises à la veille de la guerre[1].

Il serait ainsi un peu trop rapide de conclure, à la façon de Marc Bloch, sur une défaillance générale de celles-ci dans l'entre-deux-guerres, sur le rétrécissement d'horizon, l'esprit de « la chère petite ville »[2] qui auraient obscurci, uniformément, les intelligences françaises. L'*Alliance* à la fin des années trente reste malgré tout un exemple de volonté et d'audace.

Au-delà des aides financières nouvelles, ce dispositif culturel extérieur chercha à rationaliser les entreprises menées par les divers acteurs. Le *Quai* arbitra nettement en faveur des Instituts afin de les constituer en « tête de réseau ». Si l'*Alliance* restait un outil de choix, d'autant qu'en Europe la collaboration avec les Instituts ou Lycées français fut très correcte, elle dut instamment améliorer son enseignement en Amérique Latine et accepter dorénavant une sorte de tutelle administrative. La décision, à peine amorcée encore, de détacher auprès d'elle des personnels de l'Education Nationale (Chili, Egypte) traduit ce contrôle d'un nouveau type que l'après-guerre généralisera.

Demeurent cependant au sein des acteurs de l'action culturelle française une commune ambition (continuer d'afficher la primauté spirituelle de la France) et un identique souci (assurer le développement de la langue française). Parmi tant d'autres prises de position de responsables culturels de l'Hexagone, celle du directeur de L'*Institut de Bucarest*, Alphonse Dupront, les condense toutes dans un bel élan de foi en la « qualité » française :

---

1. Voir, René Girault, « L'imaginaire et l'histoire des relations internationales », in Etre Historien, *op. cit*, pp.132-137.

2. Marc Bloch, *L'Etrange défaite*, Paris, Folio-Histoire,1990, 326 p., p.182. Et on sait qu'à l'Exposition de Paris de 1937, un petit village symbolisait en quelque sorte la France. Mais il s'agissait d'un village « moderne », avec coopératives, salle polyvalente prévue, notamment, pour projections cinématrographiques…

« Sur les grandes routes, nous sommes partis les premiers, quand mouvements religieux, politique conquérante, ardeurs de charité ou inquiétudes de l'évasion ont jeté aux quatre coins de l'Europe et du monde, bien des meilleurs parmi les fils de France [...] un enseignement de la civilisation française sans l'esprit deviendrait une incolore rhétorique [...] ce que nous disons de la France, ce sera en vérité avec les méthodes de cette vertu même : l'établissement patient du fait, la recherche exigeante de son expression, la sincérité du coeur.[1] »

Cette vision portée par un des jeunes universitaires les plus brillants de son époque affichait un certain élitisme intellectuel, mais tempéré par les vertus de la charité et de l'amour propres à la « sincérité du cœur ». Voilà certainement une qualité dont l'*Alliance française* n'était pas avare en dépit de toutes ses imperfections...

1. Alphonse Dupront, « vocation traditionnelle » et « Rayonnement et Propagande », L'Europe Nouvelle, n°973 et 977, 3octobre et 31 octobre 1936.

CONCLUSION

Il faut oser être soi. On ne commence d'être utile que quand on commence à être. Cela est vrai des nations comme des individus. Si pour prendre, conquérir, dominer, il faut être, il ne faut pas moins être pour se donner.

Jean Guéhenno, Jeunesse de la France

On peut certainement placer l'*Alliance française* et toute la politique culturelle entre 1870 et la fin des années trente sous l'éclairage des virils et fiers propos d'un Victor Duruy en 1871, dans une préface à son *Histoire de France* :

« Le monde a encore besoin de ce pays dont il a si longtemps accepté l'influence et subi l'attrait. Il lui faut ce génie sympathique et clair qui a donné ou traduit toutes les idées de raison et justice ; qui sait maintenir, jusque dans l'utile ou le frivole, la tradition de l'art et dont les douloureuses épreuves politiques, épargnant à d'autres de cruelles expériences, feront peut-être de nos folies la sagesse des nations [...] [1]»

Dans les sombres temps des lendemains de défaite, comme dans les jours éclatants de l'après novembre 1918, une même conviction s'affirme quant à la part décisive des ressources morales et intellectuelles dans le rayonnement français. Sans vision, les peuples meurent, affirme la maxime biblique : l'affirmation constante, diversifiée (selon les familles spirituelles françaises) d'un messianisme civilisateur particulier à la France reste en permanence le soubassement de toute la politique culturelle extérieure. Un Jean Guéhenno, en 1945, n'entonne t-il pas le même péan :

1. Cité par James Brown Scott, Le Français langue diplomatique moderne, *op. cit.*, p.327.

« S'il ne nous reste que des idées, tirons du moins tout le parti possible, et faisons-en de la politique [...] la France a su parler le langage qui les ramène [les hommes] tous dans cette commune patrie où ils espèrent triompher d'une condition peut-être absurde par la passion d'une justice qu'ils inventent et qu'ils créent [1] »

Et si l'*Alliance française* n'est pas dissociable de ce vaste effort de rayonnement moral que constitue l'action culturelle extérieure, elle le doit, de manière exemplaire, à sa double nature d'instrument qui, à la fois projette une image de la France -rôle de l'*Alliance* de Paris et de tous les Français qui peuplent les Comités à l'étranger- mais aussi la réfléchit à travers des Comités présidés et composés par des étrangers amis de la France.

Quant à l'identité de ceux qui *projettent,* et quant à l'identification de l'objet de la projection, la langue, il convenait de cerner les buts des premiers et de rendre raison des attendus du choix du second.

L'affirmation du caractère exemplairement universel de la civilisation française a instauré au sein des différentes élites françaises un point de convergence, qui à défaut d'être unique, n'en est pas moins un des mieux identifiés durant la fin du XIXe et le début du XXe siècles. Le réquisit de la langue, classiquement mobilisé après 1870 au moment où l'identité et une position stratégique semblaient menacées, a surtout durablement séduit les élites universitaires qui, d'abord au sein de l'*Alliance* forgée par Pierre Foncin, puis après 1918 à l'intérieur du SOFE, devinrent les chevilles ouvrières de la diplomatie culturelle française entre 1880 et 1940.

On comprend alors les mécanismes de celle-ci et de ce qui fut adopté comme *medium* (l'enseignement de la langue) et *message* (l'universalisme de la culture et de l'idiome français). Leur durable et cohérente articulation[2] a modelé pour longtemps

---

1. Jean Guéhenno, *La France dans le monde*, Paris, Editions de la Liberté, 1946, 52 p., pp.29 et 49.

2. Cette cohésion s'est cependant progressivement effritée, après 1960, quand les Normaliens cessèrent de monopoliser les postes de la diplomatie culturelle. Voir Pierre Grémion O Chenal, *Une Culture tamisée, Les Centres et les Instituts culturels français en Europe*, Paris, CNRS, 1980, 137p., pp.70-77.

la physionomie de l'action culturelle extérieure. Aujourd'hui, reconnaissons que nous en sommes assez loin. De la part des élites universitaires et intellectuelles, l'abstention — silence pragmatique peut-être ?- prudente à l'égard de la question (difficile) du rayonnement culturel français, l'ignorance assez étonnante dans laquelle est tenue une organisation telle l'*Alliance*, mesurent assez bien l'immense écart entre les années 1870-1930 et les nôtres.

Mais, après l'image *projetée*, qu'en était-il de l'image *réfléchie* ?

Cette question de langue et du rayonnement avait en effet un double foyer : d'un côté on visait en elle, à la façon des Romantiques allemands, le ciment d'une identité, et on pourrait citer la magnifique parole de Montherlant :

« Quand on met son cœur contre le cœur de son pays, on entend un monde en marche ».

De l'autre, on préméditait, dans ces années 1880, de comptabiliser les locuteurs du français dans le monde et de dresser (de nouveau) le catalogue des mérites de la langue de Racine. Peut-être parce que les langues ne sont pas « naturelles » et que, ce qu' on appelle la France, a été plusieurs fois roulée dans plusieurs idiomes au fil des invasions diverses ; plus sûrement aussi, cette projection s'effectua d'autant mieux qu'une avance linguistique indéniable jouait en faveur du français. Nous retrouvons alors, ici, l'image *réfléchie* de la France, une imagerie idéale pour tous ces Francophiles et Francophones qui peuplèrent l'*Alliance.*

Or, il en va de toute identité qu'elle ne s'accomplisse que confrontée à autrui comme le rappelle Richard Sennet :

« L'identité relève d'un processus de négociation dans le monde extérieur de sa propre image de soi, intériorisée, et cette activité délicate s'exerce sur plusieurs fronts généralement[1] ».

Et pour les Français, porteurs d'une revendication d'universalisme, rien ne compta davantage pour justifier,

1. Richard Sennet, « Sur l'identité », in Michel Wieviorka et Jocelyne Ohana, *La différence culturelle Une reformulation des débats,* Balland-Colloque de Cerisy, 2001, 479 p., pp. 307-319.

consolider et perpétuer durablement leur prétention traditionnelle à la suprématie culturelle que les témoignages de soutien, d'amitié, d'amour venus des quatre coins du monde. Henri Focillon le notait quand il évoquait la figure du grand ami de la France que fut l'historien roumain Nicolas Jorga :

« [...] un grand peuple n'a pas besoin seulement de ses forces intérieures. Sa vie est en lui et en dehors de lui. Il s'est fait à travers le temps une certaine idée de ce qu'il est, il a pris une conscience de sa vocation historique. Mais il lui faut aussi se voir, s'étudier à travers d'illustres amitiés. Quand leur voix nous parle, elle nous apporte plus qu'un témoignage ; elle nous donne le désir d'être nous-mêmes, plus que jamais elle nous fortifie. Il n'est pas bon de se penser seulement du dedans[1] ».

Ce sont ces multiples convertis aux valeurs de la France (des « afrancesados » espagnols du XVIIIe aux bohêmes « montparnos » de l'entre-deux-guerres en passant par les amoureux de « l'esprit et du goût » français) qui travaillèrent pour elles en les vivant de l'intérieur. Tous ces groupes de l'*Alliance* participèrent, idéalement, à ce que Marc Fumaroli a défini magnifiquement comme l'art français (né au XVII et XVIIIe siècles) de « dénouer les langues et dégeler les coeurs [2] » ; soit de cultiver le beau naturel à rebours des philosophies et des mœurs utilitaristes. On pourra peut-être juger ce choix, élitiste et (trop) rétrospectif à mesure de l'avancement des siècles. La critique s'en fit entendre d'ailleurs à la fin des années trente. Nombre de Comités se sont vus ainsi disqualifiés alors par des observateurs inquiets du vieillissement des *alliances*. Il est vrai qu'un danger constant escorte ceux qui défendent un modèle culturel identifié à la « noblesse de l'esprit » ; ces derniers sont toujours menacés de sombrer dans le péché suprême : l'aveuglement sur soi et la pesante satisfaction. Que le français ait été certes un instrument de la distinction dans les bonnes sociétés de Cleveland, Bucarest ou Buenos Aires ne doit pas oblitérer les autres enjeux (de

---

1. Henri Focillon, « Jorga et la France », in Témoignage pour la France, *op.cit.*, pp.76-86.
2. Marc Fumaroli, *Quand l'Europe parlait français*, Paris, Le Livre de Poche, 2001, 638 p., pp.441 et sq.

construction de soi) liés à l'apprentissage de cette langue. L'écrivain (d'origine argentine) Sylvie Baron-Supervielle traduit bien ce que fut, parfois, le culte du français en Amérique Latine :

« [...] en 1961, je suis arrivée à Paris pour y séjourner pendant quelques semaines. Paris m'attire comme la plupart des habitants du Rio de la Plata. La langue française était alors aimée de tous, comme la langue de culture, de raffinement. Elle n'était pas seulement réservée à une élite. J'ai connu des personnes simples, de peu de moyens, qui apprenaient le français avec ferveur, comme si cette langue avait le pouvoir de leur offrir une vie plus digne, plus noble, et contenait en soi la connaissance, c'est-à-dire la liberté[1] ».

On connaît bien d'ailleurs cette donnée pour certains grands écrivains (de José Maria de Heredia à Cioran, de O.V. de L. Milosz à Milan Kundera). Elle témoignait aussi en faveur d'une production culturelle incomparable, brasier intense d'où rayonnaient sans faiblir les œuvres les plus variées et les plus consistantes.

L'immense mérite de l'organisation que fut l'*Alliance* est précisément d'illustrer les vertus du « qualitatif ». Constituée par des Comités à l'étranger, elle fut bâtie de pierres vives. La longévité et l'intensité des collaborations (y compris en France) qu'elle s'était acquise au fil des années, lui assurèrent une activité générale difficilement envisageable pour des simples organismes culturels du gouvernement français. Outre les avantages d'un fonctionnement au moindre coût[2], les *alliances* baignaient dans leur milieu local, elles en connaissaient les ressources et les limites, elles touchaient donc bien au-delà, parfois, du strict cercle des adhérents. Le cas tchèque, avec 10 000 personnes (pour 3 500 membres vers 1937) au moins intéressées par ses activités, est symptomatique de ce rayonnement plus global.

---

1. Sylvie Baron-Supervielle, « Changer la langue, une arme de création », La nouvelle Lettre Internationale, n°1, automne 1999, pp. 82-85.
2. Voir le Rapport Dauge, Plaidoyer pour le réseau culturel français à l'étranger, Document d'Information de l'Assemblée Nationale, n°2924, 2001, 71 p. Un centre alliance française coûte aujourd'hui dix fois moins cher qu'un Institut français (p.23).

Mais, à trop rappeler les points de force de l'*Alliance* et, plus globalement, les vertus de l'action culturelle française à l'étranger, il serait tentant de conclure à une réussite complète du système en ignorant ses faiblesses et certaines de ses déformations. La première, et qui concerne l'ensemble du dispositif culturel extérieur, touchait à la tentation permanente de surestimer le poids du culturel dans les ressources de la puissance. Quelques observateurs étrangers soulignaient avec malice les contradictions françaises et le contraste étrange entre des lacunes majeures (l'Economique, le Politique) et des réussites finalement mineures (les colifichets des industries du Luxe ou de l'Esprit) ; en 1942 l'Américain Nicholas Spykman ironisait :

« la France est une source d'inspiration intellectuelle et artistique pour les classes éduquées de l'Amérique espagnole et portugaise, et il lui a fallu bien peu d'efforts pour maintenir cette position favorable. Les modes de Paris et les produits de luxe ont trouvé peu de concurrents lorsqu'il s'agissait d'attirer les préférences des acheteurs latino-américains. Avec l'*Alliance française* opérant dans la plupart des capitales et un nombre réduit de professeurs détachés enseignant devant les auditoires latino-américains, la France a bien en main la situation culturelle. Mais les résultats, hors de ce commerce de luxe ont été économiquement et politiquement sans conséquence. [1] »

Et il est vrai qu'au XXe siècle, tout comme au XVIIIe, la France accusa un décalage croissant entre une situation de déclin politique et une position suréminente en matière intellectuelle et artistique. A certains moments de l'histoire, la divergence des deux orientations s'est révélée dramatique.

L'exemple le plus tragique de l'aveuglement que peut provoquer la surévaluation du Culturel est illustré par la Tchécoslovaquie lors de Munich. Le choc ressenti par les Tchèques fut d'autant plus grand que la francophilie culturelle avait contribué à idéaliser le pays d'Edouard Daladier et de Georges Bonnet.

---

1. Cité par Armand Mattelart, L'Invention de la communication, *op. cit.*, p.220.

En ce qui concernait l'*Alliance*, le risque venait de la tentation de surestimer le poids réel de son réseau. Les critiques avaient mis l'accent sur les déficiences de son enseignement en Amérique Latine, sur son état d'esprit trop mondain dans certains pays. Dans l'ensemble, jugeaient les détracteurs, l'ensemble affichait moins de solidité que de superficie. Souvent fondées, ces appréciations plaidaient pour des réformes. Mais, le meilleur que l'on puisse dire d'une institution ou d'un organisme, c'est qu'ils ont besoin d'être réformés ! Car alors leur caractère indispensable et susceptible d'amélioration est avéré.

La nécessité de disposer d'une *Alliance* forte à l'intérieur de l'action culturelle française après 1945 fut réaffirmée par les acteurs de l'époque. Après quelques heurts initiaux apparents entre les dirigeants du Boulevard Raspail et la nouvelle DGRC, la collaboration s'amorça.

Dès 1946, 61 Comités s'étaient organisés en Métropole, le M.E.N. avait accepté que les diplômes de l'Ecole Pratique fussent marqués de son visa, de nombreux professeurs avaient été détachés auprès d'elle, des conférenciers étaient repartis dès l'hiver 1944[1]... En 1951, L'*Ecole Pratique* enregistrait la venue de 1522 élèves et on en comptait 55 000 à l'étranger. Certains Comités disposaient désormais de projecteurs 16 mm et un système de distribution de films avait été instauré. Le livre n'était pas oublié et 122 *alliances* recevaient un colis (6 ouvrages) par mois de nouveautés[2].

Ce renouveau avait l'immense mérite de prouver que, loin d'osciller entre l'héroïsme vain et nostalgique (le capitaine aristocrate de la *Grande Illusion*) ou le désespoir jouisseur (*la Règle du Jeu*), certaines élites françaises persistaient à croire résistible le déclin. Les immenses progrès réalisés par l'*Alliance* française à la fin des années cinquante et au début des années soixante, notamment sur le plan pédagogique (succès du

1. Rapport du Secrétaire Général sur la situation d'ensemble, années 1944-1946, Assemblée Générale de l'Alliance française, 26 septembre 1946, 27 p.

2 Rapport du Secrétaire Général sur la situation d'ensemble, Assemblée Générale, 21 octobre 1951, 31 p.

Manuel de *Langue et civilisation françaises* [le Mauger] et mise au point de l'outil linguistique du *Français langue étrangère*) l'attestèrent à l'envi[1].

Ainsi, et par l'originalité de son projet et de ses méthodes d'action, et en raison de sa longévité, l'*Alliance française* étonne autant qu'elle questionne l'observateur. Et elle demeure en tout état de cause pour l'historien un remarquable terrain d'étude pour saisir l'imbrication du politique et du culturel, du national et de l'international, du symbolique et du matériel.

1 Voir l'article du Secrétaire Général de l'Alliance, Marc Blancpain, « Le Français langue universelle ou idiome national », *Revue des Deux Mondes,* 1 novembre 1961, pp. 37-47.

SOURCES & BIBLIOGRAPHIE[1]

I – SOURCES

A) ARCHIVES DU MINISTERE DES AFFAIRES ETRANGERES

1-ARCHIVES DU CENTRE DE NANTES

a) Service des Œuvres françaises à l'étranger (SOFE)
-dont Cartons sur l'Alliance française :
54 ; 60 ; 69 ; 106 ; 127 ; 129 bis ; 132 ; 141 ; 254 ; 334, 336, 337 ; 437 ; 441 ; 446.

b) Services culturels français de Prague-Alliance Française de Prague.
Cartons1 à 10.

c) Services culturels de Prague-Mission Militaire
Cartons 1 à 3

d) Archives des Postes
- dont Ambassades
Athènes, série A, cartons 191et 430 et série B, cartons 91et119 ; *Bucarest*, Série A carton162 ; *Constantinople*, Série E, cartons 701 et 702 ; *Le Caire*, cartons 134 et163 ; *Madrid*, Série B, 378/379/383/384 et série C, 516/519/566 ; *Rome*, série A, cartons 334/337/356/745/751/1287/1291/1292/; *Saint Pétersbourg*, Série A, carton 528. ; *Stockholm*, cartons102/103/104 ; *Santiago*, cartons 82 et 83.

---

1 Nous renvoyons à notre *Mémoire d'Habilitation* pour leur présentation exhaustive

2-ARCHIVES DU MINISTERE DES AFFAIRES ETRANGERES- PARIS

a) Correspondance administrative

c. administrative 1876-1907
Cartons134/135/136/137/138/139/140
- c. administrative 1908-1940
Cartons 450/452/466
b) Série Information-Presse-Propagande 1914-1940
Cartons 81 et 83
c) Asie-Océanie
Cartons 47 (Chine relations culturelles 1918-1922) et 485 (écoles françaises en Chine) ; carton 43 (Japon 1918-1922)
d) B Amérique 1918-1940
- dont dossiers généraux
Cartons 37/38/39 (propagande) ; 42/43/48 (moyens de développer l'influence fr. en A.Latine, 1938) ; 81/206 et 213 (Propagande)
e) Série Europe 1918-1940
Danemark, carton 33 ; Espagne, cartons 66 et 357 ; Grèce, carton 248 ; Roumanie, carton 145

B -ARCHIVES NATIONALES-CARAN

1- Archives de l'ONUEF 70AJ
Cartons 1/2/3/4/7
2- Archives de l'Académie de Paris AJ 16
Carton 6973
3- Papiers Marcel Abraham 312 AP
Cartons 1O et13
4- Secrétariat de la Présidence du Conseil F 60
Cartons 176 et 177

C- FONDS PRIVÉS
1- Fonds Ferdinand Brunot-Institut de France
Carton 7780 ; 7793.

2- Fonds Lévy-Bruhl-IMEC

Lettres d'Alfred Rébelliau. et liste de lettres reçues fin 1914-début 1915.

3- Fonds Poincaré-Département des Manuscrits B.N. Naf 15992

Dont les lettres de André Hallays (16003), de Rébelliau (16014), de Wilmotte (16018)

4- Archives de l'Alliance Française (« fonds russe »)

La plupart des cartons portent sur l'Ecole Pratique (plusieurs cartons de fiches de logeurs [d'étudiants], de dossiers de professeurs, d'organisation d'examens, de planning de salles), mais aussi sur la construction de l'immeuble du Boulevard Raspail (courriers avec divers architectes, factures diverses). Dans l'ensemble ce fonds (expurgé) s'est révélé très peu utilisable. Nous avons tout de même tirer quelques informations de ces cartons, notamment dans ceux-ci :

-Boîte 4/1-6/1 (lettre de P.Foncin, Le Myre le Vilers)

-Boîte4/69-73/12 (lettres du chanoine Pisani, de Henri Hauser sur la réorganisation en 1914 des cours de vacances provinciaux)

-Boîte 4/62-68/11 (A.G. du Comité de Constantinople dans les années 1890)

-Boîte 4/22-29/5 (Ecole Pratique dans les années vingt et lettres de Dupouey à Ford)

-Boîte 4/18-21/4 (demandes de postes à l'étranger ; lettres de Vriès Feyens pour organiser des conférences en Hollande en 1923)

D- PÉRIODIQUES

-Le Temps ; La Revue des Deux-Mondes ; La Minerve française ; La Revue de l'Enseignement français hors de France ; La Revue de l'Amérique Latine ; L'Europe Centrale ; La Revue de Prague ; Revue Scientifique ; Revue de Géographie ; L'Opinion ; La Civilisation française ; Séances et Travaux de l'Académie des Sciences morales et politiques ; Chronique de la Bibliographie de la France ; La Nouvelle Revue française ; Bulletin de la société commerciale de Bordeaux. ; Revue de l'enseignement secondaire et de

l'enseignement supérieur ; L'Europe Nouvelle. Revue de l'Enseignement colonial ; Revue Bleue ; Cahiers français d'Information ; La Revue de Paris.
-Bulletin de l'Alliance française (1884-1914) ; Bulletin de Guerre de l'Alliance française (1914-1919) ; Revue de l'Alliance française (1920-1939)

E-TEXTES CONTEMPORAINS

-dont textes sur l'AF :

-Alliance Française, *La Langue française dans le monde*, Paris, 1900, 295 p.
-Alliance Française, *Congrès de 1931*, Paris, Alliance française, 1932, 408 p.
-Alliance Française, Fédération de l'A.F.des Etats-Unis et du Canada, *Congrès de 1917.*
-Alliance Française, Fédération de l'A.F. des Etats-Unis et du Canada, *Congrès de langue et de littérature française, 27-28 mars 1913*, 104 p.
-Alliance française, *Poètes étrangers de langue française*, Paris, Alliance française, 1911, 113 p.
-Alliance Française, *Recueil des monographies pédagogiques, t. VI, Publiées à l'occasion de l'Exposition Universelle de 1889*, Paris, Imprimerie Nationale, 1889, pp. 713-845.
-Alliance Française, *Annuaire 1934-1935*, Paris, 1935, 165 p.
-Alliance Française, *Cinquantenaire de la Fédération des Etats-Unis et du Canada 1902-1952*, New York, 1953, 87 p.
-Alliance française, *Rapport du Secrétaire Général*, Assemblée Générale 26 septembre 1946, 27 p.
-Alliance française, *Rapport du Secrétaire Général,* Assemblée Générale 21 octobre 1951, 31 p.
-Commission nationale du Livre français, *Rapport général et annexes*, Paris, Imprimerie Nationale, 1949, 196 p.
-Congrès international pour l'extension et la culture de la langue française, *1905, Liège*, Paris, Honoré Champion, 1906, 572 p.
-Congrès international pour l'extension et la culture de la langue française, *1908, Arlon-Trèves-Luxembourg*, Lille, Lefebvre-Ducrocq, 1909.

II -BIBLIOGRAPHIE

A- RELATIONS INTERNATIONALES

1Relations internationales culturelles. Dont :

-Abecassis, Frédéric, *L'Enseignement étranger en Egypte et les élites locales 1920-1960. Francophonie et identités nationales*, Thèse de l'Ecole des Hautes Etudes en Sciences Sociales, 2000, 4 vol., 882 p.
-Abelein, Manfreid, *Die Kulturpolitik des deutschen Reiches und de Bundesrepublik Deutschland*, Köln und Opladen, Westdentscher Verlag, 1968, 312 p.
-Aubert, Paul, « La propagande étrangère en Espagne dans le premier tiers du XXe siècle », *Mélanges de la Casa de Vélasquez*, tome XXXI-3, 1995, pp.103-171.
-Burrows, Matthew, « 'Mission civilisatrice': French cultural policy in the middle east 1960-1914 », *The Historical Journal*, vol.29, march 1986, pp.109-135.
-Bruézière, Maurice, *L'Alliance française 1883-1983*, Histoire d'une institution, Paris, Hachette, 247 p.
-Dubosclard, Alain, *Histoire de la Fédération des Alliances françaises aux Etats-Unis*, Paris, L'Harmattan, 1998, 192 p.
-Dubosclard, Alain, *L'Action culturelle de la France aux Etats-Unis de la première guerre mondiale à la fin des années 1960*, Thèse de l'Université de Paris I, 2002, 1167 p.
-Düwell, Kurt, *Deutschlands auswärtige. Kulturpolitik 1918-1932*, Köln, Böhlauverlag, 1976, 402 p.
-Guénard, Annie, *La Présence culturelle française en Europe centrale et orientale avant et après la seconde guerre mondiale (1936-1940/1944-1949)*, Thèse de l'Université de Paris I, 1994, 902 p.
Lescure, Jean-Claude, *Un Imaginaire transnational ? Volapük et Esperanto vers 1880-1930*, Thèse d'Habilitation, IEP Paris, 1999, 4 vol., 886 p.
-Marès, Antoine, « Puissance et présence culturelle de la France. L'exemple du Service des Œuvres à l'étranger dans les

années Trente », *Relations Internationales*, n° 33, printemps 1983, pp.65-80.

-Martinière, Guy, « aux origines de la coopération universitaire entre la France et l'Amérique Latine : Georges Dumas et le Brésil (1900-1920) », *Relations Internationales*, n° 35, printemps 1981, pp. 41-66.

-Mattard-Bonucci, Marie-Anne, « enjeux de la diplomatie culturelle fasciste. De l'Italien à l'étranger à l'Italien nouveau », in François Roche (dir.), *La Culture dans les Relations Internationales*, Rome, Ecole française de Rome, 2003, pp.163-178.

-Ninkovitch, *The Diplomacy of ideas. U.S. Foreign policy and cultural relations 1938-1950*, Cambridge, Cambridge University Press, 1981, 253 p.

-Nino, Antonio, *Cultura y Diplomacia. Los Hispanistas franceses y Espana (1875-1931)*, Madrid, Casa Velasquez, 1988, 481 p.

-Renard, Isabelle, *Présence culturelle de la France en Italie. L'Institut français de Florence 1900-1920*, Thèse de l'Université de Grenoble II, 1996, 2 vol., 659 p

-Reznikov, Stéphanne, *Francophilie et identité tchèque 1848-1914*, Thèse de l'Ecole des Hautes Etudes en Sciences Sociales, 1999, 648 p.

-Rolland, Denis, *La Crise du Modèle français. Marianne et l'Amérique Latine. Culture, politique et identité,* Rennes, Presses Universitaires de Rennes, 2000, 463 p.

-Rolland, Denis, Delgado, Lorenzo, Nino, Antonio, Rodriguez, Miguel, Gonzales, Edouardo, *L'Espagne, la France et l'Amérique Latine. Politiques culturelles, propagande et relations internationales au XXe siècle*, Paris, l'Harmattan, 2001, 495 p.

-Salon, Albert, *L'Action culturelle de la France dans le monde*, Thèse de l'Université de Paris I, 1981, 2016 p.

-Thobie, Jacques, « La France a t-elle eu une politique culturelle dans l'Empire Ottoman à la veille de la première guerre mondiale ?, *Relations Internationales*, n° 25, printemps 1981, pp.21-40.

-Valenti, Catherine, *L'Ecole française d'Athènes (1848-1981), Histoire d'une grande institution universitaire*, Thèse de l'Université de Provence, 2000, 545 p.

2-Autres aspects des Relations internationales. Dont :

-Dethan, Georges, « le Quai d'Orsay de 1914 à 1939 », in *Opinion Publique et Politique extérieure, T.II, 1915-1940*, Rome Ecole française de Rome, 1984, pp.157-163.
-Fank, Robert, Girault, René, *Turbulente Europe et nouveaux mondes 1914-1941*, Paris, Masson, 1988, 279 p.
-Grange Daniel, « Religion et Politique au Levant avant 1914. Le cas italien », *Relations Internationales*, n°27, automne 1981, pp.277-301.
-Grange, Daniel, « La découverte de la presse par la *Consulta* », in *Opinion Publique et politique extérieure*, t. I, Rome, Ecole française de Rome, 1981, pp. 491-530.
-Grange, Daniel, *L'Italie et la Méditerranée (1896-1911)*, Rome, Ecole française de Rome, 1994, 2 volumes, 1707 p.
-Guillen, Pierre, *L'Expansion 1881-1898*, Paris, Imprimerie Nationale, 1984, 521 p.
-Mac Murry, Ruth Emily, Lee, Muna, *The cultural approach Another way in international relations*, University of North Carolina Press, Chapel Hill, 1947, 280 p.
-Montand, Jean-Claude, *La Propagande extérieure de la France pendant la première guerre mondiale : l'exemple de quelques neutres européens*, Thèse, Université Paris I, 1988, 1901 p.
-Nouailhat, Yves-Henri, *France et Etats-Unis août 1914-avril 1917*, Paris, Publications de la Sorbonne, 1979, 484 p.
-Vaisse, Maurice, « L'adaptation du Quai d'Orsay aux nouvelles conditions diplomatiques (1919-1939) », *Revue d'histoire moderne et contemporaine*, janvier-Mars, pp. 145-162.
-Villate, Laurent, *La République des diplomates. Paul Cambon et Jules Cambon 1843-1935*, Paris, Science infuse, 2002, 415 p.
-Wandycz, Piotr, *France and her eastern allies 1919-1925*, Minneapolis, University of Minnesota Press, 1962, 454 p.

-Welch, David, *The Third Reich Politics and Propaganda*, London and New-York, Routledge, 1993, 203 p.

B- ASPECTS CULTURELS ET INTELLECTUEL

1) Problèmes d'enseignement et de langue. Dont :

-Achard, Pierre, « Francophone, francophonie. Note lexicographique sur quelques chimères », *Mots*, n°8, Mars 1984, pp.196-198.

-Charle, Christophe, « Ambassadeurs ou chercheurs ? Les relations intellectuelles des professeurs de Sorbonne sous la III ème République », *Genèses*, n°14, janvier 1994 pp.42-62.

-Charle, Christophe, *La République des Universitaires 1870-1940*, Le Seuil, 1994, 464 p.

-Cholley, Claude, *Ferdinand Brunot, professeur, militant, maître à penser : un mandarin sous la III République*, Thèse de l'Université de Tours, 1995, 4 volumes, 1038 p.

-Fumaroli, Marc, « le génie de la langue française », in Pierre Nora (dir.), *Les Lieux de Mémoire, 3*, Paris, Gallimard-Quarto, 1997, pp. 4623-4685.

-Merlin-Kajman, Hélène, *La Langue est-elle fasciste*, Paris, Le Seuil, 2003, 414 p.

-Roselli, Mariangela, *La Langue française entre science et République*, Thèse de l'I.E.P. de Grenoble, 1994, 667 p.

-Salon, Albert, « La diffusion du français hors des pays francophones et francisants », in Antoine Gérard et Martin Robert, *Histoire de la langue française 1880-1914*, Paris, CNRS, 1985, pp.423-432.

-Schoell, Frank L., *La langue française dans le monde*, Paris, D'Artrey, 1936, 377 p.

-Weisz, *The Emergence of modern universities in France 1863-1914*, Princeton, University Press of Princeton, 1983, 379 p.

2-Vie sociale et culturelle et questions intellectuelles. Dont :

-Bock, Hans-Manfred, « Initiatives socio-culturelles et contraintes politiques dans les relations universitaires entre la France et l'Allemagne durant l'entre-deux-guerres », *Revue d'Allemagne*, n°3, tome 34, juillet-septembre 2003, pp.297-310

-Bock, Hans Manfred, « Zwischen Locarno und Vichy. Die Deutsch-französichen kulturbeziehungen der dreissiger Jahre als Forschungsfeld «, in Trebitsch, Michel, Meyer-Kalkus R., Bock, Hans-Manfred, *Entre Locarno et Vichy : les relations culturelles franco-allemandes dans les années Trente*, Paris, CNRS-Editions, 1993, pp.25-69.

-Bourdieu, Pierre, « Deux impérialismes de l'Universel », in Fauré, Christine et Bishop, Tom, *L'Amérique des Français*, Paris, François Bourin, 1992, pp. 149-155.

-Broc, Numa, « Patriotisme, régionalisme géographie : Pierre Foncin (1841-1916), *L'Information Historique*, n°1, janvier-février 1976, pp.30-33.

-Broc, Numa, « Le rôle de la Société de Géographie de Bordeaux dans les premiers Congrès nationaux de géographie (1876-1896) », *Revue géographique des Pyrénées et du Sud-Ouest*, t 49, fasc.1, 1978, pp.150-155.

-Berdoulay, Vincent, *La formation de l'Ecole française de géographie*, Paris, Comité des travaux historiques et scientifiques, 1995, 248 p.

-Espagne, Michel, « Identités nationales et rejet de l'autre », in Corbin, Alain, et alii, (dir.), *L'Invention du XIXe siècle,* Paris, Klincksieck-Presses de la Sorbonne nouvelle, 1999, pp.285-296.

-Hanna, Martha, *The mobilization of intellect. French scholars and writers during the Great War*, Cambridge-London, Harvard University Press, 1996, 292 p.

-Lejeune, Dominique, *Les Sociétés de Géographie en France dans le mouvement social et intellectuel au XIXe*, Thèse de l'Université de Nanterre, 4 vol., 1987.

-Martinez Ruiz, Ana, « la Industria editorial espanola ante los mercados americanos del libro 1892-1936 », *Hispania, Revista espanola de historia*, vol. LXII/3, n°212, 2002, pp. 1021-1058.

-Mollier, Jean-Yves, « Les lois scolaires sous Jules Ferry au miroir de l'histoire », in Le Bras-Chopard, Armelle, (dir.), *L'Ecole un enjeu républicain*, Paris, Créaphis, 1995, pp.49-61.

-Olivera, P'ilippe, *La Politique lettrée en France. Les essais politiques (1919-1932)*, Thèse de l'Université de Paris I, 2001, 780 p. + 436p. d'annexes.

-Ortega y Gasset, José, *Aurore de la raison historique*, Paris, Klincksieck, 1989, 377 p.
-Ory, Pascal, *La Belle Illusion Culture et Politique sous le signe du Front Populaire 1935-1938*, Paris, Plon, 1994, 1033 p.
-Rasmussen, Anne, « L'internationalisme belge au miroir de la France (1890-1914) », in Quaghebeur, Marc et Savy, Nicole (dir.), *France- Belgique (1848-1914) Affinités et ambiguïtés*, Bruxelles, Labor, 1997, 530 p.
-Sirinelli, Jean-François, Rioux, Jean-Pierre, *Le Temps des Masses. Le Vingtième Siècle. Histoire culturelle de la France*, Paris, Le Seuil, 1999, 492 p.
-Sirinelli, Jean-François, Rioux, Jean-Pierre (dir.), *La Culture de Masse. De la Belle Epoque à aujourd'hui*, Paris, Fayard, 2002, 461 p.
-Wilfert, Blaise, *Importation littéraire et nationalisme culturel en France 1885-1930*, Thèse Université de Paris I, 2003.

C- ASPECTS POLITIQUES

1)Nation et Nationalisme. Dont :

-Anderson, Bénédict, *L'Imaginaire national*, Paris, La Découverte, 1996, 213 p.
-Audouin-Rouzeau, Stéphane, Becker, Annette, *14-18 Retrouver la Guerre*, Paris, Gallimard, 2000, 272 p.
-Charle, Christophe, *La Crise des Sociétés Impériales Allemagne, France, Grande Bretagne 1900-1940*, Paris, Le Seuil, 2001, 597 p.
-Charle, Christophe, *Les Elites de la République 1880-1900*, Paris, Fayard, 1987, 556 p.
-Dieckhoff, Alain, *La nation dans tous ses états*, Paris, Flammarion, 2000, 351 p.
-Dumont, Louis, « Sur l'idéologie politique française », *Le Débat*, n°5, Janvier-Février 1990, pp.128-158.
-Gellner Ernest, *Nation et Nationalisme*, Paris, Payot, 1989, 208 p.
-Thiesse, Anne-Marie, *La Construction des identités nationales. Europe XVIIIe-XXe siècles*, Paris, Le Seuil, 2002, 303 p.

2) Vie politique française

-Ageron, Charles-Robert, « Gambetta et la reprise de l'expansion coloniale », *Revue française d'Outre-Mer*, n°215, 1972, pp.165-204.

-Bury John-Patrick, Gambetta's final years. 'The era of difficulties' 1877-1882, London-New-York, Longman group, 1982,

-Cohen, William B., *Empereurs sans sceptres. Histoire des Administrateurs d'Outre-Mer et de l'Ecole Coloniale*, Paris, Berger-Levrault, 1973, 301 p.

-Ganiage, Jean, Les Origines du Protectorat français en Tunisie (1861-1881), Paris, PUF, 1959, 776 p.

-Hongla, Amos, *La politique coloniale, un technicien de la colonisation française : le Myre de Vilers 1833-1918*, Thèse de 3e cycle de l'Université de Paris I, 1974, 290 p.

-Mollier, Jean-Yves, *Le Scandale de Panama*, Paris, Fayard, 564 p.

-Weill, Georges, *Histoire de l'idée laïque*, Paris, Alcan, 1925, 374 p.

INDEX

624158 - Octobre 2015
Achevé d'imprimer par